别跟孩子对着干

——儿童权利视域中的家庭教育

关 颖 著
杨咏梅 策划

SPM 南方出版传媒

全国优秀出版社　全国百佳图书出版单位　广东教育出版社

·广州·

图书在版编目（CIP）数据

别跟孩子对着干：儿童权利视域中的家庭教育 / 关颖著 . — 广州：广东教育出版社，2021.3
ISBN 978-7-5548-3611-8

Ⅰ . ①别… Ⅱ . ①关… Ⅲ . ①儿童教育—家庭教育 Ⅳ . ①G782

中国版本图书馆CIP数据核字（2020）第229977号

责任编辑：靳淑敏　谢慧瑜
责任技编：吴华莲
装帧设计：邓君豪

别跟孩子对着干——儿童权利视域中的家庭教育
BIE GEN HAIZI DUIZHE GAN: ERTONG QUANLI SHIYU ZHONG DE JIATING JIAOYU

广 东 教 育 出 版 社 出 版 发 行
（广州市环市东路472号12-15楼）
邮政编码：510075
网址：http://www.gjs.cn
广东新华发行集团股份有限公司经销
广州市岭美文化科技有限公司印刷
（广州市荔湾区花地大道南海南工商贸易区A幢）
889毫米×1 194毫米　24开本　14印张　300 000字
2021年3月第1版　2021年3月第1次印刷
ISBN 978-7-5548-3611-8
定价：68.00元

质量监督电话：020-87613102　邮箱：gjs-quality@nfcb.com.cn
购书咨询电话：020-87772438

目 录

序言：做"儿童友好"的父母\孙云晓　　　　　　　/1
自序：大人和孩子，谁跟谁"对着干"　　　　　　/4

概述：不了解儿童权利，不可能有好的教育　　/001
联合国《儿童权利公约》摘要·概述　　　　　　　/004
一、家庭教育第一问：孩子是什么　　　　　　　　/006
二、无处不在的儿童权利　　　　　　　　　　　　/013
三、换个角度看孩子的"问题"　　　　　　　　　/021
四、家长"败"在漠视孩子的权利　　　　　　　　/029
五、尊重儿童权利是家庭教育之"道"　　　　　　/036
六、"为孩子好"，必须坚持儿童最大利益　　　　 /044
七、告别歧视，所有孩子一律平等　　　　　　　　/053
八、"儿童友好"环境——孩子成长的最佳土壤　　 /062

第一篇　失去健康、生命不再，孩子何以成才　/069

联合国《儿童权利公约》摘要·生存权　/071

一、对孩子的生命负责不能有任何借口　/073

二、"分分分，学生的命根儿"真的会要孩子的命　/080

三、把不住"病从口入"这一关，毁掉孩子身体没商量　/087

四、缺少运动，生命就少了活力　/093

五、警惕"特困一族"的健康隐患　/100

六、"活着是为了你们，只有死是我的选择"　/107

七、失去亲情，你的孩子还是你的吗　/113

八、家不像家，是孩子的灾难　/119

第二篇　牺牲今天，不会有美好的明天　/125

联合国《儿童权利公约》摘要·发展权　/127

一、你是否"过度消费"了孩子的童年　/129

二、会玩，是孩子未来最重要的"软实力"　/136

三、淘气不是孩子的"错"　/143

四、输不起的孩子赢不了　/150

五、接纳孩子的"平凡"，自己才能坦然　/157

六、"别人家的孩子"何以摧毁了自家的孩子　/164

七、儿女可以不是"精英"，但不能不会生活　/171

八、给孩子一张现代社会的"入场券"　/177

第三篇　为人父母不可不知：保护孩子是你的天职　/185

联合国《儿童权利公约》摘要·受保护权　/187

一、把孩子当孩子，给予他们特殊保护　/189

二、没人知道明天和意外哪个先来　/200

三、恨铁不成钢，打孩子"打过了头就是烂铁"　/207

四、成人失职，不该让儿童承受家庭负担之重 /216
五、忽视酿恶果，孩子需要高质量的陪伴 /224
六、直播撒尿，侵犯了孩子的人格权 /231
七、应对校园欺凌，家长责无旁贷 /241
八、父母的羽翼不是孩子永久的"护身符" /249

第四篇　大人不要自以为是，儿童才是解决自己的问题的"专家" /257

联合国《儿童权利公约》摘要·参与权 /259
一、你是否忘了自己的"初心"是什么 /260
二、大人与孩子争权——孩子"恨父母"的真相 /267
三、"直升机父母"的无微不至是在伤害孩子 /274
四、父母不"听话"，所以不了解孩子 /281
五、孩子"顶嘴"——在挑战父母权威中获得成长 /287
六、家长的选择，常常不是孩子的需要 /293
七、新媒体时代，别小看了孩子 /299
八、"儿童友好"：重在创造参与条件，激发孩子的内驱力 /306

跋：松解亲子"相爱相杀"困局的一把钥匙\杨咏梅 /315

后记 /319

我们都曾经是儿童。我们都希望孩子们幸福，这一直是并将继续是人类最普遍珍视的愿望。

——《我们儿童：世界儿童问题首脑会议后续行动十年期终审查》开篇

序言：做"儿童友好"的父母

孙云晓

写序是一件难干的活：一要读懂全书，二要了解作者，三要对该书主题有较深刻的理解。所以，我谢绝了许多作序的邀请，但关颖教授的邀请我无法拒绝，因为写序三要素我都具备。最重要的是，我们在儿童问题和家庭教育研究领域合作近30年，并且是知音。

无论是社会学研究还是家庭教育研究，关颖教授都是真正的学者，她不仅具有扎实的专业水准，还富有劳动模范的奋斗精神。我在中国青少年研究中心工作期间，与关颖教授密切合作，关于家庭教育共同倡导"五元家教法"，即父母最需要具有五个方面的教育素养，即现代的教育观念、科学的教育方法、健康的心理、良好的生活方式、平等和谐的关系。几年前，我还与关颖教授共同主持"我国家庭教育指导者专业化培训状况与人才队伍建设研究"的项目，引起了教育部有关领导的关注。

在我的印象中，关颖教授多年关注儿童权利，撰写了许多有全国影响力的文章和书籍。所以，这一次，她专门为父母们写一本儿童权利的书，可以说是瓜熟蒂落、水到渠成，也有着她更为深远的考量。请看她书中的一段数据分析：

在2015年我参与"第二次全国家庭教育状况调查"期间，恰好有2700多万粉丝的"@微博搞笑排行榜"在网上发了一个话题："你长大后觉得父母以前有哪些错误的教育方式？"在10天内共有32 000多条评论，转发近6000次，有若干条热门评论被点赞1万多次。我们对3天之内发布的前25页共739条热门评论进行了初步归类，发现问题集中体现在三个方面：一是父母对孩子权利的漠视和侵犯，占比41.8%；二是父母教育素质的缺陷，占比25.7%；三是家庭环境和家庭关系问题，占比20.7%。另有其他各种感叹，占比11.8%。其中热评第一条是"开始折断了你的翅膀，最后怪你不会飞"，共获赞16 000多个，紧跟着是"自以为是激将法的嘲讽和挖苦""没有原因，我说不行就不行"，还有"小孩子有什么自尊""偷看我日记还给我改错别字"……

以上数据说明，忽视儿童权利已经成为家庭教育走向误区的重大原因！更可悲的是，该调查发现，在我国，认真学习过儿童保护相关法律的父母不足一成！我接连使用两个感叹号，就是想说，如果任由这个巨大的盲区继续存在下去，中国的家庭教育只能是恶性循环。由此可以理解，几十年从事家庭教育研究的社会学家关颖，为什么会用一本专著来谈儿童权利与家庭教育。

关颖教授从联合国《儿童权利公约》和《中华人民共和国未成年人保护法》（以下简称《未成年人保护法》）所明确阐述的儿童享有生存权、发展权、受保护权和参与权等权利的角度出发，结合家庭教育的种种误区逐一进行深入分析并给出建议，这对父母和家庭教育指导者帮助甚大。当我读完书稿，给关颖教授留言，大意说这是一部从儿童权利视角分析家庭教育的重要著作，建议拓宽儿童参与权的含义与途径。比如，无论是家庭教育还是家校社共育，都需要儿童的参与，既包括儿童个人的参与，也包括儿童组织的参与。关颖教授认为该建议很好，从家庭教育的视角来看，在家校共育中的儿童参与确有必要。至于组织参与，可以从儿童社会化过程中家长正确认识同伴群体作用、为儿童的组织参与创造条件来阐述。

毫无疑问，家校社共育的目的是齐心协力培育健康成长的孩子，这与儿童组织的目标是基本一致的。早在1942年4月，毛泽东同志就发出号召："儿童们团结起来，学习做新中国的新主人。"如今，中国少先队已经是世界上最大的儿童组织，几乎每所学校、每个班级都有少先队组织（中学还有共青团和学生会组织）。如果将家校社共育与儿童组织的教育目标协调一致，激励孩子们以主人翁心态参与其中，完全可以相信，家校社队共育的效果会更佳。

2019年夏天，在教育部和全国妇联举办的推进家庭教育会议上，我呼吁"儿童友好应成为家校协同的根本原则"。"儿童友好"源自联合国倡导建立儿童友好城市的理念，其实质就是儿童优先，就是尊重儿童的权利。我之所以大声疾呼，是因为有些所谓的家校共育其实是联手折磨孩子！例如，一切围绕功课与分数转，把家庭变成学校，把家长变成老师的助教，从而严重扭曲家庭教育是生活教育的性质，是对儿童极不友好的体现。

简而言之，关颖教授的这部著作就是一本"儿童友好"的大书，其最为深刻的主题就是"儿童友好"。希望更多的父母朋友和家庭教育指导者细心研读本书，您可能会有意想不到的收获。

（孙云晓系中国青少年研究中心家庭教育首席专家、二级研究员，《夏令营中的较量》的作者，中国教育学会家庭教育专业委员会常务副理事长）

自序：大人和孩子，谁跟谁"对着干"

随着孩子一天天长大，父母们越来越多地感到孩子"不听话"了，现在的孩子"逆反心理太强"成了大人们的心理定式。与此同时，孩子们的抱怨和应对"招数"并不比大人少。"妖魔化妈妈""斗妈大全""报警抓爸爸"等事件此起彼伏。人们百思不得其解：我处处为孩子着想，为他做了那么多事，他怎么就是不领情，怎么总是跟我对着干？

是孩子跟大人"对着干"吗？

有一个妈妈诉说了自己的烦恼：

儿子小时候不喜欢画画，一到该去学画时就说肚子疼。我常常背着他往医院跑，但也查不出原因。我一直觉得他可能是体弱，所以在生活上更加悉心地照顾，但是画画从没耽搁。直到儿子上了初中，在学画课堂上又肚子疼了，我心急火燎地送他到医院，还是没查出病因，为了止疼还给他输了液。忙得筋疲力尽的我看着儿子，觉得他表情怪异，似乎还有些得意，于是脱口问道："你不是在装病吧？"没想到他竟笑而不答。这时，我突然有一种被戏弄的感觉，过往的画面一幕幕在眼前闪现，我恍然大悟！

我知道儿子不喜欢画画，但我觉得孩子太小不懂事，必须严格要求才会有出息。但是，让我万万没有想到的是，他为了不学画竟会用装病来欺骗我。更让我不能理解的是，这么多年来他竟然宁愿打针、输液也不愿意学画！

我们站在妈妈的角度看这件事，是孩子有问题——用撒谎、装病来跟大人对着干，这是妈妈最不能容忍的；如果站在孩子的角度来看，他对学画不感兴趣，可是妈妈一定要他学。孩子觉得学画比打针、输液更难挨，却又不能或者不敢直接表达自己的不满，也许他表达了自己的想法，但是妈妈根本就没当回事。在这种情况下，孩子就容易出现"消极怠工"等无意识状况，直到用装病这种被动消极的方式来象征性地表达对妈妈的不满和反抗。也就是说，孩子是为了摆脱"困境"才撒谎的，是一种进行自我防御的"被动攻击行为"，即把针对别人的攻击性表达在自己身上。

这样看来，孩子出现"逆反"行为并不是孩子的问题，而是妈妈的问题，是妈妈非要让孩子干他不喜欢干的事。可是妈妈也很委屈呀，想着"我还不是为了你好"。的确，妈妈不辞辛苦这么多年带着孩子学画，是为了孩子好，是想为孩子今后的发展积累更多的资本，是出于对孩子的爱。但是这种爱反映到孩子身上却成了"害"：害得孩子说谎，害得孩子承受打针、输液的皮肉之苦，甚至还会对生命健康造成威胁，这绝对不是妈妈期望的结果！

在现实生活中，这类事例不胜枚举。

为什么你觉得孩子跟自己"对着干"？

父母和孩子住在同一个屋檐下，彼此有着天然的骨肉联系，但相互之间为什么总是别别扭扭的，你说往东他偏往西？其症结就在于，一些父母以"为了孩子好"的名义做的许多事，是按照成年人认定的理想模式和目标来左右孩子，而忽视了孩子自身的生存、发展规律和需求，孩子作为独立的个体在家庭中应当享有的权利得不到尊重。

在教育内容上，有的父母不顾及孩子的感受、需求、能力和他们的长远利益，习惯于把成年人的思想观念强行灌输给孩子，按照成年人的意志为孩子安排生活方式和内容，确定生活目标和行为选择。

在教育方式上，热衷于对孩子单向度地、教条地说教，不屑于征求孩子的意见、听取孩子的声音、取得孩子的认同，如果孩子表现不尽如人意就动辄打骂。

在对孩子的评价标准上，以成年人为中心，认为"听话"的孩子才是好孩子，将循规蹈矩者奉为楷模。

在瞬息万变的现代社会，当孩子们以其童心和对新事物的敏感接受新思想、模仿新事物的时候，无论是积极的还是消极的，常常都被父母们视为"不轨"而横加限制。

当孩子们的身心特点发生变化的时候，父母们却无视这种变化或察觉不到这种变化，依然按照主观的、以往的印象去认识现实中的孩子……

殊不知孩子对父母的言行表示不满或反抗，是在表达自己的意愿，争取决定自己事情的权利。在家庭教育中，与其说是当今的孩子不好管、跟父母"对着干"，倒不如说是父母把自己放在了与孩子对立的位置上，管孩子的方式并不适合孩子的特点和他们真正的需求。

怎样避免以爱的名义伤害孩子？

爱孩子是父母的天性，其实孩子也是爱着自己的父母的，也不愿意总是跟父母别别扭扭。父母与孩子和谐相处的关键，首先是父母要弄清楚自己与孩子的关系。

家庭教育是在家庭生活中，家庭成员之间持续不断的、自觉或非自觉的教育和影响，是大人与孩子之间的互动，主要是亲子互动。父母是教育行为的主体，孩子是生存和发展的主体，彼此相互作用、相互影响。作为教育行为主体的父母首先要充分认识孩子作为成长主体的特点和真正的需求，然后知道如何通过提升自己更好地履行职责，满足孩子生存与发展的需求，这是家庭教育取得成功的必要前提和关键所在。正是在这个意义上，我认为，尊重、保护孩子的权利和提高父母自身的教育素质是保障家庭教育效能的两个基本点。

从孩子的角度来说，他们需要成年人的呵护、引领，父母为孩子所做的一切归根结底是为了孩子的生存和发展。联合国《儿童权利公约》倡导的和我国法律规定的儿童享有的生存权、发展权、受保护权、参与权等基本权利几乎包含了抚养教育孩子的全部内容。只有把孩子当作一个独立的权利主体，对孩子的教育才能真正有助于他的成长。在我看来，儿童权利实现是家庭教育的起点和归宿，尊重和保护儿童的权利是抚养教育孩子的底线和基本内涵，也是现代社会家庭教育必须强化的核心理念。

从父母的角度来说，无论事业多么辉煌，有多高的社会地位，当面对自己孩子的时候，你和其他父母都是一样的，就是一个父亲或母亲，都必须认真履行对孩子的抚养教育职责。家庭教育的中心任务是培养孩子成为独立的、适应社会的人。父母的教育观念、教育方式、教育能力决定了家庭教育的效果。在很多情况下，孩子是大人的一面镜子，他的那些不尽如人意的言行，往往与父母有着千丝万缕的联系，所折射的是大人的问题。如果父母意识不到自身的问题，违背孩子特点和需求却又不善于改变自己，孩子常常会"不买账"，甚至给孩子的成长帮倒忙。从这个意义上说，只有提高父母的教育素质，教育孩子的目的才不会落空。

据此，尤其需要强化的理念：一是以孩子为本，尊重和保护儿童权利；二是以父母为主体，提高自身的教育素质——这是家庭教育的两个基本点，彼此相互作用、相辅相成。这不是我凭空想象的，也不是我捏造的概念。尊重和保护儿童权利是联合国几十年来始终为之努力的事业，是全世界包括我国政府在内所有加入《儿童权利公约》国家共同的职责；提高父母的教育素质是我们国家有关儿童及其家庭教育的法律和工作文件都涉及的基本内容。家庭教育的现实告诉我们，漠视儿童权利反映的是父母教育素质的缺陷，而父母只有提高自身的教育素质才能更好地尊重和保护孩子的权利。

弄清楚家庭教育的两个基本点，大人和孩子谁跟谁"对着干"的问题也就清楚了；把握好这两个基本点，从更高的角度、更宽的思路来思考家庭教育，才能避免以爱的名义伤害孩子，许多孩子的问题才能迎刃而解，亲子关系才会和谐。

"别跟孩子对着干"——这本书希望给人们哪些忠告？

本书围绕"尊重和保护儿童权利"这一基本点展开，与大家分享了我多年来在儿童权利视域中对家庭教育问题的研究和思考。通过分析家庭教育中普遍存在的问题，提醒家长朋友"别跟孩子对着干"，并试图构建一种现代社会的儿童观和以儿童为本的家庭教育新理念。

联合国《儿童权利公约》所涉及的儿童权利有几十种，规定了对儿童权利保护的普遍标准。我国的《未成年人保护法》依照国际社会通用的表述，明确概括为"国家保障未成年人的生存权、发展权、受保护权、参与权等权利"。据此，本书由概述和四篇组成，共40个话题。

概述：主要谈谈什么是儿童权利，为什么要从儿童权利视角认识家庭教育；为什么说漠视儿童权利是家庭教育失误的根本原因；为什么爱孩子必须以尊重和保护儿童权利为前提；以及对儿童最大利益、无歧视等保护儿童权利的基本原则如何认识和应用。

第一篇：围绕儿童的生存权，谈谈父母的首要责任是呵护孩子的生命；给孩子施加学习压力等不良教育行为会给孩子造成难以磨灭的恶果；家庭如何从饮食、运动、睡眠等生活细节入手维护儿童的生理和心理健康；怎样充分挖掘家庭生活和自身的优势资源，提高孩子的生命质量。

第二篇：围绕儿童的发展权，谈谈儿童期对孩子一生的重要性；分析爱玩、淘气等孩子不尽如人意的行为在其成长中的积极作用；父母接纳孩子的平凡、摆正自己的心态、认识自己孩子的特点和优长、为孩子创造广泛的交往空间，才有益于孩子的顺利成长和可持续发展。

第三篇：围绕儿童的受保护权，谈谈孩子作为权利主体不同于成年人的特殊性；父母如何强化保护儿童的意识，在点滴小事上呵护孩子；怎样避免对儿童施加暴力、忽视儿童、对儿童人格权的漠视等行为；如何帮助孩子抵御校园暴力、社会不良因素的侵袭；如何教孩子学会自我保护。

第四篇：围绕儿童的参与权，谈谈亲子冲突的根本原因是父母与孩子"争权"；孩子作为权利主体的真正需求是独立自主、得到尊重，而父母对孩子事无巨细地替代、包办是剥夺孩子参与的机会；了解新媒体时代孩子的特点，倾听孩子的声音，让孩子自主选择，鼓励孩子挑战权威，创造条件激发孩子自身内驱力，才是明智的选择。

本书概述和每一篇的开篇摘录了联合国《儿童权利公约》的相关条款，概述中有"拓展阅读"或相关链接，四篇中的每个话题阐述从问题视角进行分析，并给出"教育提示"和"思考与践行"。

在这本书里，我给予读者的不是针对孩子的具体问题的"治病药方"，而是联系父母的教育观念和教育方式中普遍存在的倾向性问题，提出"治未病的思路"。希望以此引发读者从儿童权利视角审视家庭教育问题，进而悟出更多认识孩子、理解孩子、积极促进孩子生存和发展的道理。在此基础上，我们共同寻找并探索更多抚养教育孩子的好方法。

概述：不了解儿童权利，不可能有好的教育

"儿童"在联合国《儿童权利公约》中被界定为"18岁以下的任何人"，它与我国《未成年人保护法》所指的"未成年人"是同一含义。

说到家庭教育，不能不认真思考：儿童，作为独立的人，具有怎样的特征，他们在家庭中所处的地位如何以及成年人对他们有什么样的责任。用国际通用的概念来表述，就是儿童权利和儿童权利保护的问题。

把儿童当作权利的主体来认识，这与家庭教育的一切问题密切相关。

联合国《儿童权利公约》摘要·概述

◎按照《联合国宪章》所宣布的原则,对人类家庭所有成员的固有尊严及其平等和不移的权利的承认,乃是世界自由、正义与和平的基础。(序言)

◎铭记联合国人民在《宪章》中重申对基本人权和人格尊严与价值的信念,并决心促成更广泛自由中的社会进步及更高的生活水平。(序言)

◎认识到联合国在《世界人权宣言》和关于人权的两项国际公约中宣布和同意:人人有资格享受这些文书中所载的一切权利和自由,不因种族、肤色、性别、语言、宗教、政治或其他见解、国籍或社会出身、财产、出生或其他身份等而有任何区别。(序言)

◎回顾联合国在《世界人权宣言》中宣布:儿童有权享受特别照料和协助。(序言)

◎儿童系指18岁以下的任何人,除非对其适用之法律规定成年年龄低于18岁。(第1条)

◎缔约国应尊重本公约所载列的权利,并确保其管辖范围内的每一儿童均享受此种权利,不因儿童或其父母或法定监护人的种族、肤色、性别、语言、宗教、政治或其他见解、民族、族裔或社会出身、财产、伤残、出生或其他身份而有任何差别。(第2条)

◎缔约国应采取一切适当措施确保儿童得到保护，不受基于儿童父母、法定监护人或家庭成员的身份、活动、所表达的观点或信仰而加诸的一切形式的歧视或惩罚。(第2条)

◎关于儿童的一切行动，不论是由公私社会福利机构、法院、行政当局或立法机构执行，均应以儿童的最大利益为一种首要考虑。(第3条)

◎缔约国应采取一切适当措施，促使遭受下述情况之害的儿童身心得以康复并重返社会：任何形式的忽视、剥削或凌辱虐待；酷刑或任何其他形式的残忍、不人道或有辱人格的待遇或处罚；或武装冲突。此种康复和重返社会应在一种能促进儿童的健康、自尊和尊严的环境中进行。(第39条)

一、家庭教育第一问：孩子是什么

说到儿童权利，我首先想提一个看似简单，却许久以来一直萦绕于心，曾经让我茫然、困惑，甚至认为无解的问题：孩子是什么？

孩子是什么？孩子是人。没有谁怀疑这样的答案。然而当我们面对如今多如牛毛、积重难返的家庭教育问题时，我时常感到父母们有意无意中没有把孩子当作"人"的现象比比皆是：

有些人外出做工或逃避家庭问题远离孩子，孩子多年见不到父母，生活上缺少精心照料，作为人的情感需求被忽视；有些人因孩子生病、残疾、性别不如意或自己未婚生子等原因将孩子遗弃——这样的父母对孩子生而不养，是把孩子当作可以忽略、可以随意丢弃的"物品"。

无数"为了孩子好"的父母，迫于考试、升学的压力，或是被社会上某些利欲熏心的教育机构和伪专家忽悠了，违背孩子的成长规律和发展特点，逼孩子超前学习、给孩子层层加码，对孩子过度"培养"。孩子背负着沉重的学习负担，失去了对真实生活的全面体验，失去了童年的欢乐——孩子成了"考试机器"，成了父母实现自己愿望的"工具"。

有的父母对孩子监护缺失，导致孩子受伤、致残、致死等意外伤害事故频发；有的父母对伤害孩子的校园欺凌、各种社会上的不良因素视而不见或因无能为力而回避；有更多的父母对孩子粗暴管教，随意实施暴力——孩子成了缺少呵护的受害者，成为大人宣泄不良情绪的"出气筒"。

孩子的日常活动、兴趣培养、学校选择等大事小事由大人说了算的情况屡见不鲜。一些父母听不进孩子的声音、不了解他们的需求，总是试图左右孩子，替孩子想事、做事。在父母的卵翼和干预之下，孩子没有选择的余地、没有为自己做主的机会，逐渐丧失了独立做事的愿望和能力——孩子成了父母的附庸、大人们手中的"提线木偶"。

大人们有意无意中把孩子当成了"物品""考试机器""出气筒""提线木偶"……从这些现象中，我们看到的是孩子作为"人"的基本含义被成年人忽视了、扭曲了。

> 《中华人民共和国民法典》（以下简称《民法典》）摘要
> ◎ 自然人从出生时起到死亡时止，具有民事权利能力，依法享有民事权利，承担民事义务。（第十三条）
> ◎ 自然人的民事权利能力一律平等。（第十四条）

以儿童权利的视角认识孩子，他们是怎样的人呢？具体来说有如下几个基本点。

孩子是一个生命体，他们有健康生存的需要

说到"生命体"，我想到多年前的一个故事：

有个人学剃头，开始拿冬瓜练，剃完总是把刀子戳到冬瓜上。他剃了五十个冬瓜以后终于开业了，迎来了第一个顾客，剃完了以后，也一下子把刀子插进去……

剃头师傅习惯了做这个动作，当帮客人剃头时，在他的潜意识里，面对的依然是个冬瓜，就没把顾客当人，所以一下手就对人构成了伤害。这个故事告诉我们：当家长面对孩子的时候始终要记住，你面对的不是一个物品，而是一个活生生的人。每个孩子都是活生生的、有灵性的生命体，不是一个可以任他人摆布的物品，想要就要、想扔掉就扔掉、想毁掉就毁掉。

对于成年人来说，只要生了孩子就必须承担起对他的抚养教育的责任。因为孩子来到世上，就获得了生存的权利。无论是怎样的家庭状况，父母面临怎样的不利因素，无论孩子是丑是俊、是伤病是残疾，父母都无权扼杀、抛弃、漠视这个生命，家庭有责任为孩子的健康生存创造条件、提供衣食住行等各方面的保障，并尊重他们作为人的尊严，否则就是违法的。

我们时常耳闻目睹那些对自己的孩子实施暴力、遗弃、残害而受到法律惩处的案例。有的父母时常想不通："我伤害的、我打死的、我遗弃的是我自己的孩子，跟别人有什么关系？"当然有关系，任何公民都受法律约束，父母也不例外。

2015年初，我国最高法院、最高检察院、公安部、民政部联合印发《关于依法处理监护人侵害未成年人权益行为若干问题的意见》，针对监护人若干种侵害孩子权益行为规定了惩处措施，并提出"法院可以判决撤销其监护人资格"。比如广东潮州市一个妈妈怀疑7岁的儿子偷拿家中的钱，失手将孩子殴打致死，被判刑10年。亲生父母伤害自己的孩子达到犯罪的程度，也要承担刑事责任。

孩子是发展中的人，儿童阶段是不可能省略或跳跃的

人们常说"儿童是祖国的未来"，这句话没错。但是，儿童首先应当有自

己的现在。儿童阶段是人一生发展的基础,一个孩子长到18岁只有6570天,每一天对孩子来说都有着特殊的意义。这些天孩子不仅仅要为成人生活做准备,还应该享受大自然赋予他的童年生活。只有经过这样的阶段,过好每一个"今天",孩子身心健康和社会适应良好,才有可持续发展的基础,才能拥有美好的"明天"。

现在,我们的教育有一个误区,认为孩子的现在只是为了他的将来。还没上学就开始超前学习文化知识,为的是上小学比别的孩子强;上了小学给孩子的学习层层加码,为的是上重点中学;上了中学更是玩命学习,为的是上重点大学;上好大学是为了毕业后找个好工作……而孩子当下的、自身个性的成熟和作为孩子的各种需要则在很大程度上被忽略了。当孩子真的走进他的"明天"长大成人的时候,小时候由于父母急功近利的代价将在方方面面、以人们意想不到的结果显现出来。违背孩子自身成长规律,为了未来而牺牲他的现在,忽视孩子的全面发展和可持续发展,结果是给孩子的健康成长制造了障碍或是偏离了正常轨道,这是他用一生都难以修复的。

孩子是弱小的、不成熟的人,是特殊的公民

孩子从出生那天起,就是一个公民了。除法律规定的成年公民才能享有的选举权和被选举权、婚姻自由权等权利外,成年公民所具有的其他基本权利,未成年人都享有。

同时,儿童又是一个特殊的群体,还享有不同于成年公民的、受到特殊保护的权利。比如:儿童享有得到成年人监护的权利,孩子由于监护不周受到意外伤害时,就要追究监护人的责任;未成年的孩子违法犯罪之后享有从轻处理的权利等。

这是因为，人的特点决定了出生后在很长一段时间内不能独立生存，需要依赖家中的成年人提供各种生活条件才能存活，才能健康成长。而且，未成年的孩子心智还不成熟，还不具有或者不完全具有行为能力，没有对自己的行为承担相应责任的资格，所以需要成人社会的保护，首先是家庭保护，由父母或者其他成年人担任他们的监护人。学校、社会、法律也都要给予他们特殊保护，以"儿童利益最大化"为原则解决和处理与儿童相关的各种问题。比如，曾经有一个10岁女孩暴打一个1岁男孩致其重伤，却不能对她追究刑事责任，因为当时的法律规定14岁以上重罪才判刑，这是对施案女孩的保护；但是女孩父母作为监护人要承担赔偿责任，这是对受害男孩权益的保护。

孩子是独立的人，是有思想、有能力的个体

孩子有自己的思想、需求和自身成长的特点和规律，即便是刚出生的婴儿，也有自身的需求，他饿了、拉了屎尿、不舒服了会哭。对孩子的行为如何判断，决定了父母采取怎样的行为。

有一次，我在火车上看到一个小孩子大声哭闹，妈妈给孩子玩玩具、用手机放音乐都无济于事。然后妈妈冲着孩子大声吼："你怎么像你奶奶那么折腾人呢？"越说，孩子哭得越厉害。再一看，原来是孩子拉了一裤子大便，跟他奶奶没关系。

这个妈妈是按照自己的意志作判断，而忽视了孩子自身的真实需求。同样的道理，孩子到了一定年龄，对于自己的事有了自己的主张，有发表意见的权利。实际上，成年人为孩子所做的一切都是为孩子成长提供支持、创造条件，而不能代替孩子的成长，也不应当把成人社会不适宜孩子的东西强加给他们，因为孩子不是成年人的附庸。对父母来说，无论有多么正确的观念、掌握了多么科学的方法，付出了多么大的努力，如果不为孩子所接受，全都无济于事。就像孩子因为拉了裤子而哭闹，你给他放再好听的音乐也没用。这是一个非常简单却又常常被家长们忽略的道理。

孩子是什么？用儿童权利视角来审视，我们或许有了别样的认识：孩子是活生生的人、发展中的人、弱小的人、独立的人，是一个权利的主体。这是以儿童权利视角对孩子的基本认识，也是家长在家庭教育中与孩子互动的基本前提。有了这样的认识，确立了以孩子为本、尊重和保护儿童权利的理念，并努力付诸家庭教育实践中，才能站对立场，厘清自己与孩子的关系。

拓展阅读

论 孩 子

纪伯伦

一个怀中抱着孩子的妇人说：请给我们谈孩子。

他说：你们的孩子，都不是你们的孩子，乃是"生命"为自己所渴望的儿女。

他们是借你们而来，却不是从你们而来，他们虽和你们同在，却不属于你们。

你们可以给他们以爱，却不可给他们以思想，因为他们有自己的思想。

你们可以荫庇他们的身体，却不能荫庇他们的灵魂，

因为他们的灵魂，是住在"明日"的宅中，那是你们在梦中也不能想

见的。

你们可以努力去模仿他们,却不能使他们来像你们,

因为生命是不倒行的,也不与"昨日"一同停留。

你们是弓,你们的孩子是从弦上发出的生命的箭矢。

那射者在无穷之中看定了目标,也用神力将你们引满,使他的箭矢迅疾而遥远地射了出去。

让你们在射者手中的"弯曲"成为喜乐吧;

因为他爱那飞出的箭,也爱了那静止的弓。

——选自冰心译,纪伯伦著:《先知》,人民文学出版社,1957

思考与践行

①对照此话题中列举的问题,反思自己家或者周围家长中是否存在大人有意无意中没有把孩子当作"人"的现象,具体表现是什么。

②以儿童权利的视角认识孩子,说说他们是怎样的一个人。

二、无处不在的儿童权利

对"儿童权利"有人是陌生的,有人不以为然,也有人很排斥:"小孩子有什么权利呀?还不是得听大人的!"还有人说:"现在的孩子够难管了,再让他们知道自己有那么多的权利,更得跟大人顶牛了,我们当父母的怎么玩得转呀!"事实上,有孩子在,就有儿童权利。

具体到家庭,儿童权利就是孩子在与成年人互动中,具有的独立资格、平等地位和自主性,同时受到成年人的保护、享有成人社会提供的与其身心发展相适应的生活条件。大人们为孩子所做的一切,无论是否自觉、是否自愿,也无论能不能达到预期的目的,在客观上都对孩子的生存与发展起着至关重要的作用,关系到儿童的权利能否得到充分行使与维护。从这个意义上也可以说,儿童权利的实现是家庭教育的起点和归宿。正如中国教育报家庭教育周刊的主编杨咏梅女士在本书《跋》中所说:"是起点,就绕不过去;是归宿,就越早清晰越受益。"

对儿童的各项权利进行全面阐述的是1989年11月20日第44届联合国大会一致通过的《儿童权利公约》。1990年8月29日我国政府代表签署了这个公约,1991年12月29日全国人大常委会批准,1992年4月1日这个公约在我国生效。从此我国加入了承诺对儿童承担《儿童权利公约》所规定义务的国家行列。

联合国《儿童权利公约》中涉及的儿童权利有几十种,主要是生命权、健康权、身份权、肖像权、身体自由权、个性发展权、休息娱乐权、隐私权、受监护权、获得良好的家庭环境权、受教育权、免受歧视和虐待权、自由表达权、财产权、法律援助权等。国际社会通常把这些权利概括为生存权、发展权、受保护权和参与权等四类基本权利。

《儿童权利公约》规定了对儿童权利保护的普遍标准，许多内容体现在我国各项有关儿童的法律、政策文件之中，如《民法典》《未成年人保护法》《预防未成年人犯罪法》《中国儿童发展纲要》等。

《未成年人保护法》摘要

◎ 国家保障未成年人的生存权、发展权、受保护权、参与权等权利。（第三条）

◎ 保护未成年人，是国家机关、武装力量、政党、人民团体、企业事业单位、社会组织、城乡基层群众性自治组织、未成年人的监护人以及其他成年人的共同责任。（第六条）

《民法典》摘要

◎ 人格权是民事主体享有的生命权、身体权、健康权、姓名权、名称权、肖像权、名誉权、荣誉权、隐私权等权利。（第九百九十条）

◎ 民事主体的人格权受法律保护，任何组织或者个人不得侵害。（第九百九十一条）

儿童享有生存权

生存权是最基本的人权。儿童享有生存权，是指儿童享有其固有的生命权、健康权和获得基本生活保障的权利。

一个人出生后便获得了作为自然人的人格权，享有生命安全不受剥夺和非法侵害的权利。

未成年的孩子与成年公民一样享有这些权利。儿童的生存权还包括生活保障权，即获得足够食物、栖身的住所、医疗等生活保障的权利，与父母分离后保持相互关系及直接联系的权利，快乐地、有尊严地生活的权利。我国《未成年人保护法》规定："禁止对未成年人实施家庭暴力，禁止虐待、遗弃未成年人，禁止溺婴和其他残害婴儿的行为，不得歧视女性未成年人或者有残疾的未成年人。"其中对"家庭暴力"的禁止条款是站在保护未成年人人身权和人格尊严的立场上，对我国传统的"孩子是家庭的私有财产""棍棒底下出孝子""不打不成材"等观念的否定，也是对父母凭借孩子对成年人在人身和经济等方面的依赖而任意伤害孩子行为的限制。儿童生存的权利不仅是生命的延续，还要有尊严地活着。

生存权的实现是孩子的第一需要，是其他权利实现的基础。

儿童享有发展权

发展权是儿童拥有充分发展其全部体能和智能的权利，包括有权接受正规和非正规的教育，有权享有促进其全面发展、可持续发展的条件。

儿童的发展是指身体、智力、道德、情感、社会性等多方面发展，如享有休息和闲暇的权利，享有信息权、娱乐权、思想和宗教自由、个性发展权等。我国《未成年人保护法》规定：父母或者其他监护人应当关注未成年人的生理、心理状况和情感需求；保障未成年人休息、娱乐和体育锻炼时间，引导未成年人进行有益身心健康的活动，家庭应当与学校配合"为未成年人提供生活、健康、安全等方面的保障"。这不仅是健康生存的需要，也是可持续发展的基础。

对孩子发展权的保护体现了两个基本点：一是儿童的发展具有其特定的规律，不能只顾眼前而不顾长远的未来；二是儿童具有发展的潜能，不能忽视孩子的全面发展和个性发展。

儿童享有受保护权

受保护权是指儿童享有不受歧视、虐待和忽视的权利。他们享有获得家庭、学校、社会、法律保护的权利，以减少生存和发展过程中的不利因素。

儿童的受保护权包括受监护权、受抚养权，保护未成年人免受歧视、剥削、身心摧残、暴力、忽视或照料不周。失去家庭和处于特殊困境中的未成年人，有需要社会各方面予以援助的权利。

我国《未成年人保护法》规定，"父母因外出务工或者其他原因不能履行对未成年人监护职责的，应当委托有监护能力的其他成年人代为监护"，"预防和制止未成年人吸烟、酗酒、流浪、沉迷网络以及赌博、吸毒、卖淫等行为"。我国的相关法律还规定：16岁以下的孩子不能当童工，不满16岁不能脱离监护单独居住，对犯有罪错的未成年人的量刑、矫治等有别于成年人等。这些都是对儿童给予的特殊保护，体现了儿童的受保护权。

保护儿童和教他们自我保护，是成人社会的责任，与对他们的教育相辅相成。家庭、学校、社会方方面面都要为孩子撑好保护伞，同时为他们增权赋能，创造条件激发他们自我保护的潜能。

儿童享有参与权

参与权是指儿童有参与家庭和社会生活、就影响他们生活的事项发表意见的权利。参与权旨在使儿童了解自身的处境，并发展其表达和处事的能力。

儿童的社会性参与不仅是他们的基本权利，也是其成长和发展的基本需要。联合国《儿童权利公约》提出："儿童有权对影响其本人的一切事项自由发表自己的意见，对儿童的意见应按照其年龄和成熟程度给以适当的看待。""儿童应有自由发表言论的权利……有寻求、接受和传递各种信息和思想的自由，而不论国界。"我国《未成年人保护法》规定："父母或者其他监护人应当根据未成年人的年龄和智力发展状况，在作出与未成年人权益有关的决定前，听取未成年人的意见，充分考虑其真实意愿。"

其中一个非常重要的理念是：儿童不应该被简单地看作一个弱小的群体，他们不仅仅需要照顾，还应当作为一个拥有权利的群体而被所有人尊重，成年人应当为他们行使表达意愿和选择的权利创造条件。尤其是家长不能忽视孩子的需求，以自身的好恶而违背孩子的意愿决定孩子的事项。

儿童的四项基本权利是什么关系呢？

生存、发展、受保护和参与的权利在儿童成长中互为条件和基础，互相联系、互相影响，构成了儿童权利的统一体。生存、发展和参与是儿童由小到大、由弱变强、长大成人的基本过程，保护是完成这一基本过程的必要条件，生存、发展和参与的每个环节都离不开保护，并贯穿这一过程的始终。

关于儿童权利，特别需要强化以下几点认识：

一是儿童的权利是法定的，而不是成年人给予的。

二是儿童和成年人同样是人，但是与成年人有相同之处也有不同之处。不能把孩子当作成年人，但孩子也是人，要把孩子当作独立的"人"来对待。

三是儿童权利是儿童生存和发展的可能性与成人社会保护儿童权利实现的现实性的统一体，儿童权利实现尤其有赖于父母为之所做的努力。

总而言之，儿童权利是一个多维度的、立体的概念，不仅是法律意义上的制度和要求。对家长来说，"以孩子为本，尊重和保护孩子的权利"是现代社会家庭教育的核心理念，直接影响到教育行为，体现在孩子养育的举手投足之中。如果家长真正有了儿童权利的视角，并努力将尊重和保护儿童权利的理念付诸家庭教育实践中，我确信，很多孩子教育中的问题就可以迎刃而解。

> 拓展阅读

儿童权利在哪里
——一个儿童权利工作者对儿童权利的感悟

成人，有成人的世界，儿童有儿童的权利。
儿童……权利？你是一个名词，那么抽象、那么高深，
似乎和我们每个普通人有着遥远的距离。
有人说，"我们要保护儿童权益！"可你又是那么缥缈不定，
我们仿佛看不见、也摸不着你，你到底在哪里，在哪里？

你在父母的期望里，在妈妈温暖的怀抱里，
在和谐美满的家庭氛围里。
你在探索的喜悦里，在开心的游戏里，
在平等对话的诚信中，在同步成长的足迹里。
你在无忌的童言里，在相互尊重的目光里，
在参与的过程中，在老师亲切的教诲里。
你在同伴的友谊里，在交流的真诚里，
在理解的暖流中，在自立自强的信心里。
你在会意的微笑里，在与成人平等的机会中，
在每个人全新的儿童观里。
你在甘甜的乳汁里，在贴心的保护里，
在周到的服务里，在儿童优先的政策里。

你是一声如歌的呢喃，你是一片春草的嫩绿，
你是一双胖胖的小手，你是一串月牙般的足迹。

你是一只雏鹰，渴望成长，期待飞翔；
你是一叶小舟，等待扬帆，驶向天际。
你是人类幸福大厦的基石，
你是扑向大海蔚蓝色怀抱的第一脉小溪……

儿童权利，你不应该仅仅是个法律名词收藏在律师的词典里。
其实，你离我们每个人都很近、很近，
你就在我们日常的一言一行里。
每天的每时每刻，你都在提醒我们——
关于责任，关于使命，关于我们对未来的希冀……

（作者：张亚丽，联合国儿童基金会驻中国办事处高级项目官员。）

——选自《家长》2009年第6期

思考与践行

①我国《未成年人保护法》表述的儿童享有的基本权利是什么？具体归纳一下每项权利的具体内涵是什么，儿童的四项基本权利是什么关系。

②联系实际，谈谈你对"有孩子在就有儿童权利"的看法，说说儿童权利与家庭教育有什么关系。

三、换个角度看孩子的"问题"

很多家长总是为孩子出现的五花八门的问题而烦恼,如果换一个角度,不是以成年人的视角,而是以孩子的视角来观察、分析,或许会有不同的认识、不同的教育行为、不同的教育效果。

《狼来了》的另类诠释

人们都熟悉那个流传已久的《狼来了》的故事:

从前,有个放羊娃,每天都去山上放羊。一天,他向着山下正在种田的农夫们大声喊:"狼来了!狼来了!救命啊!"农夫们听到呼救声急忙拿着锄头和镰刀往山上跑,可是到山上一看,连狼的影子也没有!放羊娃哈哈大笑:"真有意思,你们上当了!"第二天,放羊娃故伎重演,大家对他说谎十分生气。过了几天,狼真的来了,放羊娃拼命地向农夫们喊:"狼来了!""狼真的来了!"农夫们以为他又在说谎,都不理睬他,结果放羊娃和他的羊都被狼咬死了。

在我很小的时候,就听姥姥讲过《狼来了》的故事;在幼儿园、小学,老师也给我们讲这个故事，还编成节目让小朋友们表演。我记得，幼儿园里那个演放羊娃的小朋友是哭着跑下台的，故事的情节深深地印在了我们幼小的脑海里。当自己有了孩子，我也不止一次地给他讲过这个故事。我知道，很多父母都给孩子讲过这个故事。

每次听到或给孩子讲这个故事的时候，要说的是什么道理呢？是小孩子不能说谎，说谎的孩子没有好下场。头脑里首先浮现的是一个撒谎的、令人讨厌的小孩儿的形象。确实，撒谎是令人厌恶的，诚实是教孩子做人的美德。《狼来了》的故事给人以深刻教训，不失为教子经典。

我们成年人习惯了以既定的结论去谴责那个说谎的孩子，以可怕的结果警示现在的孩子。那么对故事中表述的情节，可不可以有另外的诠释呢？如果我们以儿童权利视角，站在孩子的立场上去分析《狼来了》这个故事，是不是会发现成年人有什么问题，或者有什么缺失？我想到这样几个问题：

①为什么这个小孩子一个人到山上去放羊？他是不是还没有具备可以一个人放羊的能力呢？

②孩子为什么要喊"狼来了"，是不是因为他一个人在山上感到很寂寞、孤独？是不是他试图以这种方式来表现自己、引起别人对他的注意？

③孩子是不是出于幼稚的童心，喊"狼来了"只是觉得这么做很有趣，并没有对说谎进行价值判断的能力，还不会预见可能带来的后果？

④为什么孩子喊过两次"狼来了"，大人们都没有详细问问他为什么这么做？

⑤为什么那么多的成年人都没有去关注、去安抚、去教育和引导这个孩子？

……

前三个问题涉及孩子的特点和生存权、发展权的保护问题，后两个问题涉及成年人——作为孩子的教育者——自身的教育素质问题。故事中的孩子因撒谎导致自己和羊真的被狼咬死了，人们只是在道德层面指责这个孩子，对他的行为进行了对与错的判断，到最后也没有弄清楚他说谎背后的真实原因。

也就是说，假设我们站在孩子的立场上去分析放羊娃的行为，多问几个为什么，认真思考并回答这些问题，或许结果会与站在成年人立场、单纯地对孩子行为进行道德判断截然不同，或许这个说谎的孩子和他的羊就不会被狼吃掉了——当然这只是假设。我是想用这个人们熟悉、容易理解的故事来说明以儿童权利视角认识孩子以及孩子的问题有多么重要。

家长无知，所以无畏

2014年年初，中国教育报刊社围绕"儿童权利：家庭教育的底线"这一专题做了深度报道。报道中称中国儿童中心对七个城市小学生家庭教育状况进行的调查结果显示，近八成家长不知道儿童权利。当时记者连线采访了我。记者问："父母无知无畏地侵犯孩子权利却浑然不觉的情况普遍存在，您怎么看？"

我觉得"无知无畏"这个词用得比较贴切。正是因为许多父母并不真正了解自己的孩子，不知道什么是儿童权利，不知道儿童权利与家庭教育的关系，所以做了许多自以为是"为了孩子好"却在伤害孩子的傻事、错事，甚至违法的事。

在我看来，家长在这方面的"无知"原因至少有两点：

第一，人们不知道儿童权利，折射出传统的教育观念以及父母在教育行为上对儿童权利的排斥。我国传统社会的儿童观以封建宗法制为基础，孩子是家庭的私有财产，不是一个权利主体。父辈对子辈有生杀大权；孩子是传宗接代的工具，必须按照父辈意愿继承家庭的产业，无权选择自己的人生道路；孩子是被驯服的对象，父辈一言九鼎，严厉管教孩子的目的是使其服从……虽然这种极端漠视和剥夺儿童权利的观念和行为在当代已经没有了存在的社会基础，但是传统观念的积淀不是那么容易消除的。

第二，在我国长久以来有关家庭教育的话语中，无论是研究还是指导领域，"儿童权利"比较少见。儿童权利的传播没有得到应有的重视，国家有关尊重和保护儿童权利的宗旨和措施并没有达到尽人皆知的程度，似乎儿童权利与家庭教育不搭界。在当下多如牛毛的有关家庭教育的普及读物中，几乎见不到"儿童权利"的字眼儿；我接触的一个多年研究少年儿童问题的专家竟然不知道我国有《未成年人保护法》；当我跟一个省级妇联儿童部长谈及儿童权利传播时，她说"那是权益部的事"，言外之意儿童权利与儿童工作无关；在一个百余人参加的家庭教育指导师培训班上，能说出儿童基本权利的只有一个人……

联合国《儿童权利公约》和我国《未成年人保护法》所倡导的尊重和保护儿童权利的理念和相关内容，在如今各级各类、五花八门的家长教育、家庭教育指导者培训，乃至家庭教育研究者视野中还是一个盲点。在我们这个高度重视孩子的社会，人们对儿童权利依然陌生，这不能不说是一大缺憾，所反映的是家庭教育领域落后的观念以及与现代社会的不相适应。

《中国教育报·家庭教育周刊》曾经收集了孩子们对父母的不满，点点滴滴归纳起来，都与儿童权利相关。从中我们清楚地看到在日常生活小事上大人们对儿童权利的漠视，以及孩子对家长尊重他们权利的渴望。

家教广角镜

孩子们对家长的不满

关于生存权和受保护权：

"爸爸妈妈会不经我同意，就把我的照片和姓名公开！我不喜欢。"

"妈妈看我的日记后，当笑话讲给别人听，让我很尴尬，今后我会告诉父母不能看我的日记、信件。"

"我的父母经常吵架后拿我出气，骂我甚至把我打伤。妈妈说：'我生你、养你，你却不知道向着我！我恨你爸爸不帮我做一点儿家务，我忙得心烦，你还不听话，不是找打吗？'"

"我小时候吃相特别难看，妈妈天天把我的照片发在QQ空间，大家看了都笑话我，我上学了她还这样，让我很难堪。"

关于发展权：

"星期天下午我写完作业后想出去找朋友打一会儿篮球，妈妈严肃地说：'不行，你的作文不好，在家看一会儿书吧！'"

"妈妈给我买了许多习题，每次我做完老师布置的作业后，妈妈总是再布置几道题给我做。我每天一点玩的时间都没有。"

"每次去书店，爸爸总是给我买些我并不喜欢看的学习用书，却不给我买我喜爱看的童话书、故事书。"

"我妈妈经常说：'你什么也不用做，只要把书读好就行。'做饭、洗衣、洗碗都不让我做，很多同学的家长也是这样的。"

关于参与权：

"我喜欢弹琴，每当来客人的时候，妈妈总是让我给客人弹一曲，我都烦死了，现在我都不喜欢再摸钢琴了。"

> "每次我的压岁钱一到手就被妈妈要走了,妈妈说要替我保管,一点也不给我留。我每次买东西花钱都得向妈妈要,觉得一点自主权也没有。"
>
> "奶奶要给我报舞蹈班,我不情愿,因为她已经给我报了好几个兴趣班了,我都快要累死了!但是后来,奶奶还是给我报了那个舞蹈班。"
>
> "我的每一篇作文、日记都要让爸爸妈妈过目;我交的每一个朋友,都要让爸爸妈妈知道,他们还经常劝导我不要跟学习不好的同学交朋友。许多时候,我敢怒不敢言,因为他们是我的家长,是我的爸爸妈妈啊!"
>
> "爸爸经常不经我同意,就把我心爱的玩具送给弟弟,太不尊重我了!"
>
> "妈妈不要总是给我夹菜了!当我告诉她那些菜不合我的口味,她就说我不讲理、太挑食、不理解当妈妈的苦心……我都要烦死了!"
>
> ——节选自《侵犯儿童权利 家长无知无畏》,载于《中国教育报》2014年4月27日

许多成年人站在自己的角度考虑家庭教育的问题,为了维护自己对孩子的支配权,必然产生对儿童权利的排斥。而要做到尊重和保护孩子的权利,就要舍得放弃自己手中的某些"权力",而问题的症结在于,大人们舍不得。

成年人不了解儿童权利,摆不正自己与孩子的关系,所以排斥儿童权利、漠视儿童权利,甚至侵犯儿童权利的事时有发生就不足为怪了。

站在孩子的立场思考孩子的问题

毋庸置疑,很多父母都爱自己的孩子,只是认识和处理孩子的问题缺少

儿童视角，一些父母给予孩子的这份爱有时候过了头，有时候跑偏了……让孩子感觉不舒服、不愉快，想方设法逃避，甚至抵制父母以爱的名义对他们的所作所为。结果是家长别扭，孩子更难受。

孩子说："你给我一筐苹果，其实我只想要一个橘子。"——这类现象司空见惯。给孩子"一个橘子"其实很简单，但是人们习惯了主观臆断，不屑于了解孩子的意愿，把自己的需要当作孩子的需要，往往付出很多却事与愿违，到头来，还责怪孩子"不听话""逆反"。

我们常说要跟孩子"换位思考"，其实上升到观念层面就是以儿童为本，站在孩子的立场思考孩子的问题，改变家长专制，以成年人的意志左右孩子的立场。其实，家庭教育从根本上说，是顺应孩子的成长规律，满足孩子的成长需求，尊重孩子的个体差异和独立人格，而不是让孩子被动地去适应父母的教育、实现父母的意愿。

尊重儿童的权利，并不意味着忽视家长的作用，而是强调家长对孩子的引领，注重教育过程中孩子的参与，这是处理亲子关系问题的出发点。比如说参与权，并不是让他们拥有绝对的自由，随心所欲地支配自己的生活，而是要求成年人吸纳儿童的建议，重视他们的意见，为他们表达自己的观点、做出选择创造条件。在这个过程中，家长说明所有可能的选择和理由，并以儿童易懂的方式跟他们进行交流，启发和引领孩子做出有利的选择，而不是强迫他们服从大人的决定。

确立"以儿童为本，尊重和保护儿童权利"的理念，以儿童权利视角来认识和解决孩子的问题，并努力付诸家庭教育实践，才能产生有利于孩子生存和发展的教育效果。

思考与践行

①思考本文对"狼来了"故事的分析,说说你有什么看法。为什么要以儿童权利视角认识孩子和孩子的问题?

②与自家孩子聊聊,听听他对家长有什么不满或有什么要求。举一个实例,以儿童权利视角与孩子一起进行分析。

③如何认识家庭教育中"以儿童为本""以家长为主体"的辩证关系?谈谈你有什么感悟,有什么困惑。

四、家长"败"在漠视孩子的权利

这些年,越来越多的家长感到教育孩子不容易,并遇到很多头疼的问题,也因此有不少的自卑情绪。

"屡战屡败"的反思

某影视演员在带着儿子录制一档亲子类型的综艺节目之后,进行了一番"自查":他对儿子常常"唱白脸",最严厉的惩罚是关禁闭;儿子对他,没有崇拜只有嫌弃。就连许多观众津津乐道的"萧峰"盖世豪侠的风范,也被儿子形容是"披了个长头发,穿个破浴巾"。他感叹:"从前儿子怕我,因为只有我在家里能惩罚他,而且惩罚挺狠的。所以说,当我觉得我说句话对他而言是管用的,其实他是一种害怕。"他说自己是"不及格爸爸"。

这让我想到前些年我主持的一项对千余名家长的调查,人们尽心尽力为孩子付出,但是对教育效果并不满意,有一半以上的受访者说自己是"失败的家长"。家长对自己履行职责方面认可度如此之低,与他们在孩子教育中屡屡出现问题、遇到挫折有密切的联系。

在调查中我们了解到,近八成孩子在不同方面、不同程度上有让家长烦恼的事。按照家长所选比例多少排序依次是：做事缺少自信心、太贪玩、依赖性强、太任性、学习不努力、自理能力差、看电视上网没有节制、不听家长话、脾气不好、缺乏创造性、行为习惯不好、身体不好爱生病、不跟家长沟通、与别的孩子攀比、不合群等。

这些令家长烦恼的事，共同反映了孩子教育中的几个值得思考的问题：

是否依据孩子的特点和发展规律教育孩子？

比如"贪玩"是孩子的特点，许多家长设法让孩子少玩、不玩，把孩子的特点当作缺点去纠正，而没有看到玩对孩子成长的积极作用，没有把功夫下在引导孩子处理好玩与学的关系上，自然是孩子不悦、家长烦恼。

是否重视孩子的成长过程而不是单纯地注重结果？

比如一些家长对孩子"学习不努力"的评价和由此带来的烦恼，往往是由于孩子考试分数或作业不理想，或者由于家长不愿意孩子做课本学习以外的其他事而产生的，这些家长忽略了孩子在学习过程中的积极体验，不善于发现孩子的微小进步和努力付出，从而使孩子学习的主动性、自觉性受到抑制或挫伤。

是否在教育孩子的过程中注重激发孩子的潜能、调动孩子自我管理的积极性？

比如一些家长对孩子的事情包办、替代过多，孩子缺少自己动手、独立做事、自我管理的机会，连独立的自我都没有，就很难建立自信心。孩子习惯于依赖家长，自理能力差就不可避免，家长"受累不讨好"也就在所难免。

是否做了许多本不该家长做或者并不擅长做的事？

比如相当多的家长忽略孩子的长远发展、漠视家庭生活中的教育资源，过于注重围绕课堂教学辅导孩子的学习、给孩子传授知识，而又不懂得教学特点和规律，往往是下了很大功夫却很难见效，有时还会让孩子很反感，瞧不起家长的"外行"指导……

表面上看，家长的烦恼是由孩子的问题造成的。但是多一些思考就会发现，孩子的问题常常是父母"制造"的，是父母对孩子了解不够、认识扭曲的必然结果。

漠视儿童权利是家庭教育失误的根本原因

近年来，人们罗列了家长在教育孩子过程中的许多问题，什么中国家庭教育的"八大误区"、父母的"十大罪状"、家庭教育的"十大硬伤"等，不胜枚举。在我看来，中国家庭教育最根本的问题可以归因到家庭教育的两个基本点上：一是漠视孩子的权利，二是家长教育素质的欠缺。前面所述胡军的检讨，恰恰反映了家长在抚育孩子过程中存在的两个普遍性问题：比如关禁闭、打孩子是依仗大人的权威对孩子人身权的侵害；再就是在教育观念上缺少对孩子的尊重，惩罚孩子的方法不科学，只会使用暴力，表现出自身教育素质的问题。而对儿童权利的漠视，也恰恰反映了家长教育素质的欠缺。

依据儿童的基本权利，家长漠视儿童权利主要表现在三个方面：

认为儿童是"物"不是人，无视孩子生命的鲜活——父母失职、行为失当，侵害孩子的生存权和受保护权。

突出表现为：一些父母忙于工作和自己的事，忽视孩子的生存环境安全，意外伤害频发；因夫妻离异推脱或放弃抚养责任，冷落了孩子，使孩子面临生存危机；过度关注学习，使孩子健康受到威胁；粗暴管教，造成孩子身心创伤和行为扭曲；亲子分离，孩子得不到来自父母的亲情滋养；过于追求孩子表面的"优秀"而忽略孩子的内心感受和心理健康……孩子作为幼小的、鲜活的生命体被父母带到世上，却又由于父母对他们的忽视和照顾不周而受到伤害，失去生命的活力。近年来，孩子因父母失职、行为失当面临生存困境甚至致伤致残、失去生命的案例并不鲜见。

认为儿童是成年人实现自身愿望的"工具"——成人本位，忽视孩子的发展权。

突出表现为：成人本位，把孩子当大人，以成人的眼光来审视儿童世界，精心为孩子设计活动空间、学习内容，却很少考虑是否真正为儿童所需要，对儿童的发展有多大的价值。孩子被动地去适应成年人，没有了属于自己的童年；认识有失偏颇，把孩子的特点当缺点，事实上也毁掉了孩子童年阶段最真实、最具有发展活力的方面，从而使孩子的人生失去了童年的光彩；不允许失败，把过程当结果，太在乎眼下的结果，热衷于拔苗助长；急功近利，把部分当全部，过于看重知识学习，而忽视了品德教育和能力培养；忽视当下，为了将来牺牲孩子的现在。

认为儿童是"提线木偶"，是成年人的附庸——"亲子一体化"，剥夺孩子的参与权。

突出表现为：父母把孩子当作自己的一部分而不是独立的人，主观臆断，不屑于倾听孩子的声音，所以并不真正了解孩子，时常对孩子产生误解，亲子冲突便不可避免；自作主张，不给孩子选择的机会，总是试图把自己的愿望加诸孩子身上，千方百计为孩子设计未来目标和人生轨迹，而无视孩子的意愿、无视孩子参与的权利；过多唠叨，孩子总是处于被动状态，扼杀了孩子参与的动力；过多替代，不仅扼杀了孩子作为权利主体的自我意识和独立意识，使其缺少独立成长的内在动力和勇气，而且弱化了他们参与自身、家庭和社会事务的能力。

家庭教育中出现的许多问题，以尊重和保护儿童权利视角去分析，都可以找到其中的症结所在，这就是父母在与孩子的互动中，以长者的权威对儿童权利的漠视和剥夺，这是对孩子社会化过程的粗暴干预。结果是，父母的失误使孩子失去了在童年理应享有的生命健康和成年人对孩子童年的呵护，扼杀了儿童作为权利主体的自我意识和独立意识，限制了孩子的体能、智能和社会适应能力的可持续发展。孩子由在家庭中缺乏独立的机会开始，逐渐发展为缺少独立成长的内在动力和勇气，弱化了在现实社会生存与发展的能力，甚至不能成为一个完整的、自立于社会的人——这是家庭教育的最大失败。

对此，孩子们有强烈的反作用力，以各种方式争取和维护自身的权利。遗憾的是，父母们因为缺少儿童权利视角，常常又给孩子贴上"逆反心理太强""跟父母对着干"的标签，并没有对自身的过失进行积极反思的意识和能力。

在我应邀参与2015年"第二次全国家庭教育状况调查"期间，恰好有2700多万粉丝的"@微博搞笑排行榜"在网上发了一个话题："你长大后觉得父母以前有哪些错误的教育方式？"在10天内共有32 000多条评论，转发近6000次，有若干条热门评论被点赞1万多次。我们对3天之内发布的前25页共739条热门评论进行了初步归类，发现问题集中体现在三个方面：一是父母对孩子权利的漠视和侵犯，占比41.8%；二是父母教育素质的欠缺，占比25.7%；三是家庭环境和家庭关系问题，占比20.7%；另有其他各种感叹，占比11.8%。其中热评第一条是"开始折断了你的翅膀，最后怪你不会飞"，共获赞16 000多个，紧跟着是"自以为是激将法的嘲讽和挖苦""没有原因，我说不行就不行"，还有"小孩子有什么自尊""偷看我日记还给我改错别字"……

网友们列举的父母在家庭教育中的问题不仅是教育方式的问题，更多的是因教育观念的扭曲而出现的教育行为误区。这些问题之所以引发广泛的共鸣，说明具有普遍性；这一话题以"过来人"的身份反思小时候父母的教育问题，在没有任何顾忌的网络空间，具有表现的真实性；网友那些点点滴滴的回忆，表明父母的错误行为给他们带来的负面影响和伤害是刻骨铭心的。这一分析结果进一步验证了漠视儿童权利和父母欠缺教育素质是家庭教育问题的症结所在，也是人们在家庭教育中重"术"而轻"道"的必然结果。

家教广角镜

物极必反：管教过严的恶果

如果父母以自己所理解的对孩子的"爱"干预、禁锢孩子，以家长的权威对孩子的管教过于严厉，侵犯了儿童的人身权利、玩的权利、参与的权利，那么这样的保护就会成为对孩子的伤害，就会发生强烈的亲子间的冲突，甚至逼孩子走上犯罪道路。

2000年新年伊始，"好学生"徐力杀母事件震惊全国。17岁的徐力是浙江省金华市第四中学高二学生。同学和老师反映，徐力平时在学校十分刻苦和节俭，是一个"品学兼优的学生"，性格文静，初中时期一直是"三好"学生，初二就入了团。进入高中之后，徐力也一直勤奋好学，对集体活动很热心，也乐于助人。人们不解地问：为什么这样的好学生会做出如此的暴行？

徐力出生在一个普通的工人家庭。他的母亲吴凤仙是某食品公司职工。由于徐父长期在外地火车站工作，徐力基本上是在母亲的悉心照料下成长的。吴凤仙工资不高，靠帮别人加工毛线衣赚点钱供儿子读书，让孩子过着"吃穿全包，一心读书"的生活。然而，孩子却承受着巨大的心理压力：

——高期望值的压力。母亲要求儿子每次期中、期末考试都排在班级前10名，有一次排在第18名，母亲便狠狠地打了儿子一顿。徐力杀母的导火线是他认为自己不能达到母亲提出的要求，对母亲喋喋不休地唠叨学习、成绩感到压力很大，"觉得很烦"……

——不良教育方式的压力。徐力喜欢踢足球，母亲说："以后你再去踢球，我就把你的腿打断。"重压之下的徐力感到母亲对自己管得太严，深感委屈和压抑……

——亲子冲突的压力。徐力的母亲对孩子的关怀可谓"无微不至"。徐力说"妈妈在生活上很疼我"，然而，母亲却不了解孩子的精神需求。徐力打开电视机，母亲指责他"还看电视，还不用功点"，徐力觉得没有一点自己的空间……

母亲过多的限制使徐力产生了过多的不良心理积淀，甚至导致心理扭曲。终于有一天，母子之间再次为学习发生冲撞。绝望中，徐力从门口拿起一把木柄榔头朝正在绣花的母亲后脑砸去，将母亲活活砸死。

在看守所，监管人员说，徐力进来以后，没有流过一滴眼泪，他的理由是"我妈妈活得太累，我把她打死了是解脱了"。他想告诉天下的父母："给孩子留点空间吧！让孩子有点秘密，多跟孩子沟通。"

——节选自关颖：《城市未成年人犯罪与家庭》，群众出版社，2004，122~123页

思考与践行◆

①你同意"漠视儿童权利是家庭教育失误的最大症结"这个说法吗？说说理由。

②你认为在当今家庭教育中，还有哪些现象属于上面列举的这三方面问题？请列出来。

③对照家长剥夺儿童权利的现象，查一查自己有哪方面的问题。试着用儿童权利视角进行分析，并与大家交流。

五、尊重儿童权利是家庭教育之"道"

在现实中我们看到,家长们为了教育好孩子付出很多。许多人一心盯着孩子,努力寻找解决孩子问题的"良方""秘籍",以致对某些"专家"、教子成功的"名人"、社会教育机构趋之若鹜。可是,追随或效法的结果却并不尽如人意。常常是钱花了,功夫也下了,却事倍功半甚至一无所获。在我看来,上述问题的原因在于重"术"而轻"道",一心寻求解决孩子具体问题的方法,却不知道孩子是一个权利的主体,没有尊重儿童权利的意识,那些方法用到自己孩子身上就不灵了。不仅孩子已有的问题解决不了,而且在自觉或不自觉中漠视、侵害孩子权利的事时有发生——这是当今家长的"通病",又导致了新的问题。

家庭教育的"道"是什么?"术"有哪些?仁者见仁,智者见智。无论如何,我确信"以孩子为本,尊重和保护儿童权利"是家庭教育之道,这是现代社会必须强化的家庭教育的核心理念。如果确立了这一理念,真正把它融会贯通了,就如同有了一把万能的钥匙,能够从容面对成长中的孩子,打开五花八门的锁结。

尊重儿童权利：现代社会的儿童观

儿童观是人们对儿童和儿童发展的根本看法和态度，是基于承认儿童具有的与成年人不同的特质，把他们与成年人区别开来，审视和解决儿童问题所持有的观点。

许多父母以为，只要是爱孩子怎么做都可以，而事实上，尊重是爱和教育孩子的前提。没有尊重的爱是让人痛苦的爱，没有尊重的教育不是真正的教育，甚至会伤害孩子。那么尊重什么呢？有人说尊重孩子的特点，有人说尊重孩子的人格……在我看来，如果把孩子当作一个独立的人来看待，就是以儿童为本，尊重他们的权利。这是家庭教育的核心理念，是现代社会的大势所趋，具有普遍意义。

社会在变，教育孩子的观念也要变。

在中国传统社会，家长制盛行，家长在家庭中具有绝对的权威，可以支配家庭中的一切，包括拥有支配子女的权利，子女与家长是人身依附关系，子女必须无条件地服从家长。在这种代际关系模式中，子女被完全束缚在父母的管制之下，下一代对上一代只能言听计从，甚至是"父叫子亡子不能不亡"。孩子在家庭中没有独立的人格，没有权利选择自己的未来前途。孩子的前途、命运都由父母来左右，父母不会顾及孩子的特点、孩子的需要。

现代社会废除了封建专制制度，无论在社会上还是在家庭中，每一个人都是一个独立的个体，都拥有自己的权利。社会的发展越来越注重人的价值、人的发展、人权的保护。我国宪法规定"中华人民共和国公民在法律面前一律平等"，同样适用于大人与孩子的关系，"国家尊重和保障人权"包括尊重和保护孩子的权利。人权的实质内容和目标是人的生存和发展，对于儿童的父母来说，只有尊重和保护孩子的权利，才能实现孩子健康生存和可持续发展的目标，这是现代社会家庭教育尤其要强化的新理念。

家庭教育的目的就是助力孩子权利的实现。

联合国《儿童权利公约》明确规定，教育儿童的目的应是"最充分地发展儿童的个性、才智和身心能力"。我国《未成年人保护法》的立法宗旨是："为了保护未成年人的身心健康，保障未成年人的合法权益，促进未成年人在品德、智力、体质等方面全面发展。"在当代中国，不同的家庭在孩子培养的具体目标上可能有很大的差异，但是体现社会主流文化价值追求的家庭教育目的与《儿童权利公约》和《未成年人保护法》是一致的，这就是保障儿童权利的实现，促进孩子全面和可持续发展。

父母对未成年子女的抚养教育，在很大程度上影响着孩子的生存状况，以及在人生道路上能否作出有价值的选择和他的发展权、参与权的实现。所以对父母来说，强化尊重和保护儿童权利的理念，是家庭教育取得成功的必要前提。

保护儿童权利，父母义不容辞。

家庭的本质功能是什么？就是代际的繁衍和抚育。这个本质功能决定了父母必须从孩子生命的一开始就给予他们多方面的照料，提供他们生存和成长所必需的吃、穿、住、医疗、教育等方面的物质条件，保障孩子的生存需要和合法权益不受侵犯。同时，家庭作为儿童成长的第一环境，使孩子获得的知识、观念、行为习惯，以及符合社会需要的人格特质，是人全面发展中的最基本的要素，能够在人的初始阶段为未来适应社会生活、立足社会进行能力积淀，也是孩子在社会舞台上实现自身生命价值的必要条件，将对其一生产生重要影响。

所以从本质上说，尊重和保护儿童，使他们自身的权利得以充分实现，是父母作为孩子的监护人必须履行的义务。这种义务随着孩子的出生而产生，在孩子的未成年阶段贯穿家庭生活的每一个环节。父母是孩子的首要"保护神"，这不仅是孩子赋予的"桂冠"，也是法律给予的"紧箍咒"。

从上述意义上审视现代社会的家庭教育，就是父母履行对孩子权利的保护职责。站在成人的立场上，以自我为中心、以凌驾于孩子之上的角度来看孩子的问题，总是对孩子不满意，看到的多是孩子的问题；如果站在孩子的立场上，顾及孩子的特点和需求，把孩子当作一个权利的主体来看孩子的问题，就会发现自身的问题，找到孩子问题背后的真实原因。有了这样的认识，再来思考成年人强化"以孩子为本，尊重和保护儿童的权利"的理念，就会感到这是家庭教育中顺理成章的事了。

家长须知："悟道"比"谋术"更重要

确立"以孩子为本，尊重和保护儿童的权利"这一家庭教育的核心理念，是家庭教育之道。在此基础上，学习、寻找并在实践中创造教育孩子的方法，才能不偏离大方向，适合孩子的特点和发展规律，才能有的放矢，达到助力孩子健康生存和可持续发展的目的。

通常来说，"道"是事物发展的根本，是本源和机理，"术"是运用道的策略和方法。"道"决定"术"、统领"术"，是"术"的灵魂；"术"反映"道"、服务于"道"，是"道"的手足；"道"是"术"的升华与提炼，没有"道"，"术"就会变成无本之木、无源之水。

前些年，某"专家"的赏识教育报告火了一阵。一个朋友对我讲了这样一件事：她同事的女儿上初二了，学习很一般，妈妈整天数落她。在听了报告后，妈妈学会了夸孩子。一天，女儿数学测验考了80分，做好了回家挨批的准备，没想到妈妈不但没说她，还夸奖说"太好了，比上次提高了2分呢！"女儿心里很高兴，心想，妈妈听了报告还真的变了。过了些天又测验，女儿又没考好，只得了75分，挺内疚地告诉了妈妈。没想到妈妈又说："太好了，你真棒！还差25分就100分了！"弄得孩子丈二和尚摸不着头脑，对我这个朋友说："我妈神经病！她什么意思啊？"

母亲改变数落孩子的做法，学着夸孩子没错，但是因为她没有领会赏识教育的本质是什么，没有悟出其中的道理，不分对象、不顾具体情况机械地模仿，所以不可能达到理想的效果。

就赏识教育而言，实际上是激励孩子的一种方法，目的是通过强化孩子身上小的闪光点，激发出孩子做得更好的内在动力。其中传导的家庭教育理念是尊重儿童的参与权，注重教育活动中孩子的参与。至于在某个具体事情的处理上是通过表扬、奖赏、鼓励等哪种手段，用什么样的语言来表述，并没有统一的、既定的模式。因为孩子不是一个模子生产出来的，别人再好的经验、再科学的方法、再美好的语言表达，也要靠父母在与孩子的互动中灵活运用。孩子没考好已经很内疚了，妈妈完全可以换一种说法："偶尔没考好没有关系，努力的空间很大啊，更容易超越自己！"对初二的孩子来说，妈妈有这样的态度就够了，至于失误的原因是什么、怎么做才能超越自己，是她自己要思考的事。孩子有了内在的动力，用不着妈妈多说什么了，反而更容易达到妈妈期望的目标。

所以说，家庭教育没有什么通用的解决每一个孩子具体问题的"术"，前提和关键是悟"道"。只有懂得教育孩子的真谛，将适当的方法作用于自己的孩子，才能产生积极的效果。

那么,"道"与"术"是什么关系呢?

大道至简,以"道"御"术"是关键。

孩子是一个权利主体,尊重儿童权利是现代社会的儿童观,是家庭教育之道。当我们真正悟出了孩子是人不是物、孩子的发展是一个渐进过程、孩子是独立的人不是成年人的附庸等这些关于儿童权利的基本道理,我们这样才能做到:自觉地摆正自己与孩子的关系,减少或避免无视孩子的生命权对他忽视、对他随意施暴;接纳孩子的不成熟而不是试图拔苗助长;尊重孩子参与的权利,在决定孩子的事情时倾听孩子的声音、给孩子选择的机会……而采取的具体方法是"术",是"道"的手段和细化,五花八门、不胜枚举,其作用因人而异。"道"不明而偏离方向,"术"越多越得不偿失。父母们明了"道",才会在教育孩子的实践中灵活运用,并发现和创造更多的适合教育自己孩子的"术"。

悟"道"不可能立竿见影,切忌急功近利。

"术"可学,而"道"靠悟。悟"道"是在学习的基础上,通过教育孩子的实践洞察和感悟教育的本质和规律,内化为自己的理念,这是一个自我修炼的过程,并非一日之功。来自外部的家庭教育指导,只是对家长起到引领作用,更多的是传导符合时代特点和社会主流价值观的家庭教育理念和方法,启发家长自我教育。至于每个家长修道深浅,取决于个人的视野、阅历和学习力。那些自称有教子"秘籍""绝招儿"的"伪专家"之所以轻而易举就把众多家长忽悠了,与人们重"术"轻"道"、悟"道"不深、求胜心切等不无关系。

悟"道"与谋"术",两者缺一不可。

在家庭教育中,若想让自己对孩子的付出有益于孩子的成长,就要先明"道",要把握正确的儿童观、教育观,要了解家庭教育的特点和规律。在此基础上再谋"术",寻找解决问题的有效方法,才能达到预期的目的。"道"

不明，再多的"术"也难免走弯路；"术"不通，难以使正确的理念、美好的愿望得以实现。概括地说就是，有"道"者才能把握方向，做正确的事；有"术"者才会有效解决具体问题，正确地做事。"道"与"术"二者相互依存、相辅相成。

把"道"与"术"的关系搞清楚了，在教育孩子的实践中不断感悟，当面对孩子问题的时候以儿童权利视角去审视，以自身的教育智慧积极巧妙地去应对，才会有积极的教育效果。

拓展阅读

父母错误的儿童观

中国当父母的人，对于儿童的观念，素来有三种错误：

（1）儿童是一个小人。因为父母把儿童看成一个雏形的成人，要缩短他当小孩子的期间，使他早点成为一个大人，好做大人的事，于是儿童的地位便根本抹杀了，儿童的利益便被人忽略了。从前一个儿童在十三四岁的时候，他的父母便把他送出去学生意，做买卖，便是这种心理的表现。

（2）儿童是父母的财产。俗语道："积谷防饥，养儿防老。"可见为父母者，是已经把儿女当作资产看待了。父母如今在儿女身上用的钱，比如在商业上放出的投资，将来还要生出利息，可以收回来的。这么一来，儿童便成为父母的附属品，而失去了他们的独立人格了。

（3）儿童是错的，父母是对的。常言说得好"天下无不是的父母"，可见得一切的理，都是父母的；一切的错，都是儿女的了。可是我们若仔细研究一番，拿教育家的眼光看过去，则在普通情形之下，儿童大都是对的，父母大都是错的。儿童纵然有时发生错误，那错误也大概是父母的错误所引起来的。

我们现在要改正上面三种错误的观念：第一，要把儿童看作儿童，不可缩短儿童时期，不可剥夺他在儿童时期中应该享受的权利；第二，要尊重儿童的人格，不可把他当作资产看待，自私的爱，算不得真爱；唯独不自私的爱，才能算为真爱，要知道教养儿童，乃是父母应尽的责任，你能培植儿童，那便是为国家尽忠，为人类服务；第三，要打破自己的成见，遇见什么问题发生，应该虚心研究，是孩子的错就是孩子的错，是自己的错就是自己的错，不可冤枉小孩子。

——节选自陈鹤琴：《家庭教育与父母教育》，
上海人民出版社，2016，190~191页

思考与践行

①为什么说"以孩子为本，尊重和保护儿童的权利"是家庭教育之"道"？

②教育孩子为什么要先悟"道"而后谋"术"？"道"与"术"的含义是什么？两者之间是什么样的关系？

③以自己教育孩子的实际谈谈是否存在重"术"轻"道"的问题，"悟道"与"谋术"怎样有机结合。请大家一起交流。

六、"为孩子好",必须坚持儿童最大利益

我们生活的世界是一个由成年人主宰的世界。未成年的孩子时常被人们当作弱者,当作成年人的附庸,当作任由大人们支配的物体。在现实中,一些父母为孩子做出的许多努力本意是"为孩子好",可是并没有对孩子起到积极作用;相反,却成了阻碍孩子健康生存和可持续发展的障碍。究其原因,是以自我为中心的"家长本位"在作怪:父母为了眼前的荣耀、为了自身的利益、为了实现自己的意愿,而忽视了儿童的最大利益。

儿童最大利益是养育孩子的基本原则

联合国《儿童权利公约》指出:"关于儿童的一切行动,不论是由公私社会福利机构、法院、行政当局或立法机构执行,均应以儿童的最大利益为一种首要考虑。""缔约国应尽其最大努力,确保父母双方对儿童养育和发展负有共同责任的原则得到确认。父母或视具体情况而定的法定监护人对儿童的养育和发展负有首要责任。儿童的最大利益将是他们主要关心的事。"

我国是《儿童权利公约》的缔约国,儿童最大利益原则在国家关于儿童政策上的体现,就是在制定法律法规、政策规划和配置公共资源等方面优先考虑儿童的利益和需求,从儿童身心发展特点和利益出发处理与儿童相关的

具体事务，保障儿童利益最大化。国务院颁布的《中国儿童发展纲要（2011—2020年）》明确将"儿童最大利益"作为新时期儿童工作的基本原则。

我国《未成年人保护法》规定：国家根据未成年人的身心发展特点给予特殊保护、优先保护，保障未成年人的合法权益不受侵犯。人民法院审理离婚案件，涉及未成年子女抚养问题的，应当听取有表达意愿能力的未成年子女的意见，根据保障子女权益的原则和双方具体情况依法处理。父母或者其他监护人不履行监护职责或者侵害被监护的未成年人的合法权益，经教育不改的，人民法院可以根据有关人员或者有关单位的申请，撤销其监护人的资格，依法另行指定监护人。被撤销监护资格的父母应当依法继续负担抚养费用。

《民法典》摘要

◎ 监护人应当按照最有利于被监护人的原则履行监护职责。监护人除为维护被监护人利益外，不得处分被监护人的财产。

未成年人的监护人履行监护职责，在作出与被监护人利益有关的决定时，应当根据被监护人的年龄和智力状况，尊重被监护人的真实意愿。（第三十五条）

◎ 离婚时，夫妻的共同财产由双方协议处理；协议不成的，由人民法院根据财产的具体情况，按照照顾子女、女方和无过错方权益的原则判决。（第一千零八十七条）

◎ 离婚后，不直接抚养子女的父或者母，有探望子女的权利，另一方有协助的义务。

父或母探望子女，不利于子女身心健康的，由人民法院依法中止探望；中止的事由消失后，应当恢复探望。（第一千零八十六条）

> ### 《未成年人保护法》摘要
>
> ◎ 保护未成年人，应当坚持最有利于未成年人的原则。处理涉及未成年人事项，应当符合下列要求：
>
> （一）给予未成年人特殊、优先保护；
>
> （二）尊重未成年人人格尊严；
>
> （三）保护未成年人隐私权和个人信息；
>
> （四）适应未成年人身心健康发展的规律和特点；
>
> （五）听取未成年人的意见；
>
> （六）保护与教育相结合。（第四条）

《中华人民共和国反家庭暴力法》强调：未成年人"遭受家庭暴力的，应当给予特殊保护"。未成年的孩子是无民事行为能力人、限制民事行为能力人，这部法律专门设一章"人身安全保护令"，规定"无法自行申请的，其近亲属、公安机关、妇女联合会、居民委员会、村民委员会、救助管理机构可代为申请"。也就是说，当家庭暴力对孩子构成伤害的时候，孩子可以得到家庭以外的政府机构及社会的呵护。

这些法律条款都体现了在处理与孩子相关的问题上，以儿童最大利益原则对未成年孩子的特殊保护。日常家庭生活中，父母在处理孩子和大人的利益关系时，同样要坚持儿童最大利益原则。其基本内涵：一是把儿童视为拥有权利的个体，而不是父母的私有财产；二是儿童利益必须高于成人社会利益；三是处理有关儿童问题时全方位考虑儿童的长远利益和根本利益，以最有益于儿童的发展为出发点。

人们都明白"有得就有失、有失就有得"的道理，在孩子的养育中任何一种选择的结果都有得与失。对父母而言，"为了孩子好"首先要知道在孩子成长中最重要的是什么，当下孩子最需要的是什么，而不是"家长本位"、自身的意志，这是衡量是否把握儿童最大利益原则的标准。比如，在夫妻作出是否离婚、是否离家舍子外出打工、是否投入巨资买学区房或为孩子择校等与孩子相关的家庭重大事项决策时，首先应当考虑的是儿童的最大利益。

夫妻冲突时是忍是散，都不能伤害孩子

在家庭生活中，夫妻冲突普遍存在。近年来，"合不来就散"被越来越多的人接受，而"家庭结构破裂"也被一致认为是造成孩子问题的罪魁。诸多调查表明，离异家庭的孩子存在心理问题增多、生活质量下降、学习状况不良、单亲抚育困难加大等一系列问题。所以，有的父母为了孩子而不放弃没有感情、冲突不断的婚姻，"等孩子长大了再说吧"是他们常说的一句话。而孩子却在父母间日复一日的冲突和家庭暴力中艰难度日。

有个7岁男孩表情呆滞，不与同学交往，老师提问不敢回答，因过度紧张有时甚至会大小便失禁，心理医生认为这是典型的儿童缄默症。孩子为什么会这样？原来，孩子的爸妈感情不和，爸爸性情粗暴，经常打骂妈妈。男孩4岁时，一天他想去厕所，正遇到妈妈大声吵闹、爸爸手执木棍追打妈妈，结果木棍打在孩子身上，吓得他大哭不止，造成大小便失禁。随后，妈妈边给男孩洗澡边骂他，把对爸爸的不满统统发泄在男孩身上。从此，孩子落下了大小便失禁的毛病，还产生了严重的心理障碍。好端端的一个孩子，就这样成了夫妻冲突的牺牲品。

一些父母非常爱孩子、重视孩子，却忽略了一个最基本的事实：在爸妈无休止的冲突环境中成长的孩子，无不是在惶恐之中度日，无不深感烦恼和不安，造成心理和品格上的扭曲在所难免。也就是说，夫妻感情破裂无望和好、经常吵闹、彼此伤害而又不分手，并非明智之举，会给孩子带来更大的伤害。

如果真心"为了孩子好"，夫妻应构建和睦相处的关系，这将是孩子快乐生活、健康成长的最佳环境。在家庭生活中，夫妻之间因意见不一而发生冲突不可避免，关键是当着孩子的面吵架之后，还要当着孩子的面和好，孩子才会不再为父母担心，也能从中了解解决冲突达到和睦相处的道理，还能够让孩子从中学到忍让、宽容等为人处世的本领；如果夫妻过不到一起，彼此分手也是成年人的权利。即便家庭破裂了，作为父母无论是否直接抚养孩子，若都能认真履行为孩子提供生活费、教育孩子的义务，孩子依然能够享受来自父母双方的爱，且可以最大限度地减少夫妻离异对孩子的不利影响，这便是以儿童最大利益为原则的明智选择。

巨额投入该不该，要考虑孩子的长远利益

有的家长为了让孩子上好学校、为了提高孩子的学习成绩不惜一切代价，花重金择校、买学区房、上补习班、请家教……以为进了好学校孩子就进了"保险箱"，花了钱就可以让孩子"不输在起跑线上"。把过多的希望寄托于"好学校""好老师"而忽视了家庭对孩子的影响，结果往往并不如愿。有的孩子因为择校每天花在上学路上的时间比就近入学多出好几倍，耽误了学习，减少了休息和玩的时间；也有的孩子对家里花很多钱买学区房感到有压力，

影响了学习的积极性；还有的孩子习惯了课外补课，反而不重视学校课堂上的学习……父母花重金本是为了孩子好，却成了得不偿失的事。

在电视连续剧《虎妈猫爸》中，有一个情节给观众留下深刻印象："虎妈"毕胜男得知如果买了学区房，女儿就有资格进入重点校第一小学，尽管一平方米9万元的高额房价自家并不能承受，但还是执意要买，并不得已去找公婆借钱。由于两代家庭倾其所有买学区房，在很大程度上提高了大人们对孩子的期望值。胜男要求女儿茜茜"一定要对得起每个爱你的人""一定要对得起这个房子"，无形中给孩子带来了巨大的精神压力。与此相联系，茜茜认为爸妈经常吵架是因为自己，坚信只要能考第一，爸爸妈妈就会像以前一样恩爱。多重重压之下，茜茜得了儿童抑郁症，不说话了，不能上学了，这才引发了大人们对自身教育行为的反思，也从反面证实了投资学区房的副作用。

当人们站在成年人的立场上，觉得自己就是一心为了孩子好而不顾孩子的感受所做的一切，其实是在给孩子的成长帮倒忙；当人们的眼睛只盯着孩子的学习而不注重自身的转变和家人关系的和谐，其实是在不知不觉地制造孩子的问题；当人们倾其所有为孩子买学区房、花重金上各种高价培训班，所付出的努力越多给孩子的压力越大，孩子内在的动力越小。

学习成绩关系到孩子升学时学校的选择，但绝不是孩子的全部。有的孩子经过十几年的拼搏上了重点大学却倍感失落，一个重要的原因是反思走过的路，觉得在学习的重压下自己失去了童年应当享受的快乐，失去了健康的身体，缺少作为一个健全的人的社会生活能力。而且大学并不是人生的终点，失去的东西又成为以后事业发展的障碍。事实上，是注重当下还是注重长远？是只盯着孩子的学习成绩还是注重孩子的全面发展？若父母们能以儿童最大利益为原则来考虑，或许就会对当下的投入做出理性的选择，少一些纠结。

为了孩子是走是留，首先权衡利与弊

在我国，有数以千万计未成年孩子的父母离开贫穷落后的农村到城里务工挣钱，是为了孩子能有更好的生活，受到更好的教育。被留在家里成为留守儿童的孩子，物质生活是比以往好多了，但是常年见不到父母，思念之情和缺少父母呵护的困境则让他们难以承受。还有一些孩子虽父母健在，却犹如缺爹少妈的孤儿。近年来，留守儿童遭受意外伤害的、产生心理疾病的、自杀的、犯罪的事件时有发生，根本原因是父母的监护责任缺失。

在贵州山区一所以留守儿童为主要生源的中学，我看到孩子们的吃住条件都很好。老师说，这些孩子不缺钱，缺少的是亲情。有个孩子三年没见过父母，学校有视频聊天设备帮助孩子与父母沟通，而孩子面对屏幕中的爸爸妈妈，一句话也没有，一点表情都没有。家是什么、父母是谁，在他的心中淡漠了，没有感觉了。

这个画面给我的强烈冲击是，政府、社会、学校给孩子们提供再好的生活环境，志愿者给他们再多的心灵抚慰，都不能给予孩子亲情关怀！

那些外出挣钱初衷是"为了孩子好"的父母，给予孩子的金钱和物质的东西，远远抵不上孩子在成长发育的关键期所需要的亲情关怀，是父母在无意之中给孩子制造了磨灭不掉的心理阴影和人格缺陷。亲情缺失将导致孩子缺少安全感、缺少父辈引领、缺少与父母积极的情感互动和心理支持，进而导致更多的心理和行为问题，长期发展下去将给他们以后的人生造成障碍，对其一生产生极为不利的影响。

  我始终认为，有勇气走出农村的年轻人都是不甘于现状的人，在很大程度上是试图以自身的劳动来改变经济地位和社会地位，让自己的孩子有更好的成长环境。也正因如此，每一个有孩子的人，当打算走出和已经走出贫穷的农村的时候，不能不把孩子的最大利益放在心上。即便有委托监护，可以把孩子委托给老人和其他亲属，学校也可以给孩子创造不错的学习和生活环境，很多人能替代父母让孩子吃饱穿暖，但是父母与孩子的亲情是任何人都替代不了的。父母们心里要有一杆秤，称一称眼下挣更多的钱和孩子一生的幸福哪个分量更重。

  面对社会上不断发生的有毒儿童食品、玩具、学习用具等对孩子健康的伤害，不良媒介产品、文化娱乐场所对儿童精神健康的侵袭，以及学校和社会教育机构不良教育方式、教育内容对儿童的负面影响等，作为孩子监护人的父母，有权以儿童最大利益原则对相关机构和个人的行为依法予以抗争，以保护孩子的合法权益。

  儿童最大利益，在本质上是体现儿童是权利主体的理念。在处理所有与孩子相关的事情上坚持这一原则，是所有父母必须随时绷紧的"一根弦"。

拓展阅读◆

世代间的隔膜

  父母把子女看成自我的一部分，子女是否也是这样呢？父母把他们的理想交卸给了子女，而且有权来监视他们子女的行为。父母代表社会来执行抚育的任务，可是子女是否愿意接受父母所责成他们的理想呢？

  孩子不但不容易和父母相契洽，而且时常会走上相反的路。推己及人是自我的扩大，可是子女要把自我扩大到包括父母又是不容易的。据一般心理学家的说法,自我的意识,人己的辨别,是发生在个人和环境的冲突中。一个要什么就得到什么的人,永远不会感觉到有个自我的存在。在孩子生活中,到处会碰钉子,而为父母的怕孩子被环境打击得太严重,总是愿意把自己来作缓冲,夹在里面。本来孩子可以在火里烧痛手,得一次环境给他的教训,可是在火还没有烧着手时,孩子先已碰着了父母的干涉。父母到处来顶替无情的环境,做着孩子们当面的软墙。因之造成孩子们自我意识的主要力量却是父母。父母正是自我的对面,因之,至少在孩子的早期,父母不易进入孩子自我的范围之中。

父母把孩子看成痛痒相关的部分,而子女并没有这感觉。子女可以时常觉得父母的过分干涉,没有道理,甚至感到压迫,父母是代表着吃人的礼教。在父母看来,子女不能体恤他们,倔强,不肯顺服,进而觉得是悖逆,不孝,大逆不道的孽障。两代之间的隔膜这样地不易消除!

——节选自费孝通:《生育制度》,商务印书馆,2008,155~158页

思考与践行

①儿童最大利益原则的基本内涵是什么?养育孩子为什么要坚持这一原则?

②对家长来说,衡量是否"为了孩子好"的标准是什么?

③想想你在处理与孩子相关的事情上,有哪些坚持或者背离儿童最大利益原则的事例,有什么不同的效果。

七、告别歧视，所有孩子一律平等

在儿童权利保护中，一个非常重要的理念就是承认所有的孩子具有平等的权利。每个孩子都是平等的，不能因为他自身情况特殊或家庭条件不良受到任何形式的歧视。非歧视，是联合国《儿童权利公约》和我国《未成年人保护法》规定的保护儿童权利的又一项基本原则。作为父母，要呵护孩子免遭社会歧视带来的伤害，更没有任何理由歧视自己的孩子。

《未成年人保护法》摘要

◎ 未成年人依法平等地享有各项权利，不因本人及其父母或者其他监护人的民族、种族、性别、户籍、职业、宗教信仰、教育程度、家庭状况、身心健康状况等受到歧视。（第三条）

◎ 对违法犯罪的未成年人，实行教育、感化、挽救的方针，坚持教育为主、惩罚为辅的原则。

对违法犯罪的未成年人依法处罚后，在升学、就业等方面不得歧视。（第一百一十三条）

歧视，毁了孩子美好的前程

"歧视"是个刺人的词汇，通常是指人们对某些缺陷、缺点、能力，以及家境、出身、性别等方面以不平等的眼光对待，使被歧视者受到不同程度的身心伤害。在很多情况下，对孩子的歧视是由于传统的社会偏见或成见，通过人们有意无意的言行表现出来的。

比如性别歧视，在我国对女孩的歧视依然存在。这是因为受传统文化影响，部分国人有着一定的"男孩偏好"。加之在当今市场经济条件下，女性因生育等原因在职场竞争中处于劣势，以致重男轻女的性别歧视依然影响着女童的生存与发展。女性胎儿被人工流产，女孩被遗弃、被拐卖、遭虐待，迫使女童辍学是最为严重的问题。

一个工读学校的女孩曾向我诉说从自己记事的时候起就挨打的经历：

我奶奶想让我妈生个男孩，我妈却生了个女孩，我奶奶就不喜欢我。家里人看不起我妈，我妈就觉得委屈。再加上我在我爸那边是最小的，那些哥哥高中毕业都找到好工作，我妈就说你瞧人家，咱得让人看得起，你得比他们强。我妈就是这样老拿我跟别人比。我不能有自己的兴趣爱好，我喜欢素描，我妈非不让我学。所以我感觉我妈有时候把我就当狗似的，你今天听话我给你点甜头，你今天不听话我说打就打你，说骂就骂你，反正就是这种感觉。我妈甚至把我吊在树上打，脱光衣服打，在大庭广众之下打。

这个女孩在家中忍无可忍，多次离家出走，也曾吃药自杀但未遂。她最终辍学，14岁就在外面打工，经受各种摧残，直到因违法行为被送到工读学校。

无论家中老人怎样不喜欢女孩，妈妈都不该把受到的委屈转嫁给孩子，变本加厉虐待孩子，这将给孩子带来更大的伤害，也是一种违法犯罪行为。聊天中，女孩给我的感觉是她对自身和社会问题的分析很有见地，只因是个女孩，长期遭到自己亲人的歧视、虐待而破罐子破摔、自毁前程。说到底，本应呵护女孩的妈妈成了扼杀孩子的罪魁。

再比如"差生"歧视。"差生"歧视是教育领域最普遍、最严重的对儿童的歧视现象。被学校冠以"差生"或"后进生"的，往往是学习成绩不佳或有某些不良行为的孩子。近年来发生的"绿领巾""红校服"等事件，是典型的对这类学生的歧视行为。在我给未成年犯管教所曾经做的访谈中，一个已成年的罪犯含泪回忆了自己上学时的一件往事：

我读初中时不是个好学生，可是我喜欢数学。有一天，老师拿了三个学生的作业展示，班长的、数学课代表的，再就是我的，但老师不知道这份作业是我的。当我站出来时，老师以不相信的眼光看着我，让我本来挺兴奋的好心情一下子冷了下来，当场就把作业本撕了。老师告诉了家长，我爸对我又骂又打。我恨死这个老师了，以后再也不喜欢数学了。后来，我就不上学了，还让哥们儿砸了老师家的玻璃。再后来，我就在社会上混了，再也没回过学校。

这是典型的老师对"差生"的歧视。我们设想，如果这个孩子在家里得到父母的安抚，如果父母对于孩子对数学的兴趣和好成绩给予激励和肯定，如果父母保护孩子的自尊与老师及时沟通……或许可以化解孩子与老师的冲突，或许孩子不会辍学，或许不会成为罪犯。也就是说，孩子走上歧途，老师的鄙视是起因，而父母保护孩子不到位，也有不可推卸的责任。

我曾参与调查我国工读学校一千余名学生，他们是不适宜在普通学校学习、被视为"差生""后进生"或有严重不良行为的学生。他们以前在普通学校上学时，多数遭到过不同程度的歧视，处于不利状态。

调查结果显示，有六成以上的学生得不到老师的经常表扬、不被老师喜欢，一半以上的学生得不到老师的尊重。相反，经常被老师训斥的学生达到四成以上，两成左右的学生经常被老师体罚和讽刺挖苦。在这种情况下，他们在学校生活中难以获得成就感，自信心受到伤害。调查中，当我们问普通学生那些后进的同学是怎么成为"后进生"时，高达65.5%的人认为是"他们没有自信"，排在全部选项的第一位。

"后进生"没有自信与受到歧视有很大的相关性。诸多研究和事实证明，教育者对学生的看法和态度会显著地影响学生的学习效果，对他们学校生活的最终成败产生决定性的影响。而父母作为监护人的保护不到位，加剧了学校歧视问题对孩子的伤害。

处境不利的孩子，更需要父母给予特殊关爱

在教育领域，孩子遭受歧视、受到不平等待遇的问题并不鲜见。残疾儿童、非婚生儿童、流动或留守儿童、犯有罪错的儿童，往往是受歧视最多的群体，他们遭受着许多与一般儿童不同等的待遇。他们在入园、入学时常常受到各种限制，在与同伴交往中也会被排斥。歧视，给孩子造成刻骨铭心的

伤害。同时，也必须承认，当孩子在学校、在社会上受到不公平待遇、处于不利处境的时候，父母和家人对孩子的精心呵护和积极引领，能在很大程度上减少不利因素的影响。

残疾儿童更需父母精心呵护。

残疾儿童是指智障、盲、聋哑、严重的情绪障碍、肢体残疾等导致全部或者部分丧失了以正常方式从事某种活动的能力的儿童。由于身体的障碍，他们常常受到忽视、被人取笑，有着不同于常态儿童的心理反应。父母要帮助孩子克服自卑心理，敢于面对现实；鼓励孩子进行有利于身心健康的各种实际锻炼；学会控制情绪，保持平和心态；创造条件鼓励孩子扩大社会交往，培养广泛的兴趣爱好，尽可能参与正常孩子的活动，淡化孩子的"残疾人"意识，帮助孩子调适心理、融入集体。对外界侵害孩子的行为，父母要及时制止，帮助孩子维护权益，避免不良刺激。

非婚生子女享有与婚生子女同等的权利。

非婚生子女是指没有合法婚姻关系的男女所生的子女，人称"私生子"。有的是未婚男女所生，有的是已经结婚的人在家庭以外又跟别人发生性行为生的孩子，也有的是无效婚姻和被撤销的婚姻当事人所生的子女。这些非婚生的子女尽管其父母之间没有法定婚姻关系，或者和其父母之间不具有自然血亲，但是他们在法律上的权利和婚生子女是同等的。

《民法典》摘要

◎ 非婚生子女享有与婚生子女同等的权利，任何组织或者个人不得加以危害和歧视。

不直接抚养非婚生子女的生父或者生母，应当负担未成年子女或者不能独立生活的成年子女的抚养费。（第一千零七十一条）

此外，孩子对自己的真实身份有知情权，父母要帮助他坦然面对，以减少对孩子的不利影响。无论是否与孩子共同生活，亲生父母都要尽对孩子的抚养教育义务，负担生活费和教育费，直到孩子成年能独立生活为止。

让"流动儿童"尽快融入城市生活。

随父母从农村来到城市的孩子或者在城市出生的农民工子女被称为"流动儿童"。也许，有的家庭初到城市居无定所，有的孩子不能进入城里正规学校上学，有的孩子对新的环境不适应……如何让孩子尽快融入城市生活是父母不能不认真考虑的问题。父母的重要责任是保障适龄孩子完成九年义务教育，避免失学、辍学，不能让16岁以下的孩子做童工。一些父母无暇顾及孩子，说到城里挣钱是为了让孩子在城市享有更好的生活和教育。其实，比金钱、比外部大环境对孩子影响更大的是父母自己观念和行为的改变，是家庭营造的小环境。父母注重自身素质提高，这是孩子融入城市生活的起点。

留守儿童最需要的是亲情。

因父母进城务工或出国而被留在农村家里成为留守儿童的孩子，物质生活条件是比以往好多了。可是，常年见不到父母，思念之情和缺少父母的呵护又会让他们面临新的困境。有的孩子因亲情缺失而缺少安全感、缺少父辈引领、缺少与父母积极的情感互动和心理支持，难免对父母情感冷漠，进而导致更多的心理和行为问题，甚至为同龄人所歧视。不得已与孩子分离的父母，工作再忙也要把孩子放在心上。父母在平日里要利用各种手段与孩子沟通，让孩子感受到父母对他的牵挂和关心；逢年过节父母与孩子团聚是必须的，要让孩子有见到父母、面对面交流的机会，加深对父母的印象；作为孩子的监护人，父母还要经常向委托监护人、学校了解孩子的情况，共同为孩子的健康成长提供支持；孩子遭歧视、受伤害时，父母必须为孩子讨公道，维护孩子的合法权益。

犯有罪错不能影响孩子今后的路。

"一失足成千古恨"是人们常用来比喻一旦犯下严重错误，就成为终身的恨事。然而在现代社会，对未成年的孩子来说，失足犯罪会成为终身的教训，但并不意味着因此而失去发展机会，他们依然可以经过改造重新做人，不应该受到社会的排斥和任何歧视。

我国《未成年人保护法》规定："学校应当保障未成年学生受教育的权利，不得违反国家规定开除、变相开除未成年学生。""对违法犯罪的未成年人依法处罚后，在升学、就业等方面不得歧视。"

违法犯罪的未成年人通常既是害人者，又是受害者。他们的心理不成熟、思想未定型，可塑性很大，他们的人生道路还很长，通过教育和挽救，完全可以成为遵纪守法的公民。这些孩子的父母承担着首要的教育、保护孩子的责任。首先要知法懂法，对来自学校、社会各方面对孩子的歧视予以抵制。尤其重要的是，父母不应嫌弃孩子，要给予孩子更多的心灵抚慰，用亲情感化和帮助孩子缓解心理偏差，排除社会歧视的不良影响，建立重新做人的信心。

无论孩子在哪里、遭受怎样不公正的待遇，父母对孩子的呵护都是最重要的。为孩子营造安全无虞、生活无忧、充满关爱的家庭环境，才有可能帮助孩子建立自信，免遭或减少外部歧视带来的心灵伤害，享受本该属于他们的幸福生活。

拓展阅读

未成年人依法平等地享有权利

"未成年人依法平等地享有各项权利，不因本人及其父母或者其他监护人的民族、种族、性别、户籍、职业、宗教信仰、教育程度、家庭状况、身心健康状况等受到歧视。"《未成年人保护法》的这一规定既表明了未成年人保护应当坚持的一项重要原则,又表明平等权是未成年人享有的一项基本权利。

1. 所有未成年人平等地享有宪法和法律规定的权利。凡是宪法和法律规定未成年人应该享有的权利,他们都平等地享有,并在行使权利时受到同等待遇,不因其本人、父母或者其他监护人的民族、种族、性别、出生、户籍、家庭状况、宗教信仰、教育程度、财产状况、身体状况等而受歧视。

2. 所有未成年人都平等地履行宪法和法律规定的义务。义务和权利是并存的,未成年人依法平等地享有权利,同时也必须平等地履行宪法和法律规定的义务。凡是宪法和法律规定的未成年人的义务,每个未成年人都必须履行,决不允许任何未成年人拒绝履行义务或逃避履行义务。

3. 国家机关在适用法律时,对于所有未成年人的保护惩罚都是平等的,不得因人而异。无论司法机关、行政机关或其他机关,在适用和执行法律时,对所有未成年人都应一律对待。就司法机关适用法律来说,就是对所有未成年人权益一律平等地予以保护,对所有未成年人的违法或犯罪平等地依法追究其法律责任。

4. 所有未成年人都拥有法律赋予未成年人权利能力,在同等条件下未成年人具有获得相同权利的资格,在进入权利生活的时候,未成年人能否依据自己的能力取得权利,是权利主体自身的事情。权利能力的平等与行为不平等是未成年人兑现权利时显示差别的合理、合法的理由,正是由于行为能力的不平等,才出现未成年人实际享有权利的不一样。

——节选自全国人大内务司法委员会未成年人保护法修订起草组:《未成年人保护法学习读本》,中国民主法制出版社,2007,44~46页

思考与践行

①如果孩子遭受他人歧视，这对他意味着什么？

②你的孩子或身边的孩子有受到歧视的情况吗？父母怎样做才能减少对孩子的不利影响？

③让孩子说说如果身边有处境不利的小伙伴，比如学习不好、父母分手、有残疾、家庭困难等，应当如何对待他们。

八、"儿童友好"环境——孩子成长的最佳土壤

尊重和保护儿童权利，是成人社会处理有关儿童事务时应遵循的原则。据此，在1996年联合国第二次人居环境会议决议中首次提出"儿童友好"城市理念，建议将儿童的根本需求纳入街区或城市的规划中。"儿童友好"城市空间，是通过一定措施，提升原有街区或城市的儿童友好度。由此引申开来，这种"儿童友好"环境，不仅是空间环境，也不仅是外部环境。父母是当之无愧的家庭环境的创造者，是学校和社会良好环境营造的促进者。

创造温馨、和谐的家庭环境

家庭环境包括家人之间的人际影响、家庭的文化氛围以及家庭生活的实践体验等体现家庭本质的要素。事实上，不同的家庭教育效果，正是不同家庭环境影响的结果；不同的孩子成长中的成与败，正是不同家庭环境的产物。

台湾地区的家庭教育专家黄迺毓教授认为："现今的社会，人与人接触频繁，相处时间最少的往往反倒是自己的家人，因此孩子所受的影响来自四面八方，光是父母以身作则已经不足以对抗其影响力了，因此家庭教育应该扩展至'境教'，除了谆谆教诲和以身作则，也要给孩子一个较好的学习及成长

环境，才能真正发挥家庭教育潜移默化的功效。"在我看来，这种"境教"，应当渗入"儿童友好"的理念。真正重视孩子发展的父母，不必去当老师课堂教学的"助教"和孩子学习的"拐杖"，踏踏实实、认认真真地营造自己的家庭小环境，回归家庭教育的本真为上策。

近年来，一个不容忽视的现实是，尽管许多父母把孩子摆在了家庭中很重要的位置上，给孩子买吃的、买穿的、买学习用品，花很多钱让孩子上课外班、上重点校、请家教，但却在家庭环境营造上，不经意间又忽视了儿童的特殊利益，不利于孩子的生存与发展。比如有的家庭按照成年人的娱乐需要装修和布置房间，摆设富丽堂皇，却没有一点"书香气"，甚至没有孩子需要的小书桌、小书架；一些大人注重孩子、整天围着孩子转，却不注重夫妻关系调适，夫妻冲突不断的家庭环境给孩子带来的负面影响大大抵消了父母对孩子的金钱、物质投入和正面教育；有些父母过于在乎孩子的分数，对孩子限制过多，给孩子施加压力，孩子在家庭中少有或没有快乐，家成了孩子的"枷"；有的父母不重视家风的育人功能，对孩子的发展有很高的期望却不注重检视自己，甚至以"牺牲"自己来保全孩子，其结果常常是事与愿违。

"儿童友好"的家庭环境，应当体现在家庭生活的点点滴滴中：在家庭的"硬件"建设上，符合儿童的特殊需求，创造适宜的物质条件，给孩子一个舒适的家；在家庭关系上，夫妻之间和睦相处，共同营造相互支撑、尊老爱幼的家庭环境，给孩子一个和谐的家；在家庭心理氛围上，父母以开放的心态对待孩子，创造自由、平等、宽松的生活环境，给孩子一个快乐的家；在家庭的精神建设上，父母注重以自身言行培育正确的价值观、人生观、世界观，为孩子传承好家风，给孩子一个受益终身的精神家园……总之，科学、健康、文明的家庭生活，是"儿童友好"的最佳环境。

亲师合作，孩子是最大的受益者

从孩子上学那天起，家长和老师就走到了一起，家庭和学校就建立了不可分割的联系。家长和老师彼此关系融洽，各司其职，优势互补，将使教育效益最大化，受益最大的是孩子；如果界限不清，甚至相互排斥、对立，不能形成教育的合力，将给孩子的学习、成长设置障碍，自身的努力也会事倍功半。也可以说，"儿童友好"的学习环境需要家长与老师共同来创造。

很多家长都有体会，有时候孩子喜欢一门课，是因为喜欢教那门课的老师。孩子喜欢的老师上课，孩子在课堂上就会认真听讲，积极回答问题，课堂上的学习效率高，知识才能掌握得牢。如果孩子不喜欢那个老师，通常就连带着讨厌那门课，不会在那个老师上课时积极参与，这门课的学习效果就会比较差，到头来吃亏的只能是孩子。所以说，家长如何对待老师，直接影响孩子对老师的看法、与老师的关系。家长与老师亲密合作，就是在为孩子创造热爱学习的最佳环境。

家长与老师合作，首先要在认知上了解学校教育的特点，把握好自己的角色定位。学校和家庭有着各自的特点。家长与老师对教育的理解不同，教育内容和教育方式不同，对孩子的评价标准也有差异。家长要善于换位思考，把盯着孩子的课堂学习、书本学习的功夫更多转移到家庭上，充分挖掘家庭和自己身上的教育资源，在家庭内部多下功夫，时常反思自己的教育行为，自然会减少对学校的抱怨。做好自己该做的事，才能实现家庭教育与学校教育的优势互补、合作共赢。

在处理与老师的关系上，家长相信老师的权威没错，但不必有自卑心理，过度看重老师的作用而放弃自身努力，把孩子教育的责任推给老师；也要避免过于自信，站在自己的立场挑老师的"毛病"，否定老师的积极作用。在与老师的交流中，如果遇到分歧而回避跟老师交流，彼此"老死不相往来"的结果是对孩子的教育不能形成合力，甚至会相互掣肘。有时候面对老师对学生不尽合理的要求，家长明知其中的弊端却只是盲目服从，实际上这种反馈就是默认，会使老师对家长的态度产生错觉，从而强化老师自身的错误行为。这样说来，家长在与老师的沟通中应当通过善意的表达影响老师。有些想法不方便直接表达，可以通过家长委员会与老师沟通，这是在行使自己的权利，也可以帮助老师审视自己行为的合理性。

如果由于跟老师沟通不愉快，把不良情绪发泄在孩子身上，孩子受到伤害后很容易引发对老师的不满甚至排斥，进而影响接受老师的正面教育，这样就更是得不偿失了。

家庭，为良好的社会环境奠基

这些年，社会大环境总有不尽如人意之处，也让家庭教育受到巨大冲击。有家长说，在一个充满狼性的社会里，正义与善良的人可能会背离人群、处处被动，自觉迎合社会潜规则的人反而能轻松玩转社会，屡屡获得成功。人们困惑：我们到底应该教孩子怎样"适应社会"？于是，一些家长总是抱怨社会，觉得自己对孩子如何做人的教育无能为力、无计可施，被动地"适应"社会的不良因素而放弃了自身的努力。

事实上，社会上正义与邪恶的较量始终存在，教育孩子的底线是让他懂得什么是正义与善良，学会辨别什么是不义与邪恶。如果为了对付"狼性"

而教孩子做狼，期望以所谓潜规则"玩转社会"，是铤而走险而不是"适应社会"。家长要相信，当下无论有怎样的社会问题和制度缺陷，正义和善良依然是社会的主流价值观。复杂的社会环境我们不能改变，面对被污染的自然环境我们也往往无能为力，但家庭生态环境，是可以通过努力创造的。父慈子孝、夫妻恩爱、舒适温暖、宽松快乐是孩子生存与成长微观的、基础的环境，决定了孩子成为怎样的人，也决定了成年人能否享受和谐幸福的家庭生活。家庭的责任就是为孩子打好人生的"底色"，当他独自面对社会问题的时候才会辨别，才能做出正确的行为选择。

其中，家风的作用尤为重要。家风是家庭的灵魂，建好"人生的第一所学校"，是为构建良好的社会风气奠基。对家庭来说，家风是家庭中稳定的思想、心理和行为模式，通过家庭成员待人接物、为人处世、生活方式、道德行为等方面的特点表现出来，其核心是家庭的价值观，所体现的是一种特定的家庭文化，具有强大的育人功能；对社会来说，家庭是社会的最小单位，有什么样的家风，就会培育什么样的孩子，就有什么样的社会风气，国家就会有什么样的发展前景。一个个家庭的家风构成了整个社会的风气，而社会风气如何，又将对家风产生作用。

从另一个角度来说，营造好家庭小环境，才能消除不良社会因素的影响。在社会转型中，异质文化和多元文化不可避免地给成长中的孩子带来一些负面影响和不良刺激，比如诚信缺失、个人主义、利益至上等。我们应当承认，在不良外界刺激与孩子的意识和行为选择之间存在着因果反馈，孩子很容易产生模仿动机，在心理上认同、向往，进而形成产生不良行为的内在条件。同时也必须看到，在上述这种因果反馈之间还存在着某些中间因素，也就是当不良社会风气作为宏观环境因素对个体产生刺激的时候，对未成年的孩子来说，其意识的选择性往往还受制于其生存的小环境，尤其是家庭因素的影响。其中最具说服力的是父母自身的言行所表现出来的对社会主流文化的认同，以及对子女思想的潜移默化和行为的引导，这是抵御和消除不良社会风气最基本的和最有效的力量。

家风正，可以抵御不良社会风气对家庭成员的影响；家风不正，会阻碍社会良好风气的传播。每个家庭构建起良好的家风，社会风气才有坚实的基础，家长的望子成龙梦、国家的民族复兴梦才有实现的可靠保证。

"儿童友好"的家庭环境、学校环境、社会环境，是孩子成长的最佳土壤，需要成人社会方方面面携手努力、共同营造。

拓展阅读

儿童需要怎样的环境

蒙台梭利说："我们的教育体系的最根本的特征是对环境的强调。"

这是一个自由发展的环境。在这样的环境里，幼儿的精神生命能自然地得到发展，并揭示它的内在秘密。为此，应该尽可能地减少障碍物，使环境更适应幼儿内在发展的需要，有助于他创造自我和实现自我。应该使幼儿能在环境中找到发展他自己真正功能所必不可少的工具，使他能意识到自己的力量，能变得独立。

这是一个有秩序的环境。在这样的环境里，幼儿能安静而有秩序地生活，以不断地完善与发展自己的生理和心理。幼儿也能有规律地生活，减少生命力的浪费，有利于正常的发展。

这是一个愉快的环境。在这样的环境里，几乎所有的东西都是幼儿自己的。它们适合于幼儿的年龄特点和身体发育。整洁白色的教室，特地为他们制作的新的小桌子、小凳子和小扶手椅，还有院子里的草坪等，对幼儿都具有极大的吸引力。

这是一个生气勃勃的环境。在这样的环境里，幼儿充满生气，欢乐、真诚和可爱，毫不疲倦地工作，精神饱满地自由活动。因为这种环境并不仅仅是让幼儿去征服或享乐的环境，也是能使他完善自我的各种活动的一种媒介。

总之，一个适宜的环境必须能促进幼儿天赋的发展，有利于幼儿的生长和发展。因为幼儿的生长和发展有赖于不断地使幼儿和他的环境之间的关系变得密切起来，有赖于最有利的外部条件。

——节选自［意］玛丽亚·蒙台梭利：《童年的秘密》，人民教育出版社，2005，16~17页

思考与践行◆

①"儿童友好"的家庭环境包括哪些方面？查查自己的家庭有没有不友好的环境，和孩子一起商量，制订一个改进计划。

②如果孩子在学校受到不公正待遇，家长应当如何做？为了孩子的最大利益家长应怎样与老师相处？

③面对社会上的不良因素，家长的责任是什么？

第一篇　失去健康、生命不再，孩子何以成才

儿童是一个生命体，健康生存是他们的第一需要。生存权是享有其固有的生命权、健康权和获得基本生活保障的权利，是最基本的、首要的人权，是实现其他权利的基础。

儿童的生存权不只是衣食温饱，还包括享有安全的环境、快乐的生活；不只是生命的存续，还包括身心健康、有尊严地活着。

联合国《儿童权利公约》摘要·生存权

◎儿童有权享受特别照料和协助。(序言)

◎家庭作为社会的基本单元,作为家庭所有成员、特别是儿童的成长和幸福的自然环境,应获得必要的保护和协助,以充分负起它在社会上的责任。(序言)

◎为了充分而和谐地发展其个性,应让儿童在家庭环境里,在幸福、爱抚和理解的气氛中成长。(序言)

◎缔约国承担确保儿童享有其幸福所必需的保护和照料,考虑其父母、法定监护人或任何对其负有法律责任的个人的权利和义务,并为此采取一切适当的立法和行政措施。(第3条)

◎缔约国确认每个儿童均有固有的生命权。(第6条)

◎缔约国应最大限度地确保儿童的存活与发展。(第6条)

◎儿童出生后应立即登记,并有自出生起获得姓名的权利,有获得国籍的权利,以及尽可能知道谁是其父母并受其父母照料的权利。(第7条)

◎缔约国承担尊重儿童维护其身份,包括法律所承认的国籍、姓名及家庭关系而不受非法干扰的权利。(第8条)

◎缔约国应尊重与父母一方或双方分离的儿童同父母经常保持个人关系及直接联系的权利,但违反儿童最大利益者除外。(第9条)

◎缔约国应尽其最大努力,确保父母双方对儿童的养育和发展负有共同责任的原则得到确认。父母或视具体情况而定的法定监护人对儿童的养育和发展负有首要责任。儿童的最大利益将是他们主要关心的事。

缔约国应在父母和法定监护人履行其抚养儿童的责任方面给予适当协助，并应确保发展育儿机构、设施和服务。

缔约国应采取一切适当措施确保就业父母的子女有权享受他们有资格得到的托儿服务和设施。(第18条)

◎缔约国确认儿童有权享有可达到的最高标准的健康，并享有医疗和康复设施；缔约国应努力确保没有任何儿童被剥夺获得这种保健服务的权利。

缔约国应致力采取一切有效和适当的措施，以期废除对儿童健康有害的传统习俗。(第24条)

◎缔约国应采取一切适当措施，包括立法、行政、社会和教育措施，保护儿童不致非法使用有关国际条约中界定的麻醉药品和精神药物，并防止利用儿童从事非法生产和贩运此类药物。(第33条)

◎缔约国承担保护儿童免遭一切形式的色情剥削和性侵犯之害。(第34条)

◎缔约国应确保不得非法或任意剥夺任何儿童的自由。(第37条)

一、对孩子的生命负责不能有任何借口

生命是一切美好愿望的载体，人们都懂得"皮之不存，毛将焉附"的常识。父母生下了孩子，就必须对孩子负责。为孩子提供安全保障，让生命存活，才谈得上孩子的快乐幸福，才有人生的美好未来。

《民法典》摘要

◎ 自然人享有生命权。自然人的生命安全和生命尊严受法律保护。任何组织或者个人不得侵害他人的生命权。（第一千零二条）

◎ 自然人享有健康权。自然人的身心健康受法律保护。任何组织或者个人不得侵害他人的健康权。（第一千零四条）

呵护孩子生命是父母的"第一要务"

安徽一小区里曾发生令人痛心的一幕：一个2岁的孩子在小区道路上玩耍时不幸被一辆黑色轿车碾压，经抢救无效后死亡。通过调取小区监控视频以及对当事人问话，民警还原了事发时的情景：妈妈一边带着孩子玩耍，一边玩手机。孩子走到一辆停在路边的轿车前，恰好在司机的视觉盲区。车一启动便从孩子身上碾压了过去。

逝去的幼小生命再也无法挽回了。这类事件警示父母们：孩子的生命需要成年人呵护，一丝一毫大意不得，一次疏忽就有可能付出生命的代价！

一场交通事故的视频回放和网友的评论，给我留下深刻印象，也让我对父母作为孩子监护人的责任多了一些思考。

在微博上，大V@交警陈清洲曾发了一段视频，画面展现的是一个孩子快跑横穿马路，后面一名男子迅速追赶。此时，一辆正常行驶的轿车猝不及防将男子撞翻……视频字幕打出"父爱即是如此""为了儿女，什么都可以付出……""祈祷小孩的父亲平安……""父爱如山转发点赞留言"。交警说："在小孩即将被车撞到那一瞬间，父亲的这一举动……让人泪目！一起为无言的父爱转发点赞！！"

我没有点赞，而是写下了这样的评论："父亲义无反顾救孩子值得点赞，需要反思的是怎么会让孩子在马路上跑啊？这是父亲作为监护人的失职！"@交警陈清洲随即转发并评论说："安全第一！防范为先！"并点了一个赞。

在此后不到两天中，我看到这条微博被网友转发近千次，获800多个点赞、200多条评论，所表达的是截然不同的两种观点。

一种是从监护人本身找问题的：

"这熊孩子的跑法明显说明家长根本就没重视安全教育。""小孩子跑出来监护人都有一定责任。""看孩子确实不容疏忽，一秒的大意就可能有不可挽回的伤害，孩子不是你说说道理他就能听从的。""看孩子，一定不要在危险地带，小孩子没有危险意识。"也有的网友提示："请交警同志下次说到重点：

家长对未成年人的防护！"……

另一种意见是明显与我的看法相左的：

"父亲都用自己的身体去保护了，这还叫失职？搞笑……""肯定有不得已的原因，小孩子特别调皮，基本是24小时不能离人，总有麻痹大意的时候。最关键的是这条路不是高速路，并且在人口密集处应减速慢行，都有不对的地方。""失职？ Excuse me？我给你个熊孩子你管管，你顾得了一天，你也顾不了每一天，每一秒。""别逮着什么事都说反思，人无完人，没有人能做到面面俱到，站着说话不腰疼……""废话，你见过谁家孩子都那么安分，孩子毕竟是孩子，淘气的！""意外就是意外，别总说家长安全教育不够。家长老师年年说安全教育，但总有孩子淹死。一个道理！想想自己小时候没被撞不是因为教育得好，而是路上车少！"……

对这起事故发生是"监护人失职"这一说法被评价为"搞笑""站着说话不腰疼"，甚至还有谩骂……我并不生气，只是对诸多网友如此认识父亲对孩子的监护责任而感到可悲。由此，我想到这样几个问题：

第一，父母对未成年的孩子应当履行监护职责是法定的，保护孩子的生命安全丝毫不能大意。孩子如何淘气、交通状况怎样不好、开车的司机怎么不对、孩子有危险时表现得如何不怕牺牲……都不能成为推卸父母对孩子照顾不周而引发孩子错误行为的借口。

第二，淘气、好动是孩子的特点，难管是客观现实。不懂交通规则、不顾马路上车多危险而横穿马路，或许是偶尔所为，但表现的是一种行为习惯，是平时对规则知之甚少、对自身行为缺乏控制力的必然结果，这是教育的缺失造成的。无论家庭教育还是学校教育、社会教育都难辞其咎。

第三，在这件事上，父母失职在先，表现"父爱"的舍身救孩子行为在后，这是两个不同的问题，不可混为一谈。而那些以不文明的词汇批评"监护人失职"这一说法的网友，恰恰是没有分清楚父亲两个行为的是与非，也反映出对监护人职责的漠视，代表了社会上相当一部分人对法律概念和父母责任的无知。

第四，在诸多媒体的传播中，包括主流媒体、司法机构等面向公众的传播平台，时常涉及监护人职责、孩子教育等问题。也由于认识和传播视角的缘故，在我看来，的确存有不妥和误导公众之处，不能说不是人们对监护人责任认识缺陷和扭曲的一个重要原因。

尽管父母作为未成年孩子监护人及其职责在我国法律中早有明确规定，但是在多年来的普法宣传和家庭教育指导中却是一个盲点。因此人们的无知、认识模糊和扭曲也不足为怪。

无论如何，儿童享有受成年人照顾的权利，这是孩子的特点决定的，也是法定的。保护孩子的生命健康是全社会的事，父母承担着首要责任。对父母而言，"防范在先"最重要。平时功夫下到了，比舍身救子更有价值。父母对孩子的生命负责不能有任何借口！

教育提示：孩子的安全不能交给别人

央视新闻曾在网上发布了一个公安部交通管理局制作的"明星话安全"交通安全宣传视频。央视主持人敬一丹说："看到女儿第一次独自过马路，战战兢兢、小心翼翼，我就想，骑自行车的哥哥姐姐们、开车的叔叔阿姨们、路上的行人们，我把孩子交给你们了……每个出行人背后都是家人的牵挂，安全文明出行与所有人都有关……"

提醒开车的、骑车的、走路的成年人注意孩子安全的初衷没错，但是借敬一丹作为母亲之口说看着女儿"独自过马路""我把孩子交给你们了"则多有不妥：其一，这么小的孩子本不应该独自过马路的，即便"小心翼翼"也难以应对复杂的路况、行驶着的车辆；其二，作为母亲，承担着保护孩子的第一责任，怎么就眼睁睁看着孩子"战战兢兢"地独自过马路呢？这是对孩子的不负责任；其三，如果说敬一丹个人有她自己的主张也就罢了，公安部交通管理局作为官方机构借央视新闻平台广为传播一个母亲"我把孩子交给你们了"，不能说不是对受众的误导。

有网友说："我不会简单地把孩子的安全交给他人，孩子如何提升面对环境、遵守规则、规避风险、保护自己的能力，首先是父母的责任。其次，我就是所有孩子的环境，一切从我做起。"是的，孩子的安全不能交给他人。

了解孩子的特点，精心呵护幼小的生命。

一个孩子对成年人的依赖期，比其他动物长得多。许多低级动物的幼崽在很小的时候就可以脱离父母独立生活，它们有能力遵循自然选择规律和"丛林法则"在自然界中生存，而人类则不具有这种本能。孩子出生后，幼小孱弱，他们不会行走，不能自己进食，看不到哪里潜伏着危险，不懂得如何寻找食物和栖身之地。人的这种与生俱来的特性决定了必须由家庭中的长者为他提供赖以生存的环境，对他进行照料、抚养和保护，否则生命的存活便不可能得到保障。

被抚养是孩子与生俱来的权利，也是健康成长必需的物质条件。孩子出生后就需要吃饭、穿衣，要有居住的地方，生病了要去医院，到了上学的年龄需要上学……所有这些费用和必须提供的物质条件，理所当然地应该由父母或其他的监护人来承担。父母要照顾未成年孩子的生活，并采取有效措施保障孩子的安全，保障他得以生存和身体健康、心理愉悦。即便夫妻离婚了，子女依然是父母双方的，不直接抚养子女一方要负担孩子的抚育费，并有探望孩子的权利。有的父母因为长期外出务工、出国等原因不跟孩子生活在一起，不能直接抚养教育孩子，应当委托亲属或其他有监护能力的成年人代为照顾孩子。在任何情况下，对未成年的孩子都不能撒手不管。

了解相关法律，强化监护人意识。

孩子是父母所生，生了孩子就要养，这是人之常情，是父母的天职，也是法律所规定的。在我国，监护是民法中的一项制度，就是为那些没有行为能力的人和限制行为能力的人设立保护人，承担监护任务的就是监护人。《民法典》规定，"父母是未成年子女的监护人"，抚养未成年子女是父母必须承担的义务。

几年前广东发生了2岁小悦悦被两辆车碾压的事件，即7分钟内，18名路人路过却都视而不见，漠然而去。众人和媒体都在指责路人冷漠，却少有人对父母作为监护人失职进行反思。可以说，父母失职对孩子生命安全的危害更大于司机对孩子的忽视和路人的冷漠。如果父母看好自己的孩子，如果父母让孩子了解了马路上的危险，或许就没有这样的交通事故，或许就没有一个又一个孩子在交通事故中受伤、致残，乃至结束幼小的生命……时常发生的一桩桩、一件件血淋淋的儿童安全事故告诉我们，成年人缺少看问题的儿童权利视角，缺少最基本的有关监护人职责的法律常识，这些才是问题的症结所在。

父母作为孩子监护人，必须熟知相关法律规定，并以此约束自身的行为。《中华人民共和国道路交通安全法》第六十四条明确规定：学龄前儿童"应当由其监护人、监护人委托的人或者对其负有管理、保护职责的人带领"。为了保护未成年孩子的生存权，在我国《未成年人保护法》《预防未成年人犯罪法》等多部法律中有很多禁止性规定：禁止对未成年人实施家庭暴力，禁止虐待、遗弃未成年人；禁止溺婴和其他残害婴儿的行为，不得歧视女性未成年人或者有残疾的未成年人；禁止胁迫、诱骗、利用未成年人乞讨或者组织未成年人进行有害其身心健康的表演等活动；不得允许或者迫使未成年人结婚，不得为未成年人订立婚约；不得允许或者强迫未满十六周岁的孩子做童工；不得让不满十六周岁的孩子脱离监护单独居住；父母或者其他监护人对未成年人不得放任不管，不得迫使其离家出走，放弃监护职责等。

一系列儿童受伤害事件警示父母，孩子的监护人是孩子的生命安全的守护神，无论工作多忙、自己的事情多重要，都承担着对孩子生命安全保护的首要责任，这是必须强化的认识，任何人都不能借故推卸。自己多一点精心呵护，孩子就少一点危险。所以，把孩子的生命安全交给自己才最靠谱！

思考与践行

①为什么幼小的生命需要成年人精心呵护？

②你对"呵护孩子生命是父母的第一要务"的说法如何认识？为什么说孩子的安全不能交给别人？

③列举在我国的法律中保护未成年人生命安全的条款，回想一下自己是否过违法行为。

二、"分分分，学生的命根儿"真的会要孩子的命

"分分分，学生的命根儿"这话被批判了几十年，然而每每提到孩子，学习成绩依然是许多父母最重视的。为了孩子的分数，有的父母采取了"盯人战术""题海战术"，也有的把孩子和大把的金钱给了家教、补习班。如果你说这样做得不偿失，有人会跟你急："你这是扳着不疼的牙！""连找对象都得是'211''985'大学的，不让孩子奔重点校行吗？""要上重点校不盯着孩子的分数行吗？"……每当听到类似的话，我真是无语。

《未成年人保护法》摘要

◎ 学校应当与未成年学生的父母或者其他监护人互相配合，合理安排未成年学生的学习时间，保障其休息、娱乐和体育锻炼的时间。

学校不得占用国家法定节假日、休息日及寒暑假期，组织义务教育阶段的未成年学生集体补课，加重其学习负担。

幼儿园、校外培训机构不得对学龄前未成年人进行小学课程教育。（第三十三条）

◎ 学校、幼儿园不得与校外培训机构合作为未成年人提供有偿课程辅导。（第三十八条）

谁在蚕食孩子的健康

一个事业有成的妈妈曾给我讲过她的真实故事：

闺女小学毕业成绩不是很理想，我是花钱让她上了重点中学，还报了三个课外班。闺女并不聪明，但是学习很努力，成绩还不错。别人家的父母总为孩子学习不自觉发愁，我却总跟别人夸自己的孩子："我闺女从来不看电视，我晚上什么时候回家她都是在那里写作业，有时候我一觉醒来了她还没睡呢！"凭着孩子的刻苦，初中毕业留在了本校。上高中后，凡是能上的提高班，我都给她报了名，孩子学习更努力了。到了高三学习很紧张，闺女时常感冒、低烧，吃点小药就好了，我也没太在意。眼看离高考只有3天了，就在最后一次去学校那天孩子突然昏倒了。诊断结果是急性心肌炎，进一步检查发现，她的免疫系统出现严重问题。小小年纪为什么会这样呢？医生说是由于长期过度疲劳和营养不良造成的。结果，闺女住院几个月，错过了高考，休学在家整整两年。她的同学上到大三的时候，她才考上了一个高职大专班。我后悔呀，早知道这样，孩子根本不用学得那么辛苦，白白把身体搭上了，得不偿失啊！

孩子大病一场，这个妈妈才知道，她每天给孩子吃早点的钱，基本没花过，孩子说，没有时间买，也没有时间吃早点；由于学习负担重，每天只睡四五个小时的觉；高考前，孩子精神高度紧张，几个月前开始严重失眠，还时常低烧……也就是说，孩子身体透支由来已久。而妈妈呢，只看到了孩子学习努力、成绩提高，却对孩子的健康隐患一无所知——这不能说不是妈妈的失职；而且，让学习能力一般的孩子上重点校，又在无形之中在本来过重的学习负担上加大了孩子的心理压力——这不能说不是妈妈的失策。

即便学习再好，当失去健康、生命不再的时候，孩子的成才无论如何都成了一句空话，这是一个再简单不过的道理。尽管绝大多数家庭不会发生这样极端的事例，但是不可否认的是，父母们在重视孩子学习的同时，忽视孩子身体健康的现象比比皆是：学校"减负"，父母给孩子"增负"，叫作"堤内损失堤外补"；逼着年幼的孩子参加各种"提高班""特长班"，叫作"不能让孩子输在起跑线上"；孩子的自主休闲在很大程度上被限制、被扼杀了，过重的学习负担压得孩子透不过气来，叫作"不严格要求就不会有出息"……

如果提出孩子的学习分数与健康哪一个更重要的问题，似乎大可不必——没有父母不认为对孩子来说健康是最重要的。可是当我们关注生命质量的时候，却也实实在在地感到一些父母对孩子健康的漠视。

我曾主持一项天津市少年儿童身心健康现状的调查项目。1505份初中和小学生问卷统计结果表明，由于学习挤占了学生大量生活必需的时间，打乱了他们正常的生活规律，带来了一系列的不良反应，直接对孩子的身体健康产生了影响。

学习负担越重，近视眼的比例越高。"视力正常"和"近视"两组学生的学习负担呈现非常明显的相反趋向：视力正常一组感觉学习轻松的大大高出近视一组，而近视一组则学习负担远重于视力正常一组。

学习负担越重，睡眠时间越少。依据党中央、国务院发布的《关于加强青少年体育增强青少年体质的意见》，应保证小学生10小时、初中生9小时的睡眠。现实情况是睡眠不达标者超过六成，而睡眠达标的小学生只有10%，中学生只有18.8%。

学习负担越重，没有保证每天吃早餐的越多。 当被问及"如果你不是每天都吃早餐，主要原因是什么"时，有36.6%的学生回答"没有足够的时间"，排在8个选项的第二位，排在首位的是"不饿或不想吃东西"，占比52.6%，与学习压力也不无关系。

学习负担越重，带病上学的越多。 调查结果显示，上学期生过病的学生达到69%，有四分之一以上的学生曾"带病上学"。感觉学习负担越重的学生带病上学的比例越高，留下的健康隐患越多。

学习负担越重，"偏胖"比例越高，体育达标越困难。 儿童肥胖与运动不足直接相关，学习负担重在一定程度上影响了中小学生参与运动和体育达标。调查结果显示，感觉学习负担重的学生体育达标困难的比例比感觉学习负担轻的高出四倍以上。

此外，这项调查结果还显示，择校生在上下学路上所花时间明显高于就近入学学生，其学习时间、玩耍时间、运动时间、睡眠时间相应减少，而且择校增加了乘车成本、路途上的不安全因素等。调查中有一初中学生说："本来自己学习还不错，可是上了好学校就成了'兜底儿生'了，家长又让我参加补习班，挺烦的。"调查表明，参加课外补习班、提高班的，就近入学学生占比30.6%，择校生占比55.2%，城市择校生更高，占比72.5%。择校生比就近入学学生学习负担重，也在一定程度上反映了家长对孩子期望值更高，给孩子的学习压力更大。择校本来是为了孩子学习好，可是这些不利因素会在很大程度上抵消"好学校"对孩子的积极因素。

就这样，在学习的重压之下，孩子们点点滴滴的不良生活习惯开始形成，并在不知不觉之中威胁着他们的身体健康。到头来，又会由于体质下降、精力不足而影响学习效能，甚至耽误孩子的学业。

事实上，学习与健康的天平在父母们鼓励、敦促、逼迫孩子们追逐出色学业的过程中倾斜了，生命似乎变得无足轻重。更可怕的是，相当多的父母对伤害孩子健康的种种行为不以为然!

教育提示：要舍得为孩子的学习负担做"减法"

这些年，有很多孩子小小年纪得了成人病，如颈椎病、高血压、心理疾患等，都跟学习负担过重有直接或间接的关系。如果问家长：孩子的学习成绩和生命相比哪个更重要？所有的人都会说生命重要，对于"人最宝贵的东西是生命"我们也都耳熟能详；也有越来越多的人知道了健康教育专家的比喻："健康是1，事业、财富、名利等都是后面的0。"对孩子来说，学习成绩、各种特长、各种荣誉也都是0，如果没有健康这个1，其他一切便不复存在。

然而还是我们这些人，在面对孩子考试、升学所必需的学习成绩的时候，却对孩子的健康、对孩子的生命质量置之不顾了。一方面抱怨学校老师给了孩子过重的学习负担，另一方面又给孩子层层加码。父母们辛辛苦苦做的"为了孩子好"的许多事，占去了孩子本来可以休息、可以玩耍娱乐的课余时间。就这样日复一日、年复一年为了学习成绩所做的一切，在一点一点蚕食着孩子们的健康。更有甚者，有的孩子在难以承受学习压力、难以达到家长和学校要求的时候，便选择结束生命来寻求解脱。

我们都理解这样的事实：一根稻草很轻，往牛身上加一根稻草，牛不以为然。可是如果一头牛最多能背负一千斤的物品，它已经背负了一千斤的物品，我们还在不断地往牛身上加稻草，最后总有一根稻草会把牛压死。如何尽自己所能为孩子的学习负担做"减法"，是父母们不得不认真思考的问题。

当心孩子健康问题与学习效果的交互作用。

有些家长因过于关注孩子的学习，对孩子不尽如人意的表现轻而易举地贴标签，而误读孩子的情况也时有发生。孩子上课总是注意力不集中、做数学题脑子总是转不过弯来、外语总是记不住……学习成绩上不去，是很多家长都感到头痛的问题。除了学习方法等原因外，还可能存在身体的因素导致孩子在学习上出现困难或者障碍。

一位行医五十多年的医生称：一男孩测试结果是缺铁导致注意力、记忆问题；一女孩上课大声说话、扰乱班级秩序是因近视无法看清黑板上的字。前者补铁、后者配眼镜后问题迎刃而解。他说，儿童多动症的另一个常见且简单的原因是睡眠不足，可能让他们遭遇各种各样的问题，包括那些被认为是多动的症状：注意力不集中、记忆力差以及白天极度活跃。许多孩子被诊断为多动症，问题往往是由于睡眠生物节律被破坏。

有一项研究表明，导致孩子学习困难的身体因素有：没有充足、合理的热量；营养不良和低体重；肥胖；没有合理安排生活作息；青春期的身心变化等。

所以，对家长来说，尤其不能忽略孩子出现学习和行为问题背后的生理原因。创造条件保障孩子充足睡眠、合理营养、适度运动，创造温馨和谐的家庭环境让孩子有个好心情，尽可能避免健康因素影响学习效果、学习压力影响健康的恶性循环。

给孩子学习减负需要家长心理减负。

人们总能看到学习负担的重压给孩子的健康带来的隐忧。世上没有父母不希望自己的孩子轻松快乐地成长，可是为什么爱孩子的父母明明知道孩子不情愿写家长留的作业、上家长报的各种班，却总是逼着孩子做那些并不能让孩子快乐甚至伤害孩子的事呢？一个重要的心理就是不能让自己的孩子输给别人家的孩子，要比别人家的孩子有更多资本，在竞争中比别人强，至少不比别的孩子差。在这种心理支配下，对孩子的期望越来越高，让孩子在课外学的东西越来越多，而且在相互攀比之下水涨船高。

我们想一想：假如，孩子上一年的辅导班花了100个小时，换来的是提高几分、十几分的学习成绩，你觉得值吗？况且，课外学习班也未必都能提高孩子的学习成绩。如果这100个小时，用在孩子日常的休息、娱乐、运动上，让孩子做他喜欢做的任何事，孩子将获得的是从容的学习、快乐的生活，哪个更划算呢？从调整对孩子的期望值、改变自己的心态开始，才有利于帮助孩子走出困境。面对学习成绩与生命的较量，家长为孩子的学习负担做"减法"，舍得放弃，不仅需要智慧，更需要勇气。

健康生存是孩子最基本的权利，保障这一权利实现是父母最基本的职责，是其他任何人也代替不了的。合理安排孩子的饮食、保证孩子的充足睡眠、和孩子一起做运动，是孩子健康生存的最基本的方面，只要用心去做，总能让孩子从中获得有利于长远发展的效益。

思考与践行

①查一查自己有没有过度关注学习成绩或特长培养而影响孩子健康的问题。

②问问孩子上课和课外学习中有没有身体不适的感觉。用自家或你所了解的事例，说说孩子的健康与学习的关系。

③为孩子的学习负担做"减法"，你有什么好办法？

三、把不住"病从口入"这一关，毁掉孩子身体没商量

大人们总会用"又白又胖"来形容小孩子的可爱。让孩子吃好喝好，最大限度地满足孩子的食欲，成为许多家长的不二选择。然而人们没想到的是，随着家庭生活水平的提高和各类食品的极大丰富，无节制的饮食习惯导致"小胖墩儿"与日俱增，并且由此引发了一系列的儿童成人病。

饮食无节制，催生各种儿童疾病

2017年北京大学公共卫生学院等机构发布的《中国儿童肥胖报告》显示，我国主要大城市0～7岁及以下儿童肥胖率是4.3%，7岁以上学龄儿童为7.3%，累计将近4000万。有预测称，如果任由这种趋势发展，到2030年，我国肥胖儿童人数会增至近5500万。

研究显示，肥胖儿童更容易患脂肪肝、高血压、冠心病等，儿童肥胖还会导致脂肪代谢异常、糖代谢异常，这也是儿童糖尿病的早期表现。专家说，儿童肥胖可以解释60%以上的儿童成人病。此外，肥胖对青少年心理也会产生很大的影响。儿童肥胖对人的影响不仅在当下，其患病危险因素还会延续至成年期。

是什么原因使儿童肥胖率持续上升呢？专家分析后初步认定，除了遗传、不爱运动、精神创伤等因素之外，与不吃早饭、经常吃零食、偏食、营养过剩这些"吃出来"的问题直接相关。

肥胖，只是我们看得到的孩子的表象，更多的孩子因为饮食不当患上了五花八门的成人病。孩子们美了舌尖，毁了身体，一定是大人们放任的恶果。

武汉一男孩豆豆的左脚趾关节隐隐作痛。开始以为是活动时受了伤，谁知第二天疼痛难忍，送到医院一查吓坏了豆豆妈，才12岁的豆豆竟患上了痛风！原来，豆豆平时爱喝鲜榨果汁、超市瓶装果汁等饮料，几乎不喝白开水，家长认为果汁还挺健康，就没有过多干预。

明明从小就很爱吃，而且最爱吃零食和炸鸡块。4岁的时候他的饭量就是同班小朋友的3倍，而且越吃越能吃，吃完时间不长，又想吃了，似乎永远也吃不饱。小身板像气球一样越鼓越大……明明爸妈都觉得宝宝胖点好，这样的孩子能吃能睡，身体好。没想到，孩子5岁就患上了脂肪肝。医生说，小儿脂肪肝最常见的病因是饮食结构不合理。由于幼儿代谢能力较弱，过剩的营养以中性脂肪的形式贮存于身体各部位。孩子不仅肥头大耳、小肚鼓鼓，连人体最大的化工厂——肝脏的细胞内外也"堆"满了多余的脂肪。当肝脏的一个个生产车间（肝细胞）纷纷转岗变成了"脂肪仓库"的时候，脂肪肝也就形成了。

9岁的妍妍在学校上课时突然昏倒，医生检查发现，她皮肤发红、呼吸粗重，血糖竟然高到微量血糖仪测不出，而血气检查也显示她存在严重的代谢性酸中毒，诊断结果系Ⅰ型糖尿病导致的酮症酸中毒昏迷。经抢救，妍妍逐渐清醒，然而腰部以下没有知觉，大小便也不能控制，出现瘫痪。磁共振检查发现，她的脑部和脊髓多处病变，而罪魁祸首就是高血糖。得知这一情况后，妍妍的妈妈自责得痛哭流涕。原来，妍妍从小喜欢喝甜饮料，因家庭经济条件尚可，且觉得妍妍也不胖，家人并未在意。尤其是发病前一周里，妍妍每天饮料不离手，几乎没喝过白开水。

一项针对1258个幼儿家庭做的"学前儿童家庭饮食与营养保健现状研究"调查显示，五大不良习惯直接影响儿童健康，在一定程度上导致各种儿童疾病的发生：一是看见油炸食品就嘴馋；二是膨化食品爱不释手；三是嗜食甜食及甜味饮料；四是不吃早餐就匆忙上学；五是薯条快餐成家常便饭。

小孩子吃东西凭个人喜好，满足食欲就高兴。如果大人们对孩子的饮食不加以限制、引领，无疑会助推儿童成人病的发生。

营养伴随着人的一生，是生命健康的物质基础，而合理饮食是保证均衡营养的唯一途径。每个父母都希望孩子长得强壮，合理饮食、均衡营养对儿童的意义尤为重大：合理的营养能促进儿童身体发育，使孩子具有更旺盛的精力、更强壮的身体；合理的营养能增强儿童大脑活力，促使神经细胞和大脑皮层充分发育，使智力活动得到充分的养料，有助于提高儿童学习能力；儿童摄入的营养，除了维持肌体新陈代谢以外，还得有适量的储存以满足继续生长发育的需求。他们所需的能量和各种营养素的数量相对要比成年人高。

随着家庭生活水平的不断提高，父母在孩子的饮食、营养方面的投入越来越大。可是儿童饮食不科学的情况，尤其是不良饮食习惯却普遍存在。有的孩子用餐无规律，饥一顿饱一顿，尤其是不吃早餐的问题较为突出；有的父母为了图方便和满足孩子的口味，钟情"洋快餐"；有的孩子偏食、挑食；有的孩子不好好吃饭，父母就用零食代饭，大量食用巧克力、糖果；还有的孩子用饮料代替白开水。这样用餐无规律、不科学的情况，使孩子在营养过剩的同时存在营养不良的问题，对孩子的健康成长造成极大威胁。孩子小的时候饮食不合理，营养摄入不均衡，将给未来身体发育和健康成长造成不可弥补的损失。

教育提示：合理饮食，均衡营养，打好生命健康的物质基础

吃，是每个人每一天都会遇到的再平常不过的事情，可是吃什么、怎么吃却大有学问。合理饮食、均衡营养不只是一句口号，首先需要父母对孩子饮食营养的重视，还要有足够的爱心、耐心，更需要在操作层面认真实践。

把握好保持膳食平衡的基本方法。

多样。依据中国营养学会制定的《中国儿童平衡膳食算盘》，孩子每天的膳食必须包括五个营养组：谷薯类、蔬菜类、水果类、禽畜鱼蛋水产品类、豆类坚果奶类，缺一不可。这样，每天要提供大约15~20种食品。

均衡。要按孩子的实际年龄，按比例来搭配各营养组的食品，不能动物性食品吃太多，蔬菜吃太少，也不能只吃肉蛋蔬菜不吃粮食。三餐也要均衡，早餐提供的能量应占全天总能量的25%~30%、午餐占30%~40%、晚餐占30%~35%。三餐不能用糕点、甜食或零食代替。做到清淡饮食，少吃含高盐、高糖和高脂肪的快餐。

定时。儿童应做到一日三餐，两餐间隔4~6小时为宜，要每天吃早餐，保证早餐的营养充足，早餐应包括谷薯类、禽畜肉蛋类、奶类或豆类及其制品和新鲜蔬菜水果等食物。

适量。无论是三餐还是吃零食，都要根据需要适可而止，切忌饥一顿饱一顿、暴饮暴食。

个体化。按照中医的说法，人的体质有不同的属性，有的偏寒，有的偏热。另外，不同年龄段的孩子，不同身体状况的孩子，所需要的食物是不同的，安排孩子的饮食一定要有针对性。吃的食物一般分为三类：温热性、平性和寒凉性。要根据孩子的体质来选择合适的食物，比如内热比较重，就不要给孩子提供太多的热性食品。

父母和孩子一起养成良好的饮食习惯。

孩子小的时候，不少父母为孩子的吃饭发愁，有的孩子不吃这、不吃那，有的孩子须大人追着喂饭，也有的孩子食欲过大总要吃……吃饭成了一大难题。而有的年轻父母图省事，经常带孩子下馆子、叫外卖、买方便食品，这些食物并非都能满足孩子的营养需求。在培养孩子良好的饮食习惯方面，的确需要多动脑筋，这样才会使孩子终身受益。

学点烹饪技能。父母学学烹调多样化的菜肴，别把做饭当作"苦差事"。在家里，大人可以带着孩子一起认识食物、了解其中的营养成分、共同参与食物的选择并动手烹调美食……烹饪是提高动脑、动手、统筹策划能力和科学素养的好机会，比去餐馆吃大餐更有乐趣，也能让孩子乐于接受各种食物。

规范用餐时间和标准。无论父母工作多忙，也要安排好孩子的一日三餐，改变"早餐被忽略、午餐在流浪、晚餐太丰盛"的现状。逢年过节或假日面对丰盛饭菜和零食时，要事先告诉孩子学会节制，避免吃得过量伤身体。在家里吃饭也要有固定的餐桌，让孩子专心用餐，避免玩着吃、走着吃而影响消化和吸收。

吃零食要节制。小孩子吃零食很正常，但吃什么都不宜过多，不能影响三餐。可选择卫生、营养丰富的食物作为孩子的零食，比如水果和能生吃的新鲜蔬菜、奶制品、大豆及其制品或坚果。那些油炸、高盐或高糖的食品不宜做零食，也要控制孩子对充气饮料、糖果、巧克力、膨化食品等的摄入量。吃零食的时间也要把握好，如餐前、睡前不吃零食。

创造轻松的就餐氛围。尽可能保障全家人每天至少一次或者一周几次一起吃饭。吃饭时家人进行愉快交谈，分享一天高兴的经历；不在吃饭时看书或看电视；在吃饭时不议论不愉快的事，尤其是不要批评、指责孩子，更不能用不让吃饭来惩罚孩子。

不盲目用保健品。按照科学的膳食标准，从食物中获取的营养就可以满足孩子身体健康的需要。如果由于各种原因孩子缺乏某种营养元素，或者患有某种疾病，要由医生诊断后决定怎样进补，千万别自作主张盲目使用保健品。用错了、用过了都会伤害孩子。

不偏食挑食、不暴饮暴食。偏食挑食或暴饮暴食是造成孩子营养不良或营养过剩的罪魁。如果孩子营养不良，要在吃饱的基础上，有针对性地增加鱼禽蛋肉或豆制品等富含蛋白质的食物的摄入；对营养过剩、超重肥胖的孩子，要通过合理膳食控制总能量摄入，同时通过积极的身体活动逐步增加运动频率和运动强度，消耗摄入的能量。

学点用餐礼仪。礼仪是一种约定俗成的行为规范，就是教给孩子"吃有吃相"。比如：嘴里有食物时不要说话，不要含着食物喝水；吃饭应细嚼慢咽，喝汤不要发出声响；吃饭时不拿筷子指指点点和在菜盘里扒来扒去等。学点用餐礼仪，不仅是对他人的尊重，也有助于孩子健康饮食。

总之，父母要切记为了孩子的可持续健康成长，一定要把住"病从口入"这一关！

思考与践行

①对照这个话题列举的儿童饮食无节制现象，查查你家孩子有没有饮食不当引发的营养过剩、营养不良或产生疾病的问题。

②说说在孩子的饮食方面家长有哪些认识和行为上的误区。

③针对从哪些方面入手培养良好的饮食习惯，大人和孩子一起制订一个可行的计划，并规定好相互监督的措施。

四、缺少运动，生命就少了活力

在春暖花开的季节，想到孩子，我们会想象他们活蹦乱跳、充满朝气的样子。然而，这样一则报道令人扫兴：

杭州某小学举行运动会，开幕式8点开始，9点半左右学生们出现"晕倒小高峰"，约有20名学生被扶到场外。有家长提出，开幕式太长、领导讲话太多，比赛还没开始，孩子的体力已经消耗殆尽。也有人说，晕倒是因为现在的学生缺少锻炼、体质太虚……由此再度引发了全国范围的对学生体质问题的热议。

当今学生体质差已经成为不争的事实，近年来越发突出地表现出来：孩子弱不禁风、儿童成人病加剧，在很大程度上影响了正常学习、生活，成为成长中的极大隐患。教育部等国家四部委发布的《关于进一步加强学校体育工作若干意见》中提出："完善学校、家庭与社会密切结合的学校体育网络，促进体育与德育、智育、美育有机融合。"家庭在体育方面有学校和社会不可替代的作用，关键是家长要转变教育价值观，充分认识体育运动在孩子成长中的意义，营造与孩子一起运动的家庭环境。

运动，是孩子综合素质的培育

在现实生活中，体育被忽视的情况并不鲜见，也有父母对于如何引导孩子加强体育锻炼感到茫然。近年来，我们不时地听到、看到少年儿童体质下降、孩子弱不禁风、儿童成人病多发等触目惊心的现实。当然原因很多，但由于成年人忽视孩子体育而使孩子缺乏适当的运动难辞其咎。

好动，原本是孩子的天性，孩子们对运动情有独钟。如果引导得当，体育运动完全可以成为他们的自觉行动。可是在现实中开展体育运动却存在着各种障碍：

相当多的父母对好孩子的评价标准是"静"而非"动"，希望自己的孩子安安静静、稳稳当当。有父母时常这样训斥孩子："你看人家×××多稳当，你怎么就坐不住呢？"自幼听惯了这样的"教诲"，久而久之，有的孩子便在父母的有意无意之中受到约束，其"运动细胞"也逐渐萎缩了。"不喜欢运动"便成了"稳稳当当、规规矩矩"的"副产品"。

有的父母认为孩子的学习是最重要的，学习负担够重了，再拿出时间运动，多少有些强人所难；有的则认为孩子不生病就行了，没必要专门花时间进行体育锻炼；也有的父母认为要使孩子身体好，重要的就是要吃好、营养好，运动健身被排斥在了家庭日常生活之外；还有父母对孩子呵护过度，怕孩子运动时累着、摔着、碰着，对孩子运动健身百般限制；甚至个别父母为了满足孩子不想上体育课的要求给他们请病假……

如今的父母对孩子的教育空前重视，却由于认识上的误区，很难有意识地把体育作为家庭教育的内容，培养孩子的运动习惯在相当一部分家庭中成了教育的盲区。在家庭体育中，不得不承认父母的作用尤为重要。

我们对六城市2000余名中小学生的调查显示，在课余时间没有体育运动的孩子中，他们的父母有60.6%平时不进行体育锻炼，高出坚持运动的父母21.2个百分点。上行下效，在家庭体育中更为明显。

喜欢运动的父母也会为体育运动积极创造家庭物质条件，与孩子一起活动；而自身排斥体育运动的父母，则很少在家庭中为孩子创造体育运动的条件。调查显示，在有健身器材的家庭中，父母参加体育锻炼的比例为59.3%，高出没有健身器材的家庭18.6个百分点。在因为"没有合适的场所"而运动量不足的孩子中，家里有健身器材的只占20.5%，而没有健身器材的高达79.5%。也就是说，父母自身对体育运动的认识和行为，以及给孩子创造怎样的家庭条件，对孩子是否有足够的运动起了很大的作用。

体育运动对儿童来说，早已不是传统观念中的简单的跑跑跳跳。现代体育观倡导生理、心理、社会能力综合发展，这正是儿童成长所必需的。

从生理意义上说，儿童是人生的初始阶段，这一时期生长发育状况如何，将对一生产生重要影响。运动使人体内各种功能得到充分发挥：可以促进心血管功能的改善，增强肺功能，提高人体的供氧能力，提高肌肉的力量、速度和耐力，提高消化和代谢功能，促进神经系统反应灵敏、动作协调，也是增强抵抗力、减少和避免疾病的有效手段。对生长发育中的孩子来说，运动就像阳光、空气和水一样，是健康成长的原动力。

从心理意义上说，运动有助于孩子增强自信心、责任感、荣誉感和集体主义精神，培养持久性、果敢性、自制力、独立性等个性品质，使他们性格开朗、乐观、精神振奋、充满生气。体育运动还可以缓解孩子的学习压力，消除他们的心理疲劳，释放他们的不良情绪，使他们得到身体上的放松和心理上的愉悦。

从社会交往的意义上说，参加那些自己喜爱和擅长的运动项目，孩子不仅可以锻炼身体，还可以得到美妙的快感和心理上的满足感，改善与伙伴、与家长的关系，培养一种与他人亲和、合作的习惯，增强社会适应能力，为适应未来的社会打好基础。

从培养道德规范的意义上说，体育运动是一种特殊的社会文化活动，不仅能帮孩子提高社会生活所需要的行为能力，而且可以帮助孩子学到社会生活的一般规则，还能培养他们尊重权利、履行义务的意识，形成正确的价值观和道德观，理解公平竞争的含义等。如果家长希望自己的孩子懂得社会规范、学会遵纪守法，对体育锻炼尤其应当给予重视。

从生活质量的意义上说，在现代社会，休闲状况成为衡量人们生活质量的重要指标，对儿童来说也不例外。人们休闲的方式有多种，其中体育运动因为具有很高的娱乐价值，且以无可比拟的参与价值成为人们休闲活动中的重要选择。现代体育项目多具挑战性、刺激性、冒险性、新颖性、趣味性等特性，是人们在激烈竞争中表现自我、张扬个性、施展才华的重要方式。孩子们在体育运动中所获得的身心的满足感和愉悦感往往是在课堂上、在学习中难以得到的。

如此说来，如果父母希望自己的孩子健康成长，成为全面发展的人才，家庭体育真是不可小觑。转变教育价值观，强化自身的运动健身意识和对孩子体育的重视具有重要意义。

教育提示：让运动成为家庭生活的一部分

运动与吃饭、睡觉一样，是健康生活必不可少的组成部分，关系到家庭生活的质量。对父母来说，关键是要"从我做起"，挖掘家庭的运动资源，创造条件与孩子一起做运动，让运动融入家庭生活，养成"见缝插针"进行运动的习惯。

科学家居里夫人非常重视孩子的体育锻炼。她在自己家的庭院里竖起一个秋千架，每天两个孩子做完功课，居里夫人就让她们到这个运动场去锻炼。有时在紧张的工作之余，她还跟孩子一起骑自行车，带她们到江河里去游泳。两个女儿的身心得到健康发展，事业都有所成。德国人最喜欢的休闲方式是家庭排球赛，他们一般在公园、沙滩进行，有的是一家人，有的是几个家庭联合。形式是次要的，重要的是全家人在参与体育运动中放松精神，感受运动的乐趣。

学学他们的做法，把运动作为家庭生活的一部分，无论孩子还是大人都会从中受益！

挖掘身边的运动资源。

住高层的家庭未必天天爬楼梯，但是可以利用这个条件在周末、在节日里，大人和孩子一起"拒绝电梯"。有了一定的体能基础时，还可以来个爬楼梯比赛，这是个绝好的运动项目。有的家庭居住的小区没有运动的条件，可以选择在自家阳台上进行锻炼，比如，玩哑铃、顶球、套圈、投飞标等等，利用床铺作垫子，做收腹举腿、仰卧起坐等活动，利用墙壁、窗台做些压腿、压肩、靠腿、踢腿等练习……这些都是很容易的事。

运动与游戏结合。

苏联教育家马卡连柯认为，游戏有很多体育价值。他把游戏发展划分为三个阶段：第一个阶段是室内游戏时期，即用玩具玩耍的时期，直到五六岁；第二个阶段转向室外活动性游戏，开始对同伴和集体游戏发生兴趣，一直延续到十一二岁；第三个阶段，游戏已经有了更严格的集体形式，并逐渐成为竞技运动的游戏，这种游戏已经具有一定的体育目的和体育规则。给孩子游戏的机会，孩子们在自己喜欢的游戏中跑跑跳跳、追追赶赶，就可以达到运动健身的目的。

增加户外活动。

运动的过程，也是提高孩子反应能力、应变能力、交往能力的过程。在户外活动中，可以开阔孩子的眼界，增长知识，即兴发挥，显露出创造力和丰富的想象力。捉迷藏、跳皮筋、投沙包这些传统的户外游戏，远比看电视、玩电子游戏对孩子有利。孩子们在跑跑跳跳中调剂了精神，锻炼了身体，也在和小伙伴的竞争与合作中增进了交流和友谊。利用节假日，父母与孩子一起外出旅游，在领略自然风光、人文景观的同时也能陶冶身心，会取得一举多得的效果。

在家务劳动中运动。

对孩子来说，在学习之余从事一些家务劳动同样能有运动健身的效果。比如：扫地、擦桌子、收拾物品可以活动上肢，上街购物的同时也是散步，经常手提重物可以增强臂力等。培养孩子养成劳动的习惯，经常在劳动中出点力、出点汗，能够增强身体的代谢功能，促进体格发育。当然，家务劳动可以进行身体运动，但不可代替体育运动。

见缝插针，一举多得。

德国哲学家黑格尔说："散步的时候，常常可浮现出奇妙的想法，我经常带着笔记本去散步。"诗人歌德说："我最宝贵的思维及其最好的表达方式，就是在我散步时出现的。"孩子平时在家里写作业累了，或者写完作业之后，总要休息一会儿，换换脑子，许多孩子选择了看电视，或者坐着，或者躺着，身体依然处于静态。其实即使是看电视，也可以让身体动起来：伸伸臂，扭扭腰，踢踢腿，用哑铃练练臂力，单腿站立练练平衡力，做蹲起练习练练腿部和臀部……在相同的时间干不同的事也是有可能的：背外语、背课文的时候未必正襟危坐，转转脖子、散散步……不会影响记忆效果。只要脑子里有了运动这根弦，每个人都能想出见缝插针、一举多得的运动办法。

全家人在共同运动中放松精神，感受休闲的乐趣，达到健身的目的，比只盯着孩子的学习更能激发孩子自身的正能量，亲子关系也会更融洽。

思考与践行

①通过学习，关于体育运动对孩子成长的积极意义你有什么新的认识？

②你平时有自己喜欢的运动项目吗？你是否愿意让孩子参加体育运动？为什么？

③你家孩子喜欢的运动项目是什么？请家长们在一起讨论孩子的运动场景和表情。

④你的家庭给孩子创造了哪些体育运动的条件？还有哪些可以利用的资源？

五、警惕"特困一族"的健康隐患

睡眠，就好比给人体"充电"，是生存的必要条件。难怪有人说："宁可食无肉，不可睡无眠。"可是在当下，人们都承认孩子的睡眠不足，但关注的却仍是学习，依然没有意识到睡眠不足和质量不高对学习的影响，以及给孩子带来的健康隐患。因为睡眠不足，孩子们戏称自己是"特困一族"。

克扣睡眠时间，就是克扣孩子的健康

聊起孩子的学习，家长那叫一个烦，也总有道不尽的苦衷：

我们家孩子小学几年学习还都不错，眼看着快毕业了，给他报了几个课外学习班，这家伙却添了毛病。开家长会老师点名批评他上课打瞌睡，不注意听讲。我们也批评了，也打了，就是改不了，眼看着成绩往下掉。他还强词夺理："你们以为我不想好好听课，我困！"

我儿子一上课就走神，一写作业就发呆，才上四年级，作业、测验成绩一塌糊涂。我怀疑儿子是不是得了抑郁症？后来找了心理咨询，细问才知道，他说这段时间家里太乱，睡不好觉，脑子里总是乱乱的。我这才恍然大悟，说这事怪自己。我开了网店，家里存了一些东西，也常常在晚上应对客户、准备发货，没想到会影响到孩子睡觉。

看来，这两个孩子学习上出问题的原因，都是睡眠问题。上课犯困、打瞌睡，主要是紧张的学业和加码的课外学习使孩子脑力消耗大、疲劳所致；家庭环境的变化影响了孩子的睡眠质量，这样日复一日导致孩子不时发生"断片儿"，难以集中注意力来学习。

在我曾经参与和主持的时隔十年的两次调查中，当我们问中小学生："如果你有时间，最想干的一件事是什么？"排在第一位的回答都是：最想"好好睡一觉"！孩子们说"我们是'特困一族'"。缺觉，是当下中小学生中普遍存在的现象，睡个好觉已然成了他们的奢望，这令我们心头阵阵酸楚。

睡眠时间和睡眠质量是影响身体健康的重要指标，国家早有规定，应保证小学生10小时、初中生9小时睡眠。可是，家有中小学生的人都知道，达到这样的要求，难！

在我们的调查中，当问及"如果你不能有充足的睡眠，是什么原因"时，排在首位的是"作业太多"，其他依次是"看电视""上学路远""上课外补习班、提高班""玩的时间长""学、练特长""上网""在学校时间长"等。总体上看，学习负担越重睡眠时间越少。另外，睡眠质量差也不是个别现象；调查中有接近一半的学生表示"躺下睡不着"，主要原因是作业压力大、考试前紧张、心理问题不能排解。

在2019年3月21日"世界睡眠日"前夕，中国睡眠研究会发布了《2019中国青少年儿童睡眠指数白皮书》，其中指出中国6~17周岁的青少年儿童中，超六成睡眠时间不足8小时，课业压力成为影响孩子睡眠的第一因素，此外还包括睡前接触3C产品、睡眠环境不良等其他因素。

中小学生睡眠问题已是老生常谈。近年来，尽管从上到下为学生减负的呼声很高，政府三令五申要求确保学生健康，各种"减负令"层出不穷，但是从中小学生睡眠这个侧面我们不难看到，孩子们并没有真正从学业负担中解放出来。一方面，有的学校减少作业、减少在学校时间，把一部分与学习相关的内容转嫁给了家庭；另一方面，有的学校真的给学生减负了，家长心里却不踏实，生怕考试、升学时孩子吃亏，所以"堤内损失堤外补"，让孩子参加各种课外学习班，买课外辅导书让孩子做课外练习，为了让孩子上好学校不惜每天带着孩子"长途跋涉"。这些做法表面上看是为了孩子好，实际上是在克扣孩子们的睡眠时间。

或许，一些家长并不清楚，长期睡眠不足，不仅仅是表面上看到的对学习状态的影响，更糟糕的是会给孩子带来一系列的肌体损害：

降低免疫力和抵抗疾病的能力。美国佛罗里达大学免疫学研究小组对睡眠、催眠与人体免疫力的关系做了一系列研究，结论是：睡眠除了可以消除疲劳，使人产生新的活力外，还与提高免疫力、抵抗疾病的能力有密切关系。通过对28名试验人员进行自卫催眠训练，结果发现他们血液中的T淋巴细胞和B淋巴细胞均有明显上升，而这些淋巴细胞正是人体免疫力的主力军。孩子们睡眠不足，在不知不觉中可能会降低免疫力和身体的抗病能力。

造成内分泌紊乱。研究人员发现，连续一周每天睡4小时的青年受试者，血糖值有所增高，并据此推测，睡眠不足可能是近年来患糖尿病人数增加的原因之一。睡眠不足引起的内分泌紊乱，会使孩子出现精神萎靡不振、感冒生病等情况。

不利于儿童身高增长。生理学的研究表明，儿童的生长主要是在睡眠时完成的。白天，人体基本是保持直立的，尤其是站立的时候，身体的重量几乎全压在下半身。到了晚上，人平躺在床上，使骨骼得到充分休息，有利于生长。而且，人体所需要的各种营养素，在睡眠和休息时可以得到有效吸收，如果睡眠不足，给孩子吃再多、再好的营养品也不能很好地被吸收。

影响脑功能发育。充足的睡眠能使人精力充沛、思维敏捷。如果长期睡眠不足，脑供氧缺乏，脑细胞就会受伤，脑功能就会下降。有科研人员做过一个试验，把24名大学生分成两组，先对他们进行测验，结果两组测验成绩一样。然后让一组学生一夜不睡，另一组正常睡眠，再进行测验。结果发现，没有睡眠的学生的成绩大大低于正常睡眠的学生的成绩。由此，科研人员认为，人的大脑要思维清晰、反应灵敏，必须有充足的睡眠，如果长期睡眠不足，大脑得不到充分的休息，就会影响创造性思维和处理事务的能力。

增加肥胖的风险。很多家长可能想不到，孩子没有睡好或睡眠不足也会长胖。在没有休息好的情况下，器官和身体各项机能要保持正常运转，就需要补充更多的食物来支持人体正常运转，孩子也就出现了睡眠不好、食欲大增等不良现象，孩子吃得过多，体重就会猛增，循环往复就容易导致肥胖。

引发心血管疾病。人体在睡眠当中会完成各器官的排毒，如果孩子长时间晚睡，各器官也就错失了排毒的最佳时间段。长时间睡眠不足或晚睡会让孩子情绪亢奋，血压升高，呼吸、心跳加速，如果长年累月处在这种过度亢奋的状态下，孩子发生心血管疾病就在所难免。

由此说来，睡眠这个日常生活中再普通不过的事情，对于保证孩子的生命健康的确是一件至关重要的事。因过分追求眼下孩子的学业成绩而减少他们的睡眠时间，真是件得不偿失的事。事实上，克扣孩子的睡眠时间，就意味着克扣孩子的健康。

教育提示：为多睡一会儿挤时间、创条件

家长对减轻孩子在学校的课业负担或许无能为力，抱怨也没用。无论如何，睡眠发生在家庭中，尽自己所能保证孩子"睡个好觉"，还是可以有所作为的。

科学管理时间。

鲁迅先生有句名言："时间就是生命，无端地空耗别人的时间，其实是无异于谋财害命的。"没有人真心企图对自己的孩子"谋财害命"，但确实会有意无意地"无端地耗费"孩子的时间。怎么办呢？鲁迅告诉我们："时间就像海绵里的水，只要愿挤总还是有的。"每一天只有24小时，对任何人都是公平的。要让孩子多睡会儿觉，就得学会科学管理时间，在日常生活中挤时间。

从大的方面来说，需要权衡一下：要不要为了上所"好学校"，每天在上学路途奔波很长时间？要不要为了补习功课每周花若干个小时上课外班？花在这方面的时间能不能减掉一些？如果把省下来的时间交给孩子，用在自主学习、自我"充电"上，会是什么效果？

从小的方面来说，令家长最头疼的是孩子做事"太磨蹭"，本来可以一小时之内完成的作业，边玩边写怎么也得两三个小时，家长免不了反复提醒、唠唠叨叨，气急了还会拳脚相加，搞得"鸡飞狗跳"。与其这样，不如与孩子一起共同制订一个作息时间表、一起立规矩。睡觉时间和起床时间是固定的，尽可能形成习惯，让他自身的生物钟起作用。然后把其余可支配的时间，如作业、玩耍、看手机、与小伙伴交往等时间分解开来，由孩子支配。因为边写作业边玩延长了写作业的时间，就没有单独玩耍的时间了。家长只是监督规矩落实，而不具体干预，让孩子自己承担不守规矩的后果。久而久之，就会帮孩子养成对自己行为负责、自觉管理时间的好习惯。

创造有利于睡眠的小环境。

孩子到了睡觉时间，大人还在看电视、打麻将、聊天，这肯定会影响孩子的睡眠。另外，卧室的光源、温度、床品的舒适程度都是不可忽视的小环境。

睡觉时尽量远离各种光源。有的孩子习惯开着灯睡觉，也有的家里被各种电器包围着，比如电器的指示灯、手机屏幕等会发出各种光。一般来说，夜间人体会分泌比白天多5~10倍的褪黑素。褪黑素是人体的一种激素，能够帮助人体进入睡眠。所以要远离各种光线的影响，避免褪黑素的分泌减少而影响睡眠。

保持室内适宜的温度。冬天怕冷睡觉时开着暖风或离暖气太近温度过高，夏天贪凉把空调温度调得过低，都会引起孩子大脑皮层兴奋，不利于睡眠。有研究表明，卧室温度在18~20摄氏度左右为宜，冬天被窝的温度在32~34摄氏度时容易入睡。在室内放个温度计，尽可能保持室温适宜。

睡眠用品要舒适。给孩子选择床垫不要过软或过硬，平躺在床垫上将手掌插入腰部和床垫的缝隙之间，手掌可以紧贴缝隙表明软硬适中。床垫用久了，出现高低不平时应及时更换。枕头根据孩子的需要调整，可以让孩子平躺，枕头高出一拳即可。枕巾和枕套要经常清洗，枕芯也应注意保养和清洁。贴身的被褥最好选择棉质材料，以减少和避免对皮肤的刺激。还应常在日光下晾晒，使其保持干燥。

尽量减少室内噪声。有时候，让孩子早点睡觉，大人们因有事情而不停发出声响，或者看电视、看手机发出响声，还有室内各种电器设备发出的响声，以为孩子躺下睡着了而无所顾忌。其实，这些都会不同程度地影响孩子的睡眠质量。所以，孩子的卧室尽量不放或关闭家用电器。孩子睡下后，大人说话、走路要轻，为孩子创造安静的睡眠环境。

关注孩子的睡眠障碍。

有时候，孩子睡觉会出现打呼噜、磨牙、说梦话、惊醒等现象，对此有的家长不以为然。其实，这些都可能与睡眠障碍有关。医学研究表明，睡眠障碍容易使儿童产生认知功能障碍、情绪障碍，并影响其他系统和器官的发育成长。儿童睡眠障碍可能成为孩子成人后以失眠症为主的睡眠障碍的主要发生因素。

对有睡眠障碍的孩子，家长要多留心，可以白天适度增加儿童的运动量，在增强体质的同时促进其脑神经发育的平衡。平时注意给孩子创造良好的睡眠环境，睡前避免训斥打骂孩子，以讲故事、聊天、听音乐等方式减轻孩子由于学习负担重、不良交往等产生的心理压力，帮助孩子放松心情。如果睡眠障碍严重，要及时就医进行必要的治疗。

思考与践行

①睡眠不足会给成长中的孩子带来哪些身心伤害？

②怎样处理好学习与睡眠的关系？为了孩子能多睡一会儿、睡个好觉，家长具体需要在哪些方面做出努力？

③你家孩子有睡眠障碍吗？如果有，请尽快制订一个有针对性的解决方案。

六、"活着是为了你们，只有死是我的选择"

2019年4月，网上被如下这一视频信息刷屏：

在上海卢浦大桥上，一辆轿车突然停下，开车女子下车与坐在后排的人说了什么之后，一男孩突然下车后迅速跳桥，紧跟着的女子因没能抓住他坐地痛哭……这一过程的完整视频在各类媒体被反复曝光。据悉，跳桥男孩当时仅17岁，是某职校二年级学生，开车女子为男孩的母亲。其母称，当时正驾车载着男孩，孩子因在校与同学发生矛盾，遭其批评后跳桥身亡。

人们以自身的判断想象着造成如此结果的真实原因：指责、谩骂、同情母亲的，批评孩子脆弱、逆反、冲动的，为孩子、为父母惋惜的，借此倾诉自己不幸的……各种声音不胜枚举。事实上，任何对事件本身的揣摩、追责都没有什么实际意义了。毕竟，逝去的孩子不能复生，失去孩子的母亲永远无法抚平心灵的伤痛。但是，孩子不能白死，母亲不能白痛！这一事件对更多的父母、更多的孩子、对教育的警示才是我们要认真思考的问题。

"花朵"不该如此"凋谢"

人们常用"花朵"来形容可爱、稚嫩的孩子。如果有一天,孩子突然以自杀的方式结束了自己的生命,"花朵"如此"凋谢"了,一定是家庭的最大灾难。

我们仔细分析近年来孩子自杀的案例,不难看到案例之中父母对儿童权利的漠视,并因此导致孩子对生命价值认识的扭曲:既然自己的一切都由父母说了算,既然是你们逼我学这干那,孩子便很容易产生类似"为父母而活""为取得好成绩而活"的糊涂想法。当一个孩子时常遭到最亲近的父母的贬低、训斥、打骂,从而生活得很自卑、很压抑、很恐惧、很无助,一旦面对逆境、遇到无法承受的恶性刺激、控制不住自己的负面情绪时,选择自杀也许就成了唯一可以自己做主的事,并以此来自我解脱,表达对成人社会的不满和抗议。

说到自杀,有的家长可能不以为然,觉得离自己很远,与自家孩子无关。然而无情的现实告诉我们,近年来儿童自杀事件频频发生,有自杀念头的孩子不在少数。

原昆明医学院等机构对云南3233名中学生的调查结果表明:在过去12个月里,14.23%的中学生曾认真想过自杀。北京大学儿童青少年卫生研究所一份历时3年多,涉及全国13个省约1.5万名学生参与的《中学生自杀现象调查分析报告》中的数据更是令人触目惊心:中学生每5个人中就有一个人曾经考虑过自杀,占样本总数的20.4%,而为自杀做过计划的占6.5%!

孩子自杀是个别的、极端的现象，然而那些导致自杀的直接原因却大量存在。看起来并非多大问题的恶性刺激与孩子脆弱的心理承受能力的耦合，便成了扼杀幼小生命的罪魁。逝去的生命一次次告诫人们：呵护孩子生命是父母的第一要务，尊重孩子才能让他懂得生命的宝贵。

说到对孩子的尊重，似乎父母们都懂。然而尊重什么？怎么尊重？尊重对孩子意味着什么？有人未必真正明了。以儿童权利视角来认识，把孩子当作独立的人、尊重孩子的权利是根本。当孩子的权利被家长以"爱孩子"的名义剥夺的时候，孩子失去了成年人的呵护、失去了按照自身需求发展的自由、失去了对自己的事发表意见和做出选择的权利，无疑也就失去了自我的价值感，失去了活着的尊严，甚至失去活下去面对这一切的勇气。

安徽一个9岁留守儿童因爸妈过年不回家上吊自杀；贵州毕节无成人照料的4兄妹服食农药自杀身亡，最大的哥哥13岁，最小的妹妹才5岁；有个"懂事的孩子"难以达到父母的期望，不忍心看着父母为自己着急、为自己择校和课外学习过多的投入而生活拮据，认为"我死了你们就能过上好日子了"，而走上绝路……

柴静的《看见》这本书里有一篇是"双城的创伤"，讲述了6个小学生相约自杀的事。一个孩子是因为无法忍受别人对她的侮辱，而其他自杀未遂的人，是因为"义气"，实在是令人痛心。

孩子自杀事件频频发生，自杀念头大量存在的现实，不能不让我们对孩子的生存环境和心理问题多一份警醒。孩子在他们心理受挫、产生糊涂想法的时候缺少有效的人际支持，不能说不是一大缺憾。

在本人主持的对天津城乡中小学三至八年级1505名学生的问卷调查中，

我们可以了解少年儿童的人际支持情况。调查涉及的内容包括"平时你最愿意跟谁在一起""心情不好时谁最能安慰你""你认为谁对你影响最大""在空闲时间你和谁在一起的时间最长""最让你感到自信的人是谁""内心的秘密你最愿意告诉谁""遇到困难时你最愿意向谁求助"等7个指标，同时列出中小学生经常接触的"妈妈""爸爸""老师""同学""兄弟姐妹""网友""家中老人""其他人""没有人"等9个选项。分析结果显示，总体上看，家庭对中小学生人际支持的作用凸显，妈妈居首，爸爸第三，排在同学之后；内心的秘密最愿意告诉妈妈和爸爸的比例分别排在第一、第四位，爸爸排在同学、兄弟姐妹之后，可见父母的作用不可低估。值得注意的是，没有人给予人际支持、心情不好时没有人安慰的比例随着年龄的增长而呈提高的趋势。

调查结果对我们的启示是，那些心情不好时没有人安慰、没有人让其感到自信、心中的秘密不愿告诉任何人的孩子，最容易出现心理和行为问题，尤其需要给予特殊的关爱。另外，不同支持者在不同方面有不同的作用，孩子们的心理问题和生存困难的排解需要全方位人际支持。

如果家长了解孩子的心理，接纳他们成长中暂时的不尽如人意，在他们最需要关怀、帮助的时候向他们伸出温暖的手，或许就能避免悲剧发生，"花朵"不会因此而凋谢。

教育提示：善待生命，让世间充满爱

人的生命有自然属性和社会属性。自然属性属于生理范畴，即父母给予的血肉之躯，涉及生存健康、生命安全等问题，表明生命的长度；社会属性包括人的心理、精神、文化、社会身份等方面，表明生命的宽度。两方面相统一，一个人的生命对自己、对家庭、对社会才有价值。

父母为孩子所做的一切，归根结底是为了给孩子的生命护航。正是从这个意义上说，尊重孩子的权利，才能在他心中播下热爱生命、尊重生命的种子；父母自身的生命意识觉醒，是让孩子懂得生命的价值、提高生命质量的必要前提和条件。以自身的言行对孩子进行生命教育，以延长孩子生命的长度、拓展孩子生命的宽度，是为人父母义不容辞的责任。而这种教育应融于家庭生活的点点滴滴、父母的举手投足之中。

让孩子懂得生命的价值，生存是自己的权利。

为什么生命是宝贵的？这是孩子从小要了解的基本常识。人的生命只有一次，失而不能复得。人生的一切奋斗、成功与幸福，都附着于生命上。没有了生命，一切都等于零。所以当面临各种不如意、处于人生逆境时，一切都可以放弃，但对生命的信念不能放弃，这是一个人的人生底线，是每个人最应该维护的基本原则和基本权利。

爱护生命，排解孩子的生存压力。

孩子对生命的误解常常与自身的处境密切相关。学习负担过重影响健康、产生心理问题是当下较为普遍的现象，这使孩子的生命质量大打折扣。父母把对孩子过高的期望值调整到适合孩子的程度，保持一种平和的心态，孩子的压力会大大减轻，生命的存在才有更广阔的空间，这不仅是对孩子生命的最好呵护，也能让孩子切身感受到生命的珍贵。

感受人世间美好，让孩子活得开心。

如果孩子在日常生活中有太多的不良心理感受，生命质量很差，就难以热爱生命。所以对孩子的生命教育无须太多的说教，父母最该做的是在家庭中为孩子创造宽松的环境、良好的人际关系，自己和孩子每一天快乐地生活。当孩子遇到困难、挫折时抚慰孩子脆弱的心灵，帮助孩子进行心理调适，培养他们正视困难、克服困难的勇气和豁达开朗的胸怀。让孩子感觉到心情的愉悦、亲情的温暖、人际的和谐，以及自己有所依靠，才能绽放生命的活力，树立乐观进取的人生观。

敬畏生命，懂得感恩惜福。

教孩子学会分辨自尊与虚荣、要强与逞强的界限，任何时候都不要以生命作为虚荣和逞强的代价；懂得在任何困难、挫折和不利处境下，自伤、自残、自杀绝对于事无补，只能给自己和家庭带来更大的痛苦和更多的不幸；懂得珍爱包括小动物在内的有生命的个体，爱护自然界的生物，同情、帮助弱小，孝敬长辈，为他人的生命的幸福奉献自己的爱心；懂得伤害他人和剥夺他人性命的行为是国法所不容的，千万不能以身试法。

尊重孩子，播下热爱生命的种子，是每个成年人的责任。孩子的生命质量有多高，家庭生活和整个社会就有多美好！

思考与践行

①你所了解的儿童自杀的原因有哪些？从儿童自杀的案例中，家长应当汲取什么教训？

②你家孩子人际支持情况是怎样的？对照文中调查的七个指标与孩子一起分析一下父母在哪些方面需要做出努力。

③如何善待生命，在生活实践中对孩子进行生命教育？

七、失去亲情，你的孩子还是你的吗

如果问父母："你的孩子还是你的吗？"很多人会毫不犹豫地回答："当然是！"善良的父母们没有谁愿意自己亲生的孩子不属于自己。可是在现实生活中，以各种理由把孩子外包给社会教育机构、推给老人、忽视孩子亲情需要的父母却不少。结果是，孩子在名义上属于父母，但他们的情感却不属于父母。他们有父母，却缺失亲情，成了情感上的孤儿。

人是情感动物。未成年的孩子受到父母照顾是他们的权利，为孩子提供良好的物质条件、和谐温馨的家庭氛围是父母的义务。而孩子成长需要的不只是良好的物质条件和学习环境，更需要亲情的滋养，需要父母给予的心灵抚慰。

亲情缺失，是孩子永远的痛

说到亲情缺失，人们首先会想到我国当下六千多万留守儿童。许多父母选择离家外出务工有一个重要理由，那就是多挣些钱，让家庭摆脱贫困，让孩子生活得更好。但是始料不及的是，孩子们不在父母身边，面临着比贫困更严重的生存危机。由于父母常年在外，亲子关系疏远，儿童心理障碍和学习障碍出现的可能性比有父母陪伴的孩子大很多。而且这些孩子更容易染上吸烟、酗酒、网瘾等不良嗜好，产生自杀的想法和犯罪的概率都高于其他孩子。

更多的父母因为忙于工作、忙于应酬、忙于自己的事业而忽略了孩子。有时候，因孩子在学校里表现不好老师请了家长，有人总会有这样的申辩："我工作太忙了，没有时间教育孩子。"父母对于孩子而言是隐形的，看得见、摸不着，没有沟通和交流。

有对夫妻大学毕业后一同创业，公司办得挺红火。这对夫妻当了父母后，孩子过了百天就送到了乡下由爷爷奶奶照看，逢年过节才有亲子见面。孩子到了上幼儿园的年龄，本想接回去，可孩子不愿意，老人舍不得。由于工作忙，父母就没坚持，说好了上小学一定让孩子回到身边。上学时，孩子回到了父母身边，没想到大人孩子都不适应。孩子满口家乡话，完全是农村人的生活习惯，带孩子串个门儿父母都觉得有伤颜面。孩子跟父母没有一点亲密感，稍不如意就要回老家去找爷爷奶奶。妈妈想尽办法与孩子亲近，甚至放下工作陪孩子。直到上中学了，妈妈依然感觉跟孩子隔着一堵"打不破的玻璃墙"。妈妈说，"这是我人生的最大'败笔'"。

这个教训告诉更多的父母：自己才是抚育孩子的"主角"，老人只能是"配角"。亲情是多少金钱也买不到、多么丰盛的物质也换不来的。

如果孩子与父母的亲情缺失，会带来一系列问题：

缺少安全感，易留下心理问题的隐患。

儿童对父母的依恋是亲子关系的特点所决定的，孩子从父母那里可以获得安全感，这是保持健康心理的基本条件。有心理学研究认为，若儿童与母亲之间建立起一种温暖、亲密、稳定的关系，孩子既能获得满足也会感到愉悦。如果母亲离开，孩子会产生分离焦虑，导致情感危机，并将在其后的生活中以骤然的抑郁或焦虑形式表现出来。诸多有关留守儿童的研究显示，他们心理问题的检出率明显高于非留守儿童，这与他们因依恋关系遭到破坏，缺少安全感不无关系。

缺少模仿对象，影响正确的社会认知。

儿童在掌握语言、动作技能的初级阶段，主要借助对家庭中成年人的模仿而习得。他们通过模仿父母的行为，了解怎样生活、如何与他人交往以及社会行为规范，然后逐渐认识这种行为的原因、意义和价值，这是人类学习的重要途径。而父母对孩子缺少陪伴，尽管有祖辈或其他亲属照顾，或者有较好的学校集体生活条件，但是对亲子交往的感受往往是残缺的，影响孩子正确的社会认知。

缺少积极的情感互动，易导致人格异化。

家庭有着社会上所没有的爱情和亲情，能够营造一种亲切、温馨、和谐、舒畅的心理气氛，使人对家庭有着强烈的归属感。尤其是小时候与父母间积极的情感互动，是健康人格形成的基础。如果儿童与父母割断了直接联系的纽带，没有亲子共同营造的亲密的家庭环境，孩子很容易孤独、自卑、冷漠，甚至自暴自弃，对父母由依恋到思念，由抱怨到怨恨，久而久之，其人格发展就会扭曲，个人生命的健康和幸福将会受到严重的损害。

缺少心理支持和道德规范，易产生越轨行为。

家庭中亲子之间亲密情感营造的家庭温馨气氛，是家庭教育的最好条件，往往可以使父母对孩子的期望、要求成为孩子行为的动力。如果父母不直接带孩子，便难以了解孩子的心理动态，对孩子的喜怒哀乐没有即时观察，无法即时提供心理支持，对孩子的品行问题也难以矫正。正是父母给予孩子的心理支持和道德规范欠缺，成为孩子产生越轨行为的重要因素。

我参与过两次全国未成年犯调查，曾经不止一次去过未成年犯管教所，

那里关押的都是因为犯罪被判刑的孩子,最小的只有14岁。我跟一些家长聊过,没有一个不后悔的,他们回忆往事时总是痛哭流涕。有个孩子的妈妈说,她和丈夫做生意,家里条件不错,孩子本来学习挺好,他们外出对孩子也很放心,万万没想到孩子在网吧里拿刀子捅死了人。孩子被抓了妈妈才知道,他一个人在家感到寂寞、害怕,就时常去网吧,还带着一把刀子壮胆。因为跟同伴发生争执,一刀子下去就要了那孩子的命。妈妈说,"他从来没跟我说过他自己的感受,我要是早知道孩子会这样,打死我也不会让他一个人在家"。

在孩子养育过程中,亲情缺失、教育扭曲的过失,父母得用许多年时间甚至一生的时间来补偿,但都不一定补得上。

教育提示:珍惜父母的"有效期"

孩子的童年期,也是父母与孩子建立亲情、对孩子教育的黄金期。一旦孩子长大成人,不需要父母的呵护了,也就过了家庭教育的"有效期"。

中国公安大学李玫瑾教授在对无数罪犯进行心理分析的基础上指出:在这个世界上有许多无助甚至绝望的父母,他们面临自己养大的孩子却突然发现孩子的陌生与可怕,曾经非常乖巧的孩子突然变得凶狠,父母感觉孩子已失控,爱已过,恨不行,说不听,骂无用……当他们无奈地说起孩子的问题时,往往得到的答案只有一句话"为时已晚"。为什么?因为他们错过了孩子心理教育的最佳时间。她认为,家庭教育的最佳时期是12岁之前,即依恋期。在依恋期中，1~6岁又最为关键。

不能把孩子"外包"给别人。

一些父母笃信社会教育机构对孩子考高分、提升学习技能的作用，把孩子"外包"给各种各样的培训班，只关注眼下看得见的孩子获得的资源，希望孩子赢在起跑线上。事实上，那些"外包商"根本不了解你的孩子，他们也不愿意费心去了解。他们只是让你看到那个外包的表面成绩，让你觉得他们帮助你的孩子进步了、达到了你所期望的目标。而具体到孩子的成长过程是怎样的，他快乐吗，他得到了什么人生的启示，他获得了哪种可持续的能力……这些对孩子的成长起着关键作用的东西，这些机构并不关心。而这些恰恰是为人父母所应当关注的、所擅长的，但是许多人却毫不迟疑地放弃了。

事实上，孩子成长中父母给予孩子的影响是全方位的。孩子的价值观、生活习惯、行为能力等方面，在很大程度上是在孩子自幼与父母的互动中、学着父母的样子逐渐成熟起来的，这种人际影响给孩子打下的烙印是深入骨髓的。所以，父母希望孩子成为怎样的人，自己就做这样的人，亲子之间的亲情连接永远难以磨灭，父母总能从孩子身上看到自己的影子。而亲情缺失的弊端，迟早会在孩子未来的人生道路上成为一大障碍凸显出来。

老人带孩子只能是"配角"。

一些年轻的父母常常犯的一个错误是，认为孩子还小，先将大部分精力投放在事业上，多赚些钱，为孩子未来做些积累，等孩子大一点再把精力转移到家庭，重点教育孩子。但到了孩子上学的年龄，以自己为主来带的时候，才感觉孩子跟自己不亲，做什么事总是很"拧巴"。事实上，孩子小的时候缺少父母的陪伴，已经在很大程度上减弱了孩子对父母的依恋之情，亲子关系很难和谐，也错过了孩子教育的最好时机。

老人带孩子有再多的优势，也替代不了父母对孩子的教育。年轻人工作压力大或者生活能力差把孩子交给老人，只能是暂时的，履行监护人职责是作为父母的法定义务。更为重要的是，孩子的幼儿阶段是情感关系建立的关键期，如果祖辈"反客为主"，孩子很容易亲情转移，与父母关系疏远，以后父母再努力也难以弥补。对老年人来说，帮助儿女带孩子要把握好"度"，适时"退居幕后"，找准自己的位置。

　　珍惜父母的"有效期"吧，给孩子多一些亲情滋养，这是为孩子一生的幸福奠定基础。

思考与践行

①亲情缺失，对孩子意味着什么？你家有没有亲情缺失的问题？

②你对社会教育机构怎么看？如果那里有很好的老师，能替代父母对孩子的教育吗？

③怎么认识父母的"有效期"？

④如果孩子小的时候父母工作忙请老人带孩子，父母与老人各自的角色定位是什么？为什么？

八、家不像家，是孩子的灾难

父母给了孩子生命和遗传基因，家庭是孩子来到世上最先接触的环境。孩子的生存状况与发展前景如何，他们的权利能否得以实现，取决于多种因素，但其中最重要的，是父母是否给了孩子一个真正的家。

家庭对孩子意味着什么？是人生的起点，是成长的摇篮，是抵御各种伤害的保护伞。如果家庭失去其特有的功能，如果家庭中亲子分离，如果父母角色缺位……对孩子来说，便是灾难。

为什么家庭对孩子有特殊的价值

尊重和保护儿童权利是全社会的事，家庭、学校、社会、司法、政府都有着不同的使命。但是有一点毋庸置疑：家庭是基础，承担着首要的、特殊的责任。

一个15岁的孩子从小淘气，学习不好，父亲把他打得离家出走12次，每次都是警察把他送回家。有记者问他：你今后怎么办？孩子答：我肯定会犯罪，我打工，人家说我是童工，但我要活下去，只能去偷去抢。

当父母不能很好地呵护孩子，孩子体会不到家庭的温暖时，尽管父母双全，孩子却成了缺爹少妈的孤儿，家对孩子就失去了凝聚力，这样的孩子背离家庭的同时也难免成为社会的"祸害"。

近年来，社会发展和变革给家庭带来巨大冲击，一个不容忽视的社会现实是，家不像家成为家庭发展中的突出问题，给孩子的成长过程制造了各种障碍。

——中小学生沉重的课业负担挤占了他们的家庭生活时间和空间。一些家长围着孩子的学习转，孩子疲于应付学校的各种作业，在很大程度上使得家庭固有的特点模糊了，家庭的教育优势被削弱。

——随着社会竞争的加剧，在职场上打拼的人们压力加重。一些中青年父母忙于工作顾不上家庭，把孩子的课外生活交给课外教育机构，或花钱雇人代管，这种家庭责任"外包"使得家庭对孩子的作用转化为金钱的作用，孩子对家人的情感需求在很大程度上被忽略了。

——有的父母人在家中，却只专注自己的事，甚至打麻将、玩手机而不顾孩子和家人，缺少与家庭成员的积极互动。冷落家人的结果必然是夫妻之间、亲子之间的关系不和谐，家庭凝聚力减弱。

——相当多的留守儿童家庭，尽管家庭结构并未破裂，孩子父母双全，但是父母双方或一方远离孩子的现实，使家庭的基本特征发生了诸多改变：亲子之间面对面、互动频率高、日常生活中影响大等特征在很大程度上被削弱了，甚至不复存在……

这些问题不可避免地使家庭对孩子的影响效果大打折扣，亲子之间关系的亲密性、权利义务的特殊性遭到严重破坏。

保障儿童实现自身的权利，是父母作为其监护人应当履行的义务，是家庭的责任。联合国《儿童权利公约》明确提出："深信家庭作为社会的基本单元，作为家庭所有成员、特别是儿童的成长和幸福的自然环境，应获得必要的保护和协助，以充分负起它在社会上的责任。""为了充分而和谐地发展其个性，应让儿童在家庭环境里，在幸福、亲爱和谅解的气氛中成长。"我国《未成年人保护法》规定："父母或者其他监护人应当创造良好、和睦、文明家庭环境。"与学校、工作单位等社会群体相比较，家庭中人与人之间的关系具有它的特殊性，并具有全方位的育人功能，所以在孩子成长过程中也有着特殊的价值和作用。

在地理空间上，家庭是家庭成员共同生活的地方，在全部社会成员中，家庭成员在空间上最为接近，彼此的接触方式是面对面。

在互动频率上，相对于学校、工作单位而言，家庭成员比较少，彼此的关系相对稳定、密切，成员之间互动的频率很高。

在互动方式上，家庭成员之间相互控制和影响主要通过非正式形式，没有严格的限制和规范，不像是工厂里的工人按照既定的工序彼此发生联系。家庭成员之间的互动是在人们的日常生活中随时随地进行的，表现在家庭的各个方面。

在互动深度上，家庭成员之间的互动不仅是表面的，由于彼此关系的特殊性，更多融入了心灵深处的相互依恋和情感交流。家庭成员之间的情感之深是其他关系不可比的。

在利益关系上，家庭成员彼此利益相关、目标一致，通常在吃、穿、用、住等生活事项上是一体的，经济上的联系十分密切。未成年的孩子与父母在经济上不可分割，父母为孩子提供生活保障是必须履行的义务。

在维系的时间上，家庭成员之间的关系贯穿于一个人从出生到死亡的全过程，相对于其他社会群体在时间上最为持久。

正是因为家庭具有不同于其他社会组织的特点，家庭对孩子的影响才是最为深刻、最有力的，通过家庭认识社会才是完整的。

"家不像家"的现象所暴露的种种问题给我们的警示是，在各种社会因素冲击家庭的背景下，家长重视对孩子的教育，首先要保持一份清醒，注重家庭自身特点的维护和家庭功能的完善。家是个真正的家，才能发挥家庭在孩子成长中的积极作用。

教育提示：保护儿童权利，家庭具有天然的优势

家庭在儿童权利保护中的地位和作用，是由家庭固有的功能决定的。

家庭的功能是指家庭对人类生存和发展所起的作用。家庭就好比人体，不同的功能就像人的各种器官，它们在身体的各个部位发挥着不同的作用。比如肺有呼吸功能，胃有消化功能，心脏有促进血液流动功能，肝脏有代谢功能……某一个器官出了问题，就会影响正常功能，身体就会感到不舒服，严重的还会危及生命。家庭也是一样，各种功都能正常发挥作用，才能满足家庭成员的基本需要，家庭才能正常运转。

家庭具有如下功能：生育功能，保证家族的繁衍，进而保障种族和社会的延续；经济功能，使家庭成员的衣食住行、文化教育等方方面面有保障，这是履行其他功能的物质基础；教育功能，培养下一代成为适应社会生活的人，是家庭亘古不变的功能和父母的法定义务；抚养与赡养功能，是对下一代的抚育培养和对上一代的供养帮助，体现为对家庭中弱者的保护；感情交流的功能，是家庭精神生活的组成部分，是家庭生活幸福的基础；休息与娱乐功能，家庭是人栖息的地方，休息与娱乐满足人的生理和精神需求；宗教功能、政治功能等。

正是家庭具有这些功能，才能从物质的、生理的、精神的、文化的各个方面满足家庭成员的需要，一个人在出生后才得以健康生存和全面发展。家

庭功能任何一方面的缺失，都会给人的成长制造障碍。比如有的家庭只注重经济功能，有高水平的物质生活，却缺少情感交流的功能，就难免造成人际关系不和谐，甚至出现家庭危机。家庭的教育功能不是孤立地发挥作用的，重视子女教育，尤其要注重家庭各种功能全方位发挥作用。因为每一种功能都直接作用于孩子，是孩子成长依托的有形或无形的环境。家庭功能不能充分体现，取决于家庭中的每一个成员。经过家庭成员不断调整、完善家庭功能，才有家人的其乐融融、家庭的幸福美满，才能使家庭对孩子的生存和发展起到积极作用。

儿童权利保护，基础在家庭。这不仅是家庭固有的特点和功能决定的，也是因为家庭具有区别于学校和其他社会组织的独特的优势：

家庭保护具有早期性——奠定基础最重要。

儿童阶段是人生理、心理、道德发展的关键期，也是对家庭依赖最强烈的时期。这一时期孩子的主要生活空间是家庭，衣食住行这些生存必需的物质条件，都是家庭提供的。也正是在家庭中，幼小的孩子开始了最初的人际交流、情感联系，开始学习语言、启蒙大脑，并开始逐步通过家庭了解社会。可以说家庭为孩子在社会上独立生活做了必需的准备，家庭是未成年的孩子步入社会的桥梁和中介。儿童的性格、能力、道德品质、生活习惯的形成，都与家庭生活中父母的教育和家庭环境的熏陶密切相关，家庭的保护和教育对孩子成长为怎样的人起着关键作用。

家庭保护具有全面性——点点滴滴皆教育。

父母对孩子抚养、教育是家庭的基本功能。从教会孩子学习吃饭、如厕、走路、说话等这些基本技能，到培养孩子良好的行为习惯、进行思想教育和引导，在孩子成长的每一个环节的每一个方面，父母都不可缺席。而且父母作为孩子的监护人，还负担着抵御侵害未成年人合法权益的行为、保管未成年人财产、代理被监护人进行民事活动和承担民事责任等职责。对未成年人进行保护，家庭的责任比学校、社会其他群体更为全面和直接。

家庭保护具有长期性——注重孩子的可持续发展。

我国《未成年人保护法》规定的家庭保护、学校保护、社会保护、网络保护、政府保护、司法保护等几个方面，对未成年人来说最经常和最长期的是家庭保护。在婴幼儿阶段，是以家庭保护为主。随着孩子年龄的增长和社会活动与社会交往的逐渐增多，其他方面的保护起着越来越重要的作用，但是家庭保护始终存在，不能为其他方面的保护所取代。家庭保护与其他方面的保护相互联系、互为补充，贯穿在未成年人成长的全过程。

家庭保护更具有效性——密切亲子关系为上策。

家庭是以血缘、情感关系为基础，成员之间关系最为亲密的社会群体。在家庭中父母对孩子的保护和教育是面对面、一对一的。而且，家庭作为最基本的社会生活单元，将教育、保护与日常生活融为一体，具有内容上的全面性和明显的针对性，情感的感染性强，对现实生活的控制力最有效，有益于提高未成年人综合素质。

经营好家庭，让家像个家，才能充分体现家庭的特点，发挥家庭全方位的育人功能，确保儿童权利的实现。

思考与践行◆

①为什么说家庭对孩子有特殊的价值？

②家庭的功能是什么？在保护儿童权利方面，家庭具有哪些天然的优势？

③联系自己家的实际情况，父母和孩子共同探讨如何经营好家庭，让家像个家，你们还需要在哪些方面做出努力。

第二篇　牺牲今天，不会有美好的明天

儿童是发展中的人，儿童阶段是不能省略或跳跃的。儿童享有充分发展其全部体能和智能的权利，并有权享有促进自身全面发展、可持续发展的条件。

童年的每一天对未来的人生路都是铺垫，珍惜孩子的每一个今天，才会有美好的明天。

联合国《儿童权利公约》摘要·发展权

◎缔约国应尊守儿童享有思想、信仰和宗教自由的权利。（第14条）

◎以符合儿童不同阶段接受能力的方式指导儿童行使其权利。（第14条）

◎应确保儿童能够从多种的国家和国际来源获得信息和资料，尤其是旨在促进其社会、精神和道德福祉和身心健康的信息和资料。（第17条）

◎缔约国确认每个儿童均有权享有足以促进其生理、心理、精神、道德和社会发展的生活水平。

父母或其他负责照顾儿童的人负有在其能力和经济条件许可范围内确保儿童发展所需生活条件的首要责任。（第27条）

◎缔约国确认儿童有受教育的权利，为在机会均等的基础上逐步实现此项权利，缔约国尤应：（a）实现全面的免费义务小学教育；（b）鼓励发展不同形式的中学教育，包括普通和职业教育，使所有儿童均能享有和接受这种教育，并采取适当措施，诸如实行免费教育和对有需要的人提供津贴；（c）根据能力以一切适当方式使所有人均有接受高等教育的机会；（d）使所有儿童均能得到教育和职业方面的信息和指导；（e）采取措施鼓励学生按时出勤和降低辍学率。（第28条）

◎缔约国应采取一切适当措施，确保学校执行纪律的方式

127

符合儿童的人格尊严及本公约的规定。（第28条）

◎缔约国一致认为教育儿童的目的应是：（a）最充分地发展儿童的个性、才智和身心能力；（b）培养对人权和基本自由以及《联合国宪章》所载各项原则的尊重；（c）培养对儿童的父母、儿童自身的文化认同、语言和价值观、儿童所居住国家的民族价值观、其原籍国以及不同于其本国的文明的尊重；（d）培养儿童本着各国人民、族裔、民族和宗教群体以及原为土著居民的人之间谅解、和平、宽容、男女平等和友好的精神，在自由社会里过有责任感的生活；（e）培养对自然环境的尊重。（第29条）

◎缔约国确认儿童有权享有休息和闲暇，从事与儿童年龄相宜的游戏和娱乐活动，以及自由参加文化生活和艺术活动。

缔约国应尊重并促进儿童充分参加文化和艺术生活的权利，并应鼓励提供从事文化、艺术、娱乐和休闲活动的适当和均等的机会。（第31条）

一、你是否"过度消费"了孩子的童年

笔者常常买菜做饭，自以为挺会挑选西红柿的，可是近来却自卑了：买了几次都是看上去挺光鲜，可是切开后里面却是绿籽、硬芯，甚至煮熟了都不软。有人告诉我，这种西红柿是催熟的。我不由得对那些利欲熏心、急功近利的生产者心生厌烦。

看着催熟的西红柿，不由自主地想到：被催熟的何止是西红柿啊，还有当今的孩子。急于求成的大人们让孩子超前学习、上速成班，一些孩子学习考高分、竞赛拿大奖，成了同龄孩子中的"佼佼者"，孩子的表面"光鲜"给家长挣足了面子。可是这种人为的"催化"，让孩子小小年纪就背负着沉重的学习负担，打乱了他们自然生长的规律，长大之后的青涩、假熟、人格缺陷乃至未老先衰便成了终身的遗憾。

童年，这个人生最宝贵的阶段，被"爱孩子"的大人们过早、过度地"消费"了却不以为然；孩子们忍受着被剥夺天性的痛苦，却无力去抗争、去改变。

糊涂的大人们不知道，没有童年的孩子是痛苦的

"拔苗助长"的成语故事，在我国流传了许多年，人们再熟悉不过了。那个不懂得禾苗生长规律的宋国人，一心只想让庄稼按自己的意愿快长高，拔

苗的结果是一无所获。当我们嘲笑这个愚蠢的古人的同时，却依然能看到无数的现代人在自己孩子身上续写这个故事。

这些年，一句"不让孩子输在起跑线上"的广告语，引领着无数的家长从孩子出生的那一刻起，就开始了对孩子的"培养"行动。当人们为孩子的早慧以及他们丰富的知识、多样的特长感到欣喜的同时，由过度教育所带来的孩子身心健康的隐忧往往被忽略了。

比如过度胎教。近年来各种各样的胎教方案一哄而起，诸如音乐胎教、拍打胎教、语音胎教等。事实上，有效的胎教是准妈妈们自身的情绪、情感、起居、饮食等一系列因素的科学调控，而单纯针对胎儿所进行的刺激很难达到预期目的，有些还会给胎儿带来一定的功能性损伤。

天津市的一项监测报告显示，每1000名新生儿中就有1至3名患有听力障碍。专家指出，准妈妈将扬声器贴近腹部播放大音量胎教音乐，会使胎儿耳蜗及听觉神经受到损伤，这是导致新生儿听力障碍的主要原因之一。

再如强迫性早教。不到1岁开始识字、学算术，刚会说话就背唐诗、学外语，两三岁开始学乐器……以为这就是早期智力开发，以为这样孩子就可以受益。

一所医院儿科接诊了一名2岁男孩，原本孩子活泼好动、爱玩爱笑，可最近脾气逐渐变得暴躁，白天无精打采，夜里又常常做噩梦。经过多项检查显示，这个孩子的身体并没有问题。医师在向孩子的妈妈询问后发现，妈妈对孩子实施的早教正是病因所在：她每天让孩子看一个半小时的英语会话光盘，再做一个小时左右的智力开发游戏，这让生性好动的孩子很不适应。

有专家指出，强迫小孩子改变自己的生活习惯，会让他们感觉无所适从，而过多地限制孩子的活动自由，无形中成了一种心理虐待。

还有超前学习。全然不顾孩子的特点和接受能力，让孩子四五岁就开始学小学课程，初中就参加大学的外语等级考试，为的是在学校同龄孩子中名列前茅。

有个孩子在上小学前一年被妈妈申请从幼儿园退学，专攻小学课程和各项特长。看着同龄的小伙伴在幼儿园快乐地滑滑梯、唱歌谣，孩子不解地问："姥姥，为什么我不去幼儿园了？我不想去学围棋、画画，我要滑滑梯！""不行啊，你妈妈说一定要学这些，上学后才能成为好学生。"听了姥姥的回答，孩子愤怒地说："我要打110，让警察叔叔把妈妈带走！"

现在的孩子尽管享受着父辈、祖辈不曾享受过的丰厚的物质生活、优越的教育环境，有着来自家庭、社会方方面面的高度关注，但是他们在过度的启蒙教育的重压下，属于自己的空间越来越小、时间越来越少。在成年人的裹挟之中，他们甚至没有真正意义上的童年。

为什么人们一方面为孩子们从小就背负着沉重的学习负担而不停地抱怨，另一方面却又给孩子层层加码、拔苗助长且乐此不疲呢？究竟问题的症结在哪里？

过度、过早教育是大人的需要而不是孩子的需要。

无论是家长、老师还是社会方方面面对年幼的孩子实施的过度的、偏颇的"启蒙教育"都有一个冠冕堂皇的理由，这就是"为了孩子好"，为了孩子"不输在起跑线上"，为了孩子"早日成才"。但是不容否认的事实是，人们处心积虑为孩子所做的许多事情，恰恰违背了孩子成长的规律，忽视了孩子在成长中最需要的东西，占去了孩子们本来可以自由玩耍的时间，以及可以与更多的人交往、在现实生活中学习的机会，是对孩子作为一个权利主体应当享有充分发展其全部体能和智能的权利的漠视和粗暴干涉。

　　有的家长试图以孩子的"成就"弥补自己的缺憾，有的是在与其他孩子的盲目攀比中满足自己的虚荣心，更多的人是企望以孩子的童年的付出来为未来的学业作铺垫，上一个好的小学、好的中学、好的大学，或者学有一技之长，来换取在成年之后的一个好的前程，能够"出人头地"……其实这是成年人以自我为中心思考孩子的问题，以自己的权威来支配孩子，从而使孩子成了成人的"傀儡"。

对孩子评价标准和成长规律认识的偏颇。

　　在当下的教育中，考试的"指挥棒"依然左右着人才的培养。在许多人看来，知识学习是最重要的，提高学生的成绩是教学目的，能让学生得高分就是对他们的未来负责，因此教育在很大程度上被限定在知识传授的狭小范围内。而那些来自现实生活表现孩子童真的言行以及孩子自身潜能的发挥则不受重视，甚至被认为是"不轨"。而从小"吃小灶"多，超前掌握了某些知识和有某些特长的孩子往往在分数上拔尖，从上幼儿园开始就会得到老师的肯定和赞扬，并被作为其他孩子效法的榜样。一些家长从中尝到了甜头、感到欣慰，也促使更多的家长对各种"超前学习"趋之若鹜。孩子的学习内容一再提前，以致破坏了孩子真实的生活环境，打乱了孩子正常的成长规律，这样扭曲的教育也给年幼的孩子太多的压力。就当下来看，孩子可能会表现得很出色，但是这种状况不可能持久。

大众传媒对过度的"启蒙教育"的推波助澜。

　　有关"神童"和早期教育的大量宣传和炒作充斥各类媒体，其中部分其实是某些以营利为目的的早教机构被"包装"之后的广告。而被蒙在鼓里的家长们将其误认为主流的声音和正确的引导，家长的从众心理和对自己孩子的高期望值被盲目提升，且不顾孩子的情况盲目效仿，进而加剧了对年幼孩子的"高压"和不切实际的评价。

孩子的童年就这样被大人们不计后果地肆意消费了。没有童年的孩子是痛苦的，但是糊涂的大人们却感受不到。18世纪法国教育家卢梭的话至今依然掷地有声："大自然希望儿童在成人以前就要像儿童的样子。如果我们打乱了这个次序，我们就会造成一些早熟的果实，它们长得既不丰满也不甜美，而且很快就会腐烂；我们将造成一些年纪轻轻的博士和老态龙钟的儿童。"

教育提示：认识儿童阶段的价值，切忌急于求成

对家长来说，如果真的"为了孩子好"，对孩子的一生负责，就要顺应孩子自身成长的规律，而不要人为地超越孩子的成长阶段去做那些外表暂时看着"光鲜"而实则"假熟""毁苗"的蠢事。自己该做什么，不该做什么一定要想明白。

孩子的成长是一个渐进过程。

任何生命体，无论是植物还是动物，都有自身的生长规律。在人的一生中，儿童阶段是生理、心理、能力等各方面都迅速发展的阶段。当婴儿刚刚来到世界上的时候，渺小孱弱、纯真无瑕，在父母的抚育和社会生活条件的影响下，经过一个个发展阶段，出现了一个个令人惊奇的变化，由无知无识、软弱无能的孩子，发展成为活泼可爱、懂事达理的"小大人"，这是一个渐进的过程。在这个过程中的每一个阶段，孩子都有着不同的状态、不同的特点。就像一粒埋在地里的种子，要经历发芽、长叶、开花、结果直到成熟的过程，每个阶段都不可或缺、不为外力所左右。对家长来说，要做的是创造条件让孩子在每一个过程中都留下自己鲜活的印记，每一段经历都是一道值得回味

的风景线。这样，生命就鲜活、充实起来，人生也就因此而丰富了。

学会等待是父母的教育智慧。

每个孩子成长的节律会因外部环境和自身条件而有所不同，就像不同的花朵，花期是不同的。一些家长并不吝啬默默耕耘，却做不到"静待花开"。有人说，"教育就是30%的启发和70%的等待"。等待就是少干预，给孩子足够的时间和空间，等待他自己在现实生活中去感受、去体验，逐渐学会做人做事的本领；等待就是接纳孩子的错误和失败，不是替代而是启发他从中悟出教训是什么，寻找成功的路径；等待就是尊重孩子、相信孩子，使他在自我成长中内心强大、成熟起来。静下心来，在等待中多一些对孩子的观察和了解，也是家长的一种自我成长。不断丰富自身的教育智慧，将成为更好地抚育孩子的资本。

把教育孩子的眼光放得远一点。

儿童期是人生命发展的重要时期，其重要意义不仅仅是成人生活的预备。儿童应该享受大自然赋予的童年生活，只有经过这样的阶段，儿童身心的健康发展才有可能。所以教育不应为儿童的未来而牺牲儿童的现在，而使他们受到各种各样的束缚。用发展的眼光看孩子，用更广的视野认识教育，不指望自己对孩子的所作所为达到立竿见影的效果，就会从容面对孩子在成长中出现的五花八门的问题，减少因孩子一时一事的得失而产生的焦虑。家长的这种轻松心态，无疑是孩子健康成长所需要的心理氛围。

童年，转瞬即逝，却是人的一生中价值最高的阶段。有句话说得好："幸运的人一生都在被童年治愈，不幸的人一生都在治愈童年。"切记：以自身的好恶消费孩子的童年，是为人父母最不可原谅的错误。还孩子一个属于他自己的童年吧，从珍惜当下的每一天开始。

思考与践行

①用实例说说超前、过度"教育"对孩子的成长有什么不利影响，出现这类问题的原因是什么。

②联系自己孩子的实际，谈谈如何认识孩子的成长是一个渐进过程。

③通过了解儿童阶段的价值，想一想父母应当保持怎样的心态，最该为孩子做的是什么。

二、会玩，是孩子未来最重要的"软实力"

如今，孩子们玩耍的时间越来越少，我们很少看到一群无拘无束、自由嬉戏的孩子了。许多父母一提到孩子玩，首先想到的是耽误学习。我们时常听到大人训斥那些贪玩的孩子："都上学了，该收收你的玩心了。""一天到晚就知道玩，真没出息！"当老师拿着孩子不理想的考试成绩与家长共同分析原因的时候，最主要的原因莫过于"孩子贪玩"了。人们把书本当作孩子学习的全部，把玩当成了额外的东西。学与玩是对立的，已经成为不少成年人的心理定式。

我曾在微博上看到这样一段话：小学时放假出去玩，妈妈说："小孩子自己出去多危险，在家待着！"初中时妈妈说："还有那么多作业，玩什么玩？"高中时妈妈说："马上高考了，你还敢出去玩！"终于，我上了大学，妈妈说："怎么不出去玩呢？"我说："找谁玩呢……"

其实，在这一过程中，孩子错过的不只是属于童年的乐趣，还有在玩耍中释放潜能的自主权。

玩，具有全面的教育价值

玩，是孩子的天性。孩子小的时候，游戏对他们来说太重要了。他们把成年人的生活搬到自己的游戏中，过家家、打仗、卖东西、看病、开汽车……模仿着社会生活中他们所看到的一切和他们想象的事情。有时候，一堆松软的沙子，一个热热闹闹的蚂蚁窝，孩子们都会玩得兴致勃勃、兴奋不已。上了学的孩子，与同龄伙伴在一起，会玩得层次更高、更有条理。孩子们因游戏而感到充实。

玩，是专属于儿童的一项基本权利。孩子们在闲暇时间从事有益于身心健康的娱乐活动，是他们的权利，受到法律的保护。联合国《儿童权利公约》规定，"儿童有权享有休息和闲暇，从事与儿童年龄相宜的游戏和娱乐活动"。这是因为游戏是儿童生活的一部分，如同营养、教育、健康一样对儿童发展起着重要作用。如果大人们真的把孩子当孩子，真的爱自己的孩子，确实应该认真想一想自己是否正在扼杀孩子的天性，是否在剥夺孩子玩的权利，成了孩子在游戏中学习的障碍。

家长们摒弃那些对玩的偏见，重新认识玩对孩子的意义，才能自觉为孩子玩的权利的实现创造条件。

玩，也是学习。

儿童作家严文井老先生曾明确提出"玩也是学习"。在他看来，玩不但是一种学习，而且是一种不可缺少的学习，因为玩中有技能也有素质培养，会玩的人才能学会生存。他说："所有的小动物都没有学校，它们的本领怎么学来的呢？从玩中学来的。父母教它们的方式都是玩。如猫扑、狗咬、兔子跑、猴子跳，都是生存技能。人也是动物的一种。最早的人的教育与动物相似，人进化程度高了之后有了专门的学校，但仍离不开在玩中学。玩中有许多技能，技能关系到生存。比如，猴子爱跳着玩，从很高的一棵树跳到另一棵树上，跳过去就是生，跳不过去就是死。你说，这玩中的技能重要不重要？这玩是不是一种不可缺少的学习？"严老先生的话给我们以深刻的启迪：玩可以得到许多使孩子终身受益的东西，而学习不应仅仅局限于书本。只有从广义上认识玩与学，才能体会"玩也是学习"的真正意义，也才能使玩在孩子的成长中起到积极的促进作用。

玩，有助于培养孩子的自尊和自信。

孩子依据自身所从事的活动，以及他人对他们活动效果的评价，来形成有关自身能力的模糊概念，这便是儿童自我意识的表现。在现实生活中，成年人对孩子评价的标准未必适合孩子的特点，所以往往使孩子的自尊心与自信心受到影响。而在游戏中孩子表现自身能力更充分，获得成功的机会也更多，从而对自尊心和自信心建立有着积极的促进作用。

有个特别贪玩的孩子，一段时间玩变形金刚上了瘾，上课也不离手。老师没有直接批评他，而是在班里举行了一次变形金刚比赛，这个学生获得了第一名。他高兴极了，捧着奖品对老师说，"我再也不在课堂上玩变形金刚了"。老师趁势说："玩变形金刚没啥错，可以开发智力。学好文化知识，才能造出你理想的变形金刚来！"一席话使这个学生对未来有了美好的憧憬，他确信自己不比别人差，在别的方面也能争第一。游戏中的成功使这个孩子建立了自信。

玩，有助于孩子进行良好的交往。

当一个孩子想出一个游戏规则，邀请其他孩子一起做某种游戏的时候，往往要听取别人的意见:"让我们一起玩好吗?"当孩子们对共同的游戏产生了兴趣,他们就会更加亲近,进一步商量游戏的内容。这当中孩子们各抒己见,最终取得一致的意见,然后,会分配每个人担任不同的角色。游戏中还要求相互之间进行很好的配合,发生冲突要设法解决,否则游戏就无法进行……孩子游戏的这一过程,与成年人的社会交往程序何其相似!孩子经常邀请其他孩子一起玩,设法和别人交往,了解对方的意愿,寻求共同活动中的友好合作,就可以从游戏中获得最初的人际交往的技能。

玩,有助于提高孩子的综合思维能力。

孩子在玩的过程中,由于注意力集中,兴趣浓厚,加之眼看、耳听、动手、动脑,他所接收的信息,所受到的外界刺激,往往要比上课、做作业时多得多,这有利于孩子开阔视野,锻炼综合思维能力,激发创造性的灵感。

玩,有助于培养孩子的组织能力。

当孩子们在一起玩的时候,总要有一个玩的设想:玩什么?跟谁玩?怎么玩?大家在其中扮演什么角色?遇到问题怎样解决?怎样达到预期的目标?这些同样需要有周密的安排。这实际上是对孩子组织能力的锻炼。实践证明,在游戏中爱充当"小领袖"的孩子,长大以后往往在工作中有较强的组织力和号召力。

总之,健康的玩能促进孩子的全面发展,使孩子受益无穷。在现实中,我们也确实看到孩子们玩出来的精彩。

教育提示:让孩子在玩中享受童年的乐趣,释放潜能

我曾应邀给这样一个孩子写过评语:

陈硕奇，一个被国外知名大学录取的男孩，以"如此玩耍"为题回顾了此前自己在玩耍中学习、创造的经历：去动物园不看动物玩起了树枝，用馒头衡量物品的价值，用粉笔末烙"煎饼"，用一个塑料袋自制了被称作"新式热气球"的风筝，把四驱车成功改装成"手握电风扇"……

孩子有违大人所谓"常规"的独特的兴趣、独特的思维，是值得一生回味、自我陶醉的乐事。其中彰显的自我意识打下了冲破束缚人的"藩篱"、形成不随波逐流个性的基础。正是玩耍中才会有的创意和"杰作"，成了他创造的源泉。陈硕奇的玩心重，并没有影响学习。相反，以玩的心态"对付"学习，竟然也玩出了花样儿。

他别出心裁地以"别勾引土豆"和"别勾引土豆伤心"的联想记忆法，牢牢记住了英语进行时态"be going to do"和"be going to do something"的用法；他以"消遣英语"的方式把一个个英语单词用自己喜欢的流行歌曲唱了出来……于是枯燥的英语被赋予了有趣的表达方式和载体。有趣才喜欢，喜欢便有了学习的动力。

在这个孩子的求学成功路上，"玩"真是太给力了，竟然可以化枯燥为有趣！陈硕奇之所以能玩得如此开心、如此有成就感，不得不感谢他的父母的开明。毕竟，他的一些游戏小创意在有些情况下是以破坏家中物品为代价的，需要父母的宽容；他在玩耍中的特立独行和不尽如人意的举动，父母并没有限制和刻意纠正；他喜欢做的事，有父母为他创造条件或陪伴、引领……也可以说，陈硕奇生活在和谐、温馨的家庭中，父母了解孩子、成全了孩子，孩子以玩为乐的天性才得以充分释放。如此玩耍，也才成了陈硕奇走进理想大学校门的"法宝"。

对更多的父母来说，转变观念，放平心态，放远目光，孩子一定能在实现游戏的权利中获得终身幸福的资本。

转变游戏价值观。

阿里巴巴集团创始人马云在"首届马云乡村教师奖颁奖典礼"上的演讲中说：

"我鼓励孩子玩，聪明的孩子会玩也会读书，会读书不会玩很麻烦。我招聘了几万名年轻人，发现有一个很有意思的现象。那些有出息的年轻人都特别会玩，特别调皮。调皮的孩子容易成功。""会玩也是一种优秀的品质……会读书的孩子会成功，会玩的孩子也会成功。"

马云对玩的诠释源自他自身成功的实践，是最好的现身说法。读书是学习已有的知识，会玩可以释放天性、玩出创意、玩出志同道合的朋友。这是未来投身社会最宝贵的、获得成功的资本。从这一点上认识游戏的价值，是为孩子创造玩的条件的必要前提。

把孩子当作空间活动的主体。

当家长们面对孩子时，总是习惯于居高临下，以自我为中心，用自己的眼光来审视孩子的世界。比如不辞辛苦、不吝啬金钱把属于孩子的空间布置得精致有加，然后告诉孩子，你要小心，不许乱动，保持整洁……尽管孩子有了属于自己的空间，却没有在其中游戏的自由。所以，这里并不是他的领地，故意"搞破坏"也在所难免。家长要做的是把孩子当作空间活动的主体，让他按照自己的意愿在游戏中或者以方便游戏的创意完成对空间的布置和美化，否则无异于对孩子的束缚。

在游戏中培养孩子体验幸福的能力。

父母养育孩子的一个最朴素的目的是让孩子幸福。而幸福的本质是一种生活体验,这种体验对孩子来说在很大程度上来源于自由自在地玩耍,来源于在日常生活中愉快的感受。有人说"只知念书不玩耍,聪明孩子会变傻"。是的,没有玩的机会和不会玩是童年的悲哀,没有幸福可言。面对未来复杂多变的社会环境,未必每个孩子都能取得超出常人的事业上的辉煌,但是每个孩子都可以拥有幸福的生活。而幸福能力的培养是融入日常生活中的,以游戏的心态和方式让孩子感受到吃得开心、走得有趣、洗得好玩、穿得得意、聊得投机……快快乐乐每一天,会成为日后享有幸福的潜能和基础。

我国教育家陈鹤琴先生曾在《怎样做父母》中告诫人们:要让孩子有玩游戏的时间,不要剥夺孩子玩游戏的权利。游戏是儿童的第二生命。小孩子只喜欢两件事,一件是吃,一件是玩,玩比吃还重要。他认为,小孩可以从游戏中得到许多新的体验,这也帮助他们体验学习的过程。如果家长重视孩子的游戏,让他们充分游戏并予以良好的指导,提供有利的游戏环境和材料,那么不仅使快乐伴随着幼儿的童年生活,更能促进幼儿身心健康发展。"游戏其实不是玩,是孩子生活的一部分。"

玩,当下看似被"耽误"了的时间,将在孩子未来的发展中加倍偿还;孩子在玩中所获得的各种能力不会贬值,将成为人生重要的"软实力"!

● 思考与践行 ◆

①你对孩子的玩如何认识?你认同玩是孩子的权利吗?为什么?

②玩对孩子的价值是什么?与孩子一起列举在玩中学的事例,并与大家交流。

③为了让孩子在玩中享受童年的乐趣,家长应当做些什么?

三、淘气不是孩子的"错"

说到"淘气",人们很自然地会想到孩子,父母们也总能列举一桩桩、一件件孩子做的令大人觉得不可思议、啼笑皆非乃至头疼的事。大人们眼中孩子的"淘气",其实就是孩子不成熟的表现,小孩子不会淘气反倒不正常了。

淘气,本就属于孩子

天凉了,妈妈给孩子加了衣服。孩子想到"小金鱼也会冷吧",于是往鱼缸里倒了许多热水,结果鱼全死了。

把煮熟的面条缠在脸上、小便尿在爸爸的文件包里,他觉得很好玩儿。

把磁铁塞进两个鼻孔里,想知道隔着肉它们还能不能吸到一起,结果取不出来了。

刚买的电动玩具车就被拆得面目全非;跟妈妈到超市,把人家柜上的东西一件件扔到地上。

在集体中不守纪律、跟小伙伴在一起总爱动手打人、"恶作剧"不断更是司空见惯……

一个成熟的、正常的成年人是不会有这样的行为的,即便有些成年人的所作所为不尽如人意，人们也不会用"淘气"来形容。也就是说，淘气属于孩子，我们并没有把淘气的孩子看作是成熟的人。

　　孩子生来是个"自然人"，没有独自生存的能力，对社会一无所知。大人们不会责怪孩子连吃饭、说话、走路也不会，而是耐心地满足孩子的生存需求、教孩子生存的本领。孩子从出生开始就建立了与社会的联系，总是不断地通过用嘴尝、眼睛看、耳朵听、肢体和头脑的运动，兴致勃勃地探索周围的世界，惊奇地观察身边发生的事情，认真地模仿成年人的举动。随着年龄的增长，孩子逐渐产生了独立行动的要求，什么都想"自己来"，什么都想试一试。他随心所欲做的那些自己觉得好奇、有趣、显摆能耐的事，通常不按成年人的要求和社会的既定规则"出牌"，甚至具有破坏性，时常令大人们难以招架，产生无尽的烦恼……对孩子这样的行为，大人常常会贴上"淘气""搞破坏"的标签，用成人的思维来揣摩和评价孩子的言行，往往错怪了孩子，甚至为了教训孩子对他大打出手。

　　仔细想想，淘气是孩子的特点，并不是孩子的"错"。儿童常常表现出令大人们匪夷所思的行为，是因为他还不知道哪里潜藏着危险，不会预见自己行为的不良后果，不能熟练地运用和把握做事的技能技巧，不怎么懂得如何与别人友好相处，不了解社会生活中的那些规矩，缺少自我控制力……孩子的行为所表现的正是出自本能的、不成熟的特点，是出于童心所为，是他们成长中不可避免的现象，即所谓"无知无畏"。

　　如果父母把孩子"淘气"当作错误来纠正，整天告诉孩子这个不许摸、那个不许做，限制和束缚孩子的行为，甚至对孩子的淘气大动干戈，就意味着是在伤害孩子的好奇心、扼杀孩子的探索欲望、拒绝孩子敢闯敢干的个性发展，是在剥夺孩子体验多彩的日常生活的权利。也许，在严管之下孩子可以成为大人眼中的"乖孩子"，却难免因为自身的能量得不到积极的释放而产生畏缩、恐惧、抑郁等心理，变得封闭、不谙世事、不合群。尤其是进入青春期之后，童年时被压抑的不良情绪一旦释放出来，有可能出现更严重的对成年人的反抗行为和越轨行为，这就不是"淘气"可以解释的了。我在调查少年犯过程中曾发现，他们的家庭教育问题是父母对他们的"严管"超过了"放任"。

教育提示：正视发展中的不成熟，在孩子的体验中实施教化

当人们批评淘气的孩子时，总会说他"不懂规矩""没有教养"。而守规矩、有教养恰是孩子由"自然人"向成熟的"社会人"转变所必需的，是人的社会化的过程。孩子需要通过父母和其他先行社会化了的人把现存的知识、文化、社会生活经验以各种方式对他施加影响，逐渐成熟起来，而这是一个相对长期的教化过程。在家庭中长者对孩子实施社会教化的任务就是家庭教育的基本内容，是家庭中的成年人对儿童实施的影响和教育活动。对孩子来说，这个过程也是在日常生活体验中学习的过程，从中逐渐学会做人做事的本领、积累社会生活经验，成为遵守社会规则、适应社会需要的社会成员。在孩子社会化过程中，成年人要做的主要有以下几个方面：

传授生活技能，让孩子获得独立于社会的资本。

家庭是人的生活场所，在传授生活技能方面比其他任何机构都具有优势。可是在现实生活中我们看到，一些家长重视孩子的知识学习、特长培养，恰恰忽视了对孩子生活技能的传授。

有个孩子说："进了大学后我才发现，除了学习我什么都不会干。不会洗衣服，不会收拾房间，甚至到了食堂不知道自己该买多少饭。在家里，学习以外的事爸妈都不让我做。现在倒好，跟同学在一起，我成了智障，这让我很没面子、很是自卑。我爸妈可把我害惨了！"

有的年轻人结婚后因为缺少生活能力，家务事儿相互推诿而发生冲突，这甚至成为离婚的一个重要原因……这类问题尽管只是个别现象，但年轻人生活能力的欠缺，面对生活束手无策，在他们脱离父母后暴露了出来，反映的是家庭在他们小时候教导生活技能方面的欠缺，以及父母教育价值观的偏颇。

从年幼时学习吃饭穿衣，到青少年阶段的自我生活管理，对孩子来说都有一个由不会到会的过程。学习吃饭、穿衣是满足年幼的孩子生理需要的活动，而怎样吃饭、怎样穿衣，是与一定的文化模式联系在一起的，其中包含了日常行为礼仪规范、审美等文化要素。在日常生活实践中父母手把手地教，孩子通过观察、模仿学习并运用，日复一日地积累，自然而然地掌握了生活技能，以及能够运用于更广泛的社会生活，并在此基础上学习更多技能的动脑、动手的能力。如果父母过多包办孩子生活上的事，而拒绝孩子试错，孩子难免失去在生活实践中获得生活技能的机会，放弃的是家庭的优势资源，更是给孩子独立于社会制造了障碍。

教导社会规范，提升孩子的自控力。

孩子"淘气"，有时候是因为不懂得社会规范。中国有句老话叫作"不以规矩，不成方圆"，人们用这句话来比喻社会对人的要求，孩子从小要知道哪些事可以做、哪些事不能做，对自己的行为有所控制。

说到社会规范，总有家长说："现在社会上违法乱纪的事那么多，我们还在那里教育孩子守纪律、守规矩，将来肯定是要吃亏的！"不可否认，当今社会上违规违纪的不良现象确实存在，如果因此而不对孩子进行基本规范的教育，以放弃对孩子的正面教育为代价来适应这种不良现象，孩子不懂得基本的社会规范，到社会上会栽跟头的。交通规则规定"红灯停，绿灯行"，你说我偏要闯红灯，这不仅扰乱了交通秩序，要受到处罚，自己的人身安全也面临危险，说不定就成了交通事故的受害者。

有心理学家把自我控制力看作孩子身上的"一颗种子"，就是克制自己当前想做某件事的动机，而去做另一件更具社会意义的事情的能力。那么这种自我控制的标准是什么呢？就是社会规范、群体纪律、行为规则。我们通常说，让孩子听话，不是家长随心所欲地说教，而是让孩子从小遵从社会普遍认同的规范。这些规范包括道德规范、法律规范以及各种生活规则。它们具有对人的强制性和约束性，但要使其发挥应有的作用，需要通过各种渠道的教育、传播，使之内化为孩子的价值观和行为习惯，成为自觉行动。在这个意义上说，教导社会规范也是一个人行为习惯的养成过程，是对孩子自控能力的培养。

在家庭中，首先是教导一般生活规范，如日常生活中的进食、如厕的规矩，作息时间的遵守，对家人的礼貌等；走出家庭，孩子会接触到交通规则、幼儿园和学校的规章、守则。随着孩子年龄的增长，逐渐接触到更多的法律、道德、习俗等社会行为规范。这些都需要父母不断地灌输和自身言行的影响，并内化为孩子自身的道德信念和行为习惯，以此来调节自己和他人的关系。如果在这方面有缺陷就难以在社会上立足。

指导生活目标，引领孩子与社会需求相吻合。

家庭对孩子进行社会教化的意义，不是用统一的模子刻出一个个孩子，也不仅仅是培养一个适应社会生活的社会成员，还要促进孩子个性的形成，具有自我意识、自我观念，使孩子对自己的认识与社会规范协调一致。只有这样，孩子才能成为具有开拓创新意识和能力的一代新人，社会才能不断进步和发展。

儿童有自己对美好生活的憧憬，有对快乐、幸福的企盼。父母为孩子指导生活目标，前提是尊重孩子的优势潜能和兴趣所在，而不是把自己的意愿强加给孩子，不是以旧有的标准束缚现在的孩子。为孩子指导生活目标，父母自身的言行引领是关键。如果自己胸无大志、目光短浅，也就难以引导孩子建立自信、树立远大理想。

培养社会角色，让孩子以恰当的身份进行人际交往。

社会是一个大舞台，在这个大舞台上，每个人总是在扮演着不同的角色。家庭角色是人最初的、最基本的，也是最普遍的社会角色。在家庭中的角色学习、角色扮演，对于一个人适应其他社会角色，履行应承担的更广泛的社会责任，起着潜移默化、根深蒂固的作用。

家庭对儿童社会角色的教化，首先是帮助孩子知道"我是谁"，确定在与他人交往中自己的地位、与别人的关系，进而学习如何扮演某种社会角色。有时候，我们会听到家长抱怨，说自己有了儿子就成了儿子，有了孙子就得当孙子，就是说孩子成了家庭的中心，说一不二，大人不得不围着一个孩子转，孩子成了"老子"。这就是典型的角色错位，是大人对孩子社会角色的教化出了问题，孩子不懂得长幼有序、敬老孝亲，不知道当儿子、当孙子的角色规范。人的角色有先赋的和规定的角色，比如孩子一出生就被赋予了性别角色，这是天生的。

有个单亲妈妈，婚姻不幸导致她仇恨男人，就把自己的男孩当女孩来养，孩子从小就想当个女人。小的时候无所谓，穿着花衣服、留着长头发，会受到周围人的赞许，"好可爱，真像个小姑娘"。可是随着年龄的增长，外表人高马大、粗声粗气的小伙子，举手投足却像个小女孩，在跟别人交往时就存在障碍，男孩、女孩都不愿意跟他接触，他感到自卑甚至变得抑郁。这就是妈妈对孩子性别角色教化扭曲的结果。

规定的角色是人为的，比如孩子上了学，成为一名学生，就要遵守学生守则和学校规章。在家庭中，做父亲的就要尽父亲的责任，按照父亲的规范行事；做儿女的就要尽儿女的义务，按照儿女的规范行事。在日常生活中许许多多这些看似简单的小事，经过日积月累形成了孩子对自身角色及其规范的认识，成为走上社会承担更多责任、出色扮演不同角色、适应复杂社会环境的基础。

总而言之，小孩子淘气没关系，长大了不懂得基本的社会规范就成了危险的事。对孩子的教化不只是让孩子被动地听从大人的教导，而是要正视孩子的"淘气"，发现孩子行为中的合理成分，保护孩子的好奇心、兴趣和探索精神，依据孩子的特点因势利导，做出适合其发展的选择。当孩子通过教化逐渐成熟的时候，"淘气"行为自然就减少了。

思考与践行

①列举因孩子淘气令你烦恼的那些事。通过这个话题的学习，你是否对孩子淘气有了新的认识？

②父母应当如何认识、如何对待孩子发展中的不成熟？

③孩子由不成熟的"自然人"向成熟的"社会人"转变过程中，成年人需要做些什么？如何落实到日常生活中？

四、输不起的孩子赢不了

说到孩子的输与赢,我想到《真心英雄》这首人们熟悉的、流传了多年的歌曲中的一句歌词:"不经历风雨怎么见彩虹,没有人能随随便便成功。"这个被世人公认的常识,在孩子的成长中却常常被父母们忽略了。人们总想为孩子铺一条平坦的通向成功之路,害怕孩子经历风雨,看不得孩子遇到挫折、有什么闪失。结果,却人为地阻碍了孩子走向成功。

教孩子有尊严地输与努力去赢同等重要

白岩松在他的著作《白说》中有这样一段回忆性文字:

2012年,我参与过整个伦敦奥运报道,伦敦奥运会最重要的那句话,叫"影响一代人"。有记者提问:"体育如何影响一代人?"伦敦奥组委的一位官员回答:"体育教会孩子们如何去赢。"这句话很正常,在中国,很多事都能教孩子们如何去赢,但是他的下一句话让我格外感动:"同时,教会孩子们如何体面并且有尊严地输。"这是中国人很缺乏的一种教育。在我们的教育体系中,孩子从小到大,什么时候学习过如何体面并且有尊严地输?

的确，当下社会上成功学泛滥，人们往往把结果看得非常重，而忽略取得成功的过程。父母们总是希望自己的孩子在跟其他孩子比较中更胜一筹。这些年，"赢在起跑线""赢在学前""赢在中考""赢在高考"等各种鼓动的口号吊高了父母们的胃口；各种如何取得成功的路径、方法广为传播，引领着父母们不停地效法、不懈地付出；有的父母一心为了孩子赢，甚至从精力到财力倾其所有。

正是对孩子的赢的过度追求和过度付出，使父母们在拿自己的孩子跟别人的孩子攀比中产生了输不起的心态，也很少或者不会教给孩子如何面对输。而且越是急于追求赢的父母，越是害怕孩子输。也正是这种心态，使孩子不知道怎样面对失败，遇到一点点挫折就败下阵来，而难以走到父母期望的成功的终点。

每个孩子都渴望成功，但不是做每件事都会一帆风顺，都能达到父母的预期。当孩子遭到挫败之后，父母能否对孩子遇到的问题进行客观公正的分析和判断，在很大程度上影响着孩子对待失败的态度和行为选择。

有个女孩小学时一直很优秀，就在小升初考试时一次疏忽没能考上重点初中。孩子说："我不比那些考上重点中学的同学差！"可是妈妈说："你还有脸说呢！你不比别人差？人家考上了你怎么没考上！"在妈妈看来，小升初没考好，这几年的努力白费了，是最大的失败。于是一改过去对孩子的态度，整天数落孩子"关键时候掉链子"。孩子产生了很强的自卑心理，上中学后再也没有优秀过。

这样的事例有很多，也说明很多孩子在平时很小的事情上经常受到父母的打击而没有成功的体验。

另一个孩子同样小升初没考好，关在家里不出门跟自己赌气，哭了好几天，觉得花钱上私立校没面子。爸爸用激将法："钱我们是替你交了，你要是真有本事，自己也争口气，中考时超过那些考上重点校的同学！"孩子一听来了劲儿："你以为我不行吗？！"上了初中她加倍努力，中考时真就考上了重点高中。妈妈说，如果小升初考上了重点初中，她未必有这么大劲头儿。

这两个实例，也印证了美国心理学家艾里斯提出的情绪ABC理论。他认为激发事件A（Activating event）只是引发情绪和行为结果C（Consequence）的间接原因，而引起C的直接原因则是个体对激发事件A的认知和评价而产生的信念B（Belief）。依照这一观点，要改变行为结果，最重要的是调节或改变人的观念系统。

依据这一理论分析家庭教育中常见的问题，我们不难发现父母的挫折情绪常常具有以下特征：一是绝对化的要求，把自己的希望、要求等绝对化为孩子"必须""一定"要做到的，当孩子的行为达不到要求或与要求相悖时就会感到难以接受，孩子觉得父母的要求可望而不可即便失去努力的信心。二是过分概括化，常常把"有时"出现、"某些"问题说成"总是""所有"。以这种片面的否定态度指责孩子，难免会使孩子产生消极情绪。三是过度强化负面的结果，认为一件不好的事情发生或者一件事情没做好，那将是非常可怕和糟糕的。过度强化负面的结果，会使孩子陷入不良的情绪体验之中，从而一蹶不振，不敢再去尝试。

于是，想让孩子赢的父母的种种对待输的态度，浇灭了孩子自信的火花，抑制了孩子在挫败中奋起的动力。如同前面所说的女孩，一次升学考试输不起，就成了走下坡路的起点。

事实上，成功与失败并不是一成不变的。人们常以"失败是成功之母"来劝人或自我安慰，但失败向成功转化只是一种可能而不是必然，需要一定的条件。前面两个事例的不同结果说明，正是"一定的条件"起了作用，这主要是两个孩子的父母在面对孩子没考好的关键时刻的不同态度以及由此支配的教育方法。

教育提示：不要去设计结果

2016年，中国女排战胜塞尔维亚女排赢得里约奥运会冠军是一个神奇的结果，这是赛前包括郎平在内的许多人都不敢奢望的。毕竟在小组赛中塞尔维亚以3:0轻松取胜中国队。面对强劲对手，首局便失利的中国女排是怎样成功"逆袭"反败为胜的呢？我清楚地记得郎平在赛后接受记者采访时的这句话："我们也知道自己的差距，但是后来我觉得还是大家一点点拼，最好不要去设计结果，不要去想结果。"

正是有了自知之明，有了一点点拼的精神，有了面对强敌的平和心态，这才成就了女排的胜利，让不可能成为可能，让偶然成为必然，让世人对中国女排刮目相看——这也是不去设计结果、不去想结果的结果。

在兴奋、激动之余我想到，女排赢了，靠的是姑娘们的拼搏精神、过硬的技术，其中教练的智慧更是起了至关重要的作用。赛后郎平的感悟和对比赛过程的回顾，对我们教育孩子也有许多有益启示。

重视过程才有好的结果。

在赛场上，无论是在艰苦卓绝的小组赛，还是在生死一线的淘汰赛，无论是顺风顺水的领先局面，还是磕磕绊绊的胶着僵持，我们看到的始终是郎平的镇定自若，听到的大都是郎平安慰队员的"没关系"。郎平不去设计、不去想结果，注重的是打好每一个球、一点点拼，对暂时的"失败"进行内归因分析，这就在很大程度上减轻了队员的心理压力，才有了超水平发挥的结果。

孩子考试或者做一件事没有达到预期目标，可能原因很多。无论是多么偶然的因素、多少外部的因素，总有自己失误的成分。少强调客观，帮助孩子进行内归因分析，找到问题的症结，从而产生内疚感，才能"吃一堑，长一智"，明确继续努力的目标。这种内归因分析是着眼于自己学习基础不牢、缺乏努力、粗心等经过主观努力能改变的可控因素，而不是强调"脑子笨"等不可控因素，否则孩子便无从努力。这种归因分析的前提是把孩子成长过程中的点点滴滴看作是一种历练，看作是通向成功的砝码，激励孩子注重自身的努力。如果太在乎结果，难免给孩子施加压力，反而会事与愿违。

接纳失败才能在失败中奋起。

中国女排在奥运会开场就一次次失败，输给了小组最强的荷兰、塞尔维亚和美国女排三个对手，是以小组第4名的成绩晋级八强的，面临着破釜沉舟的窘境。半决赛对巴西、决赛对塞尔维亚都是先输后赢，最终她们却夺得冠军，被称为成功的"逆袭"。这种接纳失败、正视失败、在失败中奋起的过程成为成功的必要前提。

孩子的成长过程尽管不会像赛场上那样惊心动魄，但总有如何面对失败的问题。在孩子遭遇挫败之后，父母能否接纳失败，对孩子遇到的问题进行客观公正的分析和判断，在很大程度上影响孩子对待失败的态度和今后行为的选择。孩子一次考试没考好、参加比赛成绩不理想时父母的批评指责，常常会使孩子失去继续努力的动力，甚至"破罐破摔"。当我们目睹了女排姑娘们一次次"置之死地而后生"的经历，不能不承认是郎平作为主教练善于接纳失败、面对失败不放弃的意志力感染着每一个队员，转化为支撑她们战胜一支支世界强队的精神力量。父母们学学郎平面对失利的淡定和败不馁的心态，接纳孩子成长过程中的"失败"，把失败的权利还给孩子，孩子才会收获更多的成功。

信任才有潜能的充分释放。

中国女排之所以能在逆境中反败为胜，与郎平在关键时刻用人上的睿智有着直接关系，其中的一大亮点是她敢于打破常规用人。决赛中郎平起用此前有些低迷的龚翔宇曾备受质疑，但她用人不疑给予这个新人极大的动力，使其潜能得以充分释放，最终给知人善任的郎平和球队带来了满满的回报。正如赛后魏秋月所说："在关键分上给予我的充分信任，能够激发我的斗志。"

教练的信任，最大限度地激发了每个球员的潜能，使她们产生了巨大的内在动力，拼搏精神和高超的技术能力才得以充分释放。这方面，也恰恰是家庭教育中的"短板"。一些父母常常缺少对孩子的信任，总是以问题视角看孩子，不善于发现和激发孩子自身的潜能，孩子也就失去了通过努力做得更好的动力。事实上，在家庭中父母对孩子的教化是必须的，但不是让孩子被动地听大人的话，而是信任孩子，依据孩子的特点做出适合其发展的选择，激发孩子在成长过程中的能动性。因为，外因只有通过内因才起作用。

郎平曾在解释女排精神时说："女排精神不是赢得冠军，而是有时候明知道不会赢，也竭尽全力。"对孩子来说，无论是赢是输、是成是败，也无论是大事小事，都是成长过程中的一种经历、一种体验。对父母来说，珍视孩子成长中点点滴滴的努力，比人为设定结果、一心为了这个结果对孩子的成长更有益。

思考与践行

①举例说说在孩子考试、竞赛失利或平时做不好某件事的时候，你采取了怎样的态度，结果如何。

②怎样认识输与赢的关系？为什么说教孩子有尊严地输与如何去赢同等重要？

③重视孩子的成长过程和解决具体问题的过程，需要家长在哪些方面做出努力？

五、接纳孩子的"平凡",自己才能坦然

养育焦虑,是当今家长的普遍心态。在"全国第二次家庭教育现状调查"中,我们曾问及家长:"您的孩子有哪些问题是您担心的?"在9000多名被访者中,只有4.5%的人明确表示自己"没有什么可担心的"。孩子的学习成绩不好、行为习惯不良、心理健康出现问题、沉迷网络……各种担心伴随着众多父母,日复一日积淀下来。越是不能接纳孩子的"问题",因孩子平凡而引发的焦虑情绪越重。

家长们为什么不能"心想事成"

许多家长想让自己的孩子上重点中学、名牌大学,可是重点中学、名牌大学就这么多所,凭什么你的孩子就能上呢?家长的高期望不仅造成自己的恐慌和焦虑,也转化为孩子的学习负担和心理负担。孩子还没上小学就为了这样的目标开始参加名目繁多的学习、训练,上学后更是盯着孩子的作业不放,不允许考试有一点"闪失"。在这种高期望心理的支配下,要么时常因学习现状不佳指责孩子,要么给孩子的学习加码、施压,要么加大对孩子课外学习的投入……往往付出越多对孩子的期望越高,而孩子越难做到,距离家长期望的目标越远,家长越是焦虑,情绪越是糟糕,最终形成恶性循环。孩

子不仅背负着看得见的学习负担，也承担着焦虑的家长带给他们的无形的巨大精神压力。

对孩子学业上的期望，在很大程度上影响着家长的教育行为。如果反思期望，是什么因素使善良的家长们不能"心想事成"呢？

首要原因是期望值过高。

关于期望值，行为科学有这样一个公式：情绪指数＝现实值÷期望值。也就是当现实值小于期望值时，情绪指数小于1，情绪就低落。按照这个公式，孩子的发展状况与家长的期望相吻合时，家长会感到不出所料并保持对孩子的态度；孩子的发展状况好于家长的期望时，家长会感到喜出望外，从而进一步激发支持和鼓励孩子的积极性；而如果孩子的发展状况达不到家长的期望时，家长会觉得孩子不争气而大失所望，难免产生消极、急躁情绪，进而转化为对孩子采取高压手段，甚至施行精神或肉体上的伤害。

一个初一女孩喝毒药自杀身亡前在给父母的录音遗言中边哭边说：我的死已经策划了多年。我学习达不到你们的要求，不止一次地挨打、受骂，几次想到死……我下决心一定好好学，向前赶。可是上了中学，我才晓得并不那么容易。你们对我更严了："你再不好好学，看我们怎么收拾你！"这是妈妈说的。"考试必须前十名，否则看我怎么治你！"这是爸爸说的。爸妈，你们对我说出这样的话后，我彻底绝望了，才又一次想到了死……

从孩子的遗言可以看出，家长的过高要求以及严厉的打骂，使孩子从小学到中学始终处于心理恐慌的状态。孩子虽然想着"下决心一定好好学，向前赶"，但是也不能达到"考试必须前十名"的要求。也就是说，家长的要求超出了孩子现有的水平和能力，孩子怎么努力也做不到，自然就丧失了信心，直到彻底绝望。最终，实在难以忍受来自父母的压力，她才以死来寻求解脱。

在近年来发生的多起中小学生自杀、离家出走、未成年人犯罪事件中，最集中的原因便是孩子的学习状况不佳或压力过大，而家长对孩子的期望过高，以致孩子行为不理智，使一些出现心理和行为问题的孩子成了家长高期望和期望不当的牺牲品。

另一个原因是期望导向有误。

也就是家长的期望与孩子的特点和需求大相径庭。比如：有的家长不顾孩子的年龄特点和心智水平热衷于"早期智力开发"，打乱了孩子的自然成长规律；有的家长以为重点校对孩子好，花重金择校而忽略了孩子自身学习能力一般的现实，结果孩子很难在同学中出类拔萃，失去了学习的信心甚至发展为厌学；有的家长非让活泼好动的孩子稳稳当当，非让具有运动天赋喜好体育的孩子坐在那里学钢琴……结果是无论家长怎样为孩子付出，也很难达到预期目的。

这是一个父亲的反思：

想当初，我出于望子成龙的渴盼，又基于我有绘画的特长，决定指导5岁的儿子学画。但是三年的苦心执教，他始终没有达到我所期望的高度。于是，我中止他学画，施展我会拉胡琴、吹横笛的本领。一晃又是三年，他基本掌握了使用这两种乐器的要领。但是，不逼，他就不练。结果，常常闹得父子俩都不高兴。于是，我再决定引导他向文学方面发展。然而他的表现又使我大失所望，他对文学实在不感兴趣。

这时，他已是初二的学生。我对他说："我想听听你的心里话，你到底喜欢什么？"儿子胆怯地说："我喜欢游泳。"

我们家附近有好几个大窑坑，我怕儿子溺水，所以经常严厉要求他："不许下窑坑游泳！"可是他偏偏背着我到窑坑去，久而久之，蛙泳、自由泳、仰泳的基本要领他都掌握了，还敢从十几米高的桥上往下跳。我吃惊之余，又后悔没有早发现他真正的兴趣，便带着责备地说："你胆子真大！有这种爱好为什么不早告诉我？"儿子眼泪汪汪地说："我不敢。"我带着儿子到体校找游泳教练。他十分惋惜地说："水性不错，耐力好，潜力大，爆发力强……但是，如今他年龄偏大了，不规范的泳姿基本定型，很难矫正。唉！是棵好苗子，只是太晚了。"

当时，我的心里真是五味俱全。回到家里，我好久没有说话。虽然儿子没为此埋怨过我，我却只能默默咀嚼自己种下的苦果，它的苦涩实实在在是难以言明的。

这个父亲的苦涩恐怕有不少父母领教过。然而当人们醒悟的时候，对孩子来说，往往为时已晚。发现孩子的天性并顺其自然，作为家庭教育的一个基本经验，当然还适用于孩子成长过程中的许多方面。尤其是在学业选择、职业选择这些关键问题上，如果只考虑自身的好恶，不以孩子自身的条件、自身的兴趣为依据，很难作出适合孩子的最佳选择，家长下再大的功夫也常常会徒劳无益。

教育提示：调整期望，给自己一个好心情

湖南省长沙一"学霸"曾在网络上传了她和爸妈一起写的一篇文章，引起众多网友的围观。谈到分数时她说：从小学开始，爸爸妈妈对我就是这样要求的，只要学习态度好，考试考多少分都不会怪我。所以，我考试没什么压力，很少有发挥失常的时候，成绩也差不到哪儿去。我的经验就是：像考试一样认真做作业，像做作业一样轻松地考试。上初中后，妈妈重新告诉我：

考试，只要考出你的真实水平就可以。人生处处是考场，从容面对，考出自己真实水平就好。在我们家，分数引起的反应基本上是波澜不惊的，考100分也好，80分也好，没什么太大的反响。

父母面对分数如此淡定，是因为他们注重的不是孩子眼下的得与失，而是把目标定在了孩子的长远发展上，不为每次考试分数的多少而斤斤计较。

人们都知道"好心不一定能办好事""强扭的瓜不甜"的道理，家长们面对孩子不尽如人意的表现，有必要反思一下自己对孩子的期望是否适当、是否有误，然后做出必要的调整，让自己的"期望值"与孩子的"现实值"更加接近。自己有个好心情，就为孩子创造了宽松的学习环境和心理环境，才有利于达到期望的结果。

调整自己的期望值，把握期望的"度"。

每一个年龄段的孩子都有其身心发展的特点，家长的期望和要求要适合孩子的水平，也就是说要让孩子"跳一跳，够得着"，这就是适度。如果对孩子期望太低，或者没有期望任其发展，对孩子采取放任的态度，会使孩子得不到来自父母应有的关照和激励，对孩子成长十分不利。如果期望值定得太高了，孩子怎么做也做不好，就会丧失信心，甚至采取消极态度。

克服从众心理，期望要符合孩子的特点。

人们常用"十个指头不一般齐"来形容人与人之间的差异。但在对孩子的期望上，有的父母往往忘记了这一常理，总是喜欢"随大流"，别人干什么我也跟着干。比如在"钢琴热"中，有的父母硬逼着生性好动的孩子也来学钢琴，一坐就是几个小时。结果大人费尽心机，孩子如坐针毡，"身在曹营心在汉"。别人的孩子或许成功了，自己的孩子却落个一场空。所以父母应当从自己孩子的实际情况出发确立期望值。

改变急于求成的心理，期望要循序渐进。

有些家长希望孩子在学业上有所成就，便以高压的方式给孩子层层加码，定下了诸如"进入班里前十名""不能低于90分"等标准。孩子觉得这个目标并不是通过努力能够达到的，可望而不可即，就会失去信心。如果把要求分解为不同阶段、循序渐进地提出来，孩子觉得做起来更容易，便有信心做好，经过努力，同样能达到父母的期望，而急于求成只能事与愿违。

消除唯我独尊的心理，期望要取得孩子的认同。

有的父母认为孩子应当服从家长，孩子的事应由父母决定，常常把自己的意愿强加于孩子。事实上，孩子的发展不是父母一厢情愿的事情，父母再好的期望只有取得孩子的认同，才能转化为他的行动。所以父母在对孩子抱有期望的同时，必须了解孩子自身的兴趣和需求，运用恰当的激励措施，最大限度地调动孩子的积极性，使父母的期望内化为孩子自己的努力目标。

从实际出发，随时调整自己的期望。

孩子的成长是一个不断发展、不断完善的过程。随着年龄的增长、环境的改变，孩子会出现自己独特的兴趣、意愿、特长，甚至是自己寻求的期望，有时候可能与父母的意愿不尽相同，甚至是相违背的。在这种情况下，父母要因势利导，给孩子提供相应的条件，而不应当固守着过去的东西不放。

前不久，抖音上一名有700万粉丝的妈妈，她的一条"关于孩子平凡"的观点，引发了众多粉丝的围观："有一回，在婆婆家聚会。小叔家有两个孩子。女孩8岁，画画特别好。男孩5岁，数数能从1数到1000。我儿子就在旁边看他俩表演。看完以后，我老公就说：'走，儿子！滑滑梯去。'我当时就觉得，我老公真的特别牛，是一个特别伟大的父亲。我老公在面对儿子的平凡的时候，表现出来的那种从容，特别难得。我老公曾经和我说过一句话：

我养出来的儿子，啥都不会他以后也会特别快乐。其实，我和我老公都是特别平凡的人，但是我们现在过得很开心啊！

这对父母对孩子表现"平凡"的坦然，着实令人敬佩！在现实生活中，无论父母的期望多么瑰丽，多么实在，也无论父母为孩子铺设怎样的"成龙"之路，付出多么大的代价，最终只能通过孩子自己的努力去实现。如果在实现父母期望的过程中孩子并不快乐，即便有辉煌的表象又有什么积极意义呢？放平心态，接纳孩子的"平凡"，才能把孩子们从"望子成龙"的重压下解放出来，使孩子、大人都开心，更有利于找到适合孩子发展的新天地。

思考与践行

①你在培养孩子的过程中，有不能"心想事成"的事情吗？从自身和孩子的不同角度分析一下原因是什么。

②你对这个话题最后那个例子中父亲的态度怎么看？你能坦然接受自己孩子的"平凡"吗？

③说说怎样调整自己对孩子的期望，让自己有个好心情。

六、"别人家的孩子"何以摧毁了自家的孩子

网上曾盛传一个段子"别人家的孩子":

茫茫宇宙中,有一种神奇的生物,这种生物不玩游戏,不聊QQ,天天就知道学习,回回年级第一。这种生物可以九门功课同步学,妈妈再也不用担心他的学习了。这种生物叫作"别人家的孩子",长得好看,写字好看,成绩单也好看,就连他的手指甲都是双眼皮的。

有孩子跟帖说:"别人家的孩子"在父母的口中总是那么完美,即便他不是那么完美,他也总是恰好拥有你所没有的优点;最关键的是,他总是在你备受爸爸妈妈批评的时候适时地出现,种种"闪光点"让你在讨厌他的同时也顺带鄙视自己……

父母眼中"别人家的孩子"是自己孩子的噩梦

很多家长常常夸别人家的孩子,"你看人家谁谁谁……"成了口头禅。问题的症结在于用自己孩子的缺点与别人家孩子的优点比,初衷是想激励自己的孩子,可是往往否定了自己的孩子,给孩子的自信心以致命的打击。

在湖南卫视《少年说》节目里，袁景颐同学站在天台上说出了她最大的烦恼，这也是很多同龄孩子的噩梦："为什么家长总觉得别人家的孩子更好？""妈妈，孩子不是只有别人家的好！你自己的孩子也很努力，为什么你不看一下！"妈妈当众表达了自己的观点："我总是打击你，是因为我觉得我不打击你，你就会有点飘。""我这样都是为你好！"

妈妈口中的"别人家的孩子"是袁景颐最好的朋友吴迪，在袁景颐当场受到妈妈再一次打压哭着跑下台之后，吴迪帮她擦掉眼泪安慰道："我妈妈也觉得你特别优秀，你也是我的'别人家的孩子'。"

的确，袁景颐在很多方面都很优秀，她的妈妈也勉强承认，自己的孩子不仅善良、口才好，而且学习成绩也挺好的。也就是说，袁景颐这个非常优秀的孩子的不优秀，是被妈妈生生比较出来的。而她的闪光点，却一直被家长无视、打压。

家长们习惯了对孩子进行打压，并且不觉得有什么不对。袁景颐也曾试图和妈妈沟通，但是妈妈从来没有改过。"打压式教育"的危害有多大？袁景颐说："你们老是打击我，我觉得自己很差。"这是经常被家长打压的孩子普遍存在的自卑心态。有研究表明，在"打压式教育"的环境下长大的孩子，往往会有这样的性格缺陷：内心脆弱敏感，没有安全感；习惯性自卑，认为自己一无是处；感受不到被爱，一旦成年后会想尽办法远离家庭、与父母疏远；隐藏自己的真实情绪和性格；过度在意别人的看法；抗打击能力弱，面对挫折时，容易产生宿命感和无力感而不会去抗争……那些口口声声"为了孩子好"而用"别人家的孩子"打压自己孩子的家长，或许从未考虑过孩子的内心感受，没有意识到会产生这些想象不到的严重后果，不会想到不良的性格会伴随孩子的一生。

如何认识自己家的孩子和"别人家的孩子"呢？我们套用德国哲学家莱

布尼茨的一句话——"世界上没有完全相同的两片树叶",世界上也没有完全相同的两个孩子,即便是双胞胎也有不同。

莱布尼茨曾经当过宫廷顾问。有一次,皇帝让他解释一下哲学问题,他说,任何事物都有共性。皇帝不信,叫宫女们去御花园找来一堆树叶,莱布尼茨果然从这些树叶里面找到了它们的共同点,皇帝很佩服。这时,莱布尼茨又说,"凡物莫不相异""天地间没有两个彼此完全相同的东西"。宫女们听了这番话后,再次纷纷走入御花园去寻找两片完全没有区别的树叶,想以此推翻这位哲学家的论断。结果大失所望,因为粗粗看来,树上的叶子好像都一样,但仔细一比较,却是形态各异,都有其特殊性。

从哲学的角度来认识,莱布尼茨的话揭示了关于世界统一性和多样性关系的原理:虽然形态各不相同,但它们都是叶子,说明了世界的统一性;叶子各不相同,说明了世界的多样性。这一哲学原理告诉我们,孩子具有统一性,即他们都是人,是发展中的人;孩子的多样性表现为每个孩子的生命都是独一无二的,都有自己的个性和优势,他们各自成长的节律也有不同。统一性和多样性是有机的统一体,不可割裂。正确认识自己的孩子,就是在遵循儿童成长的普遍规律的同时,要发现他的与众不同之处。

从生物学的角度来认识,"世界上没有完全相同的两片树叶"这句话还可以理解为不同叶子之间存在遗传的相似性和变异的普遍性。从这个意义上说,孩子与孩子之间的差异,有一部分取决于特定的遗传基因,这是人成长的生物基础,是亲生父母造就的,也就是人们常说的"天生的"。近年来,脑科学的发展不断有新的研究成果证明,人的大脑功效与父母遗传有关。墨尔本大学近年来的一项研究结果显示,人类的组织能力、问题解决能力以及一些精神疾病的根源,在于遗传所形成的大脑网络。

我国有句励志的老话叫作"只要功夫深，铁杵磨成针"。可是如果天生不是铁杵而是块木头，你给的材料不具备达到目标的基础条件，下再大的功夫也磨不成针，充其量只能磨成个牙签。也就是说，材料不对，再努力也没用。从另一个角度来说，如果你手中有一块玉，想把它雕成一件精美的工艺品，可是你雕琢它的工具是锄头，这块玉只能变成更小的玉，它的形状依然是石头。工具不对，下再大的功夫也成不了工艺品，它的价值只能越来越小。

事实上，遗传和教育对孩子的发展都有着重要作用。我们知道了这个道理，对父母来说，当你看到自己的孩子在某些方面不如"别人家的孩子"的时候，大可不必对他大动肝火，也该眼睛向内分析自己的问题。因为无论是遗传基因还是后天教育，在很大程度上是你给予孩子的。在给孩子提要求、为孩子做选择的时候，少拿"别人家的孩子"说事儿，要从自己孩子的情况出发，挖掘孩子自身的潜能，让孩子看到自己的进步，这才是促进孩子发展的有效办法。

教育提示：换个角度来"攀比"

在家庭教育中，家长们有一种认识上的误区，这就是孩子的"优点不说少不了，缺点不说不得了"。很多人都能发现自己孩子的细小缺点，并且花费了大部分时间来批评孩子，试图改正孩子的缺点，以为这样就会激励孩子进步，但往往事与愿违。成长中的孩子，存在这样那样的问题不可避免，如果过度关注孩子的问题，强化"问题意识"，就会时常拿自己孩子的缺点和别人家孩子的优点比，总觉得自己的孩子毛病多，不如别人家的孩子，结果使没问题的孩子有了问题，把孩子的小问题变成了大问题。如果以积极的心态，换个角度来"攀比",或许结果会大不一样。

攀比属于比较方法的一种,是正常的心理现象。这种比较的特点,犹如"攀"字"向上爬"的本义,是向上比,而不是向下比,实质上是表现为不甘落后、争强好胜,也包含着竞争意识。这种心理的产生有其客观的必然性,因为人都有向上的追求。家长总想自己的孩子比别人家的孩子好,获得心理上的满足。另外,在缺乏客观的、非社会标准的情况下,需要通过与"别人家的孩子"对比来估计和认识自己的孩子,试图以自己孩子在某方面的"出色"把别人家的孩子比下去。但是如果攀比超过了一定的限度,或者盲目比较,为了满足自己的虚荣心而打压孩子,这样的攀比则是有百害而无一利。

也就是说,攀比具有两重性:运用得当,可以激发孩子积极向上的心理,为自己设定更高的努力目标,在与别人的竞争中提高自己;如果运用不当,忽视孩子自身的优势,不切实际地和别人家的孩子攀比,难免打压孩子努力的积极性,甚至产生畸形心理和不良行为。所以,家长要善于在比较中把孩子身上的消极因素转化为积极因素,其中的关键是比什么、跟谁比、怎么比。

比什么——在比较的内容上放宽视野。

许多家长拿自己的孩子和"别人家的孩子"比时,只是一心盯着学习成绩,用不尽如人意的分数来否定孩子的一切。事实上,现代社会快速发展,掌握既定的知识多少、优劣并不是衡量人才的唯一标准,孩子的语言表达、逻辑思维、人际交往、自然审美、肢体运作、探索创造等许多能力都是未来可持续发展的资本。以更广阔的视野看到自己的孩子可以和别人比较的优势,可以激励孩子产生自信,以此来抵消那些不如别人而容易产生自卑心理的方面,帮助孩子从中获得心理上的满足,建立正确的价值判断,家长本人也不至于因为自己孩子在某一方面不如别人家的孩子而过于纠结。

跟谁比——在比较的对象上找对目标。

有的家长常常是在拿自己孩子和别人家的孩子比较之后，急于求成、追求完美，非得要求学习状况一般的孩子考试成绩一定要达到前几名。孩子总也比不上同伴，就会低估自己的能力与价值，产生自卑感。有的孩子在同学中成绩名列前茅，家长总是要求不能有任何"闪失"，不允许成绩有一点下降，反而给孩子制造了心理压力，不利于保持好的学习状态。针对这种情况，父母在给孩子提要求、为孩子做选择的时候，要从孩子自身的情况出发，避免期望过高。同时鼓励孩子在自身可控的范围内做出努力，认识自己的潜能，看到自己的进步，合理调整目标，寻找通过自己的努力做得更好的办法。

怎么比——在比较的方法上面对现实。

家长看"别人家的孩子"，常常过于看重影响孩子的客观因素，比如谁家的孩子上了哪所重点学校、谁家的孩子上了多少个课外学习班、谁家的孩子竞赛拿了奖，而不顾自己的家庭条件和孩子自身的情况。有的家长节衣缩食让学习状况一般的孩子上重点学校"当凤尾"，孩子很难建立自信；有的家长给孩子报了若干个课外学习班，孩子整天疲于应付，身体状况难以支撑，连上课集中精力听讲都成了问题；有的家长不顾孩子的兴趣和个性，以强迫的方式逼孩子练特长……这种盲目比较常常使孩子和大人都付出很多却得不偿失。家长明智的做法是有自知之明，改变从众心理，在孩子的培养上多分析自己家庭和孩子的主观条件，做出符合现实的选择。

每个孩子都是独一无二的，每个孩子的父母对孩子的教育和影响也各有差异。如果真的爱孩子，父母们就不要打着"别人家的孩子"的旗号贬低、打压自己的孩子，而应该看到自己孩子身上的每一个闪光点，接纳孩子成长中的小瑕疵，这样自家的孩子才不会被"别人家的孩子"打垮。

思考与践行

①你曾经用"别人家的孩子"来批评教育自己的孩子吗？孩子有什么反应？听孩子说说他的感受。

②联系教育孩子的实际，说说如何认识"世界上没有完全相同的两片树叶"和"只要功夫深，铁杵磨成针"的说法。

③面对自家的孩子和"别人家的孩子"，家长怎样比较才有利于把孩子身上的消极因素转化为积极因素？

七、儿女可以不是"精英",但不能不会生活

孩子上一所好大学、找一份好工作、有专业特长、成为令人羡慕的社会"精英",是许多父母的期盼,可是这些并不是孩子人生的全部。父母们并不在意的孩子小时候日常生活能力的缺陷,或许会成为影响甚至扼杀孩子幸福的祸根,这绝对是父母们不愿意看到的结果。

不会生活,就不懂得如何做人

我所主持的一项家庭问题研究,曾对天津市某区法院一年内全部判决离婚和调解离婚的274个案件做了统计分析,结果显示:自述离婚是因"家庭生活琐事"的高达59.1%,仅次于"感情破裂",排在第二位,明显高于"性格不合""婚姻基础不牢固"等其他原因。分析认为,"家庭生活琐事"成为离婚的重要原因,或许未必是直接导致离婚和家庭冲突的唯一原因,但是夫妻间的情感危机、财产纠纷、长辈干预等问题都或多或少与"家庭生活琐事"紧密联系。

"家庭生活琐事"包括家务分工、子女教育、家人关系、生活理财等,可谓涉及家庭生活的方方面面,处理不当,积少成多,就不可避免地小事变大、

发生质变，这是一个渐变却危险的过程。

　　有一对小夫妻，分手竟然是因为一堆脏衣服。他俩在婚前都和父母住在一起，从小衣来伸手饭来张口，家务活儿基本都不会做，甚至连内裤和袜子都是父母来洗。在新婚第6天，丈夫找不见一件干净衬衫，指着卫生间里的一堆脏衣服没好气地对妻子说："我怎么娶了你这个懒媳妇，连衣服都不会洗！"从小在家娇生惯养的妻子一听就火了："我在家的时候，我妈都不使唤我，你凭什么说我？你自己不会做啊？""从前老妈做的事现在就应该由自己的老婆来做！""那你找你妈过日子去，咱离婚！""离就离，谁怕谁！"没承想，仅仅持续了一个星期的婚姻就这样结束了。

　　近年来，关于大学生生活能力差的报道时常见诸媒体：

　　一母亲由于担心儿子生活不能自理，竟给儿备了30双袜子换洗，让儿子一天换一双，并约定一个月后到学校为儿子总清洗。有个孩子学习成绩出色，被保送出国深造，但他犹豫再三，最终放弃了，理由是只身在外没有家人照顾不知怎么生活……

　　有的孩子有了很高的学历、有着不错的工作，但他们的家庭生活却出现了种种不尽如人意的问题，成了父母的"心病"。年轻人生活能力的欠缺，面对生活的束手无策，在他们脱离父母、组成家庭之后充分暴露了出来，甚至影响了他们继续深造、事业的发展、子女的养育。当一些已经成年的孩子心安理得地"啃老"的时候，父母也无力指责他们。因为这是在他们小时候欠缺学习生活技能、培养生活习惯而结下的"果"。父母们有心痛、有惋惜，也有自责。也就是说，即便孩子将来有了很高的学历、不错的工作，具备成为社会"精英"的资本，并不意味着能有幸福的家庭生活、有如愿的事业发展前程。

我们每一个人，无论从事什么工作，都有自己的家庭生活，孩子的养育都离不开家庭。任何人的生存、发展都是在生活中实现的，没有人能离开生活存在于世。正是家庭生活的一天天、生活小事的点点滴滴，滋养着孩子从幼小的生命体长大成人。家庭给予孩子的烙印，归根结底就是不同家庭生活和生活方式的烙印。

家庭生活方式塑造孩子的行为习惯。

在现实生活中，我们时常看到不同孩子的迥异表现：有的孩子爱读书，在书海中遨游是他的乐趣，而有的孩子热衷于暴力、色情游戏，有的孩子小小年纪就学会了打麻将；有的孩子在生活支出上精打细算，而有的孩子却是吃饭穿衣处处讲排场，胡乱挥霍；有的孩子勤劳勤奋、努力学习、主动承担家务、动手能力强，而有的孩子却鄙视劳动、厌恶学习、自理能力差……这些表现在很大程度上与家庭生活方式有关。

即便生活在相同的家庭环境中，父亲、母亲、祖辈等不同的人所确定的生活目标、生活态度也不同，因此他们所选择的生活方式就不同，对孩子的影响也不同。家里有个泡在麻将桌上的妈妈、有个游手好闲的爸爸，就别指望孩子在家里踏踏实实地认真学习。孩子是看着大人生活的样子学会生活的，也在不知不觉中形成了行为的惯性，在成人以后的生活中很难改变。

家庭生活是儿童认识社会的桥梁。

无论父母为孩子创造怎样好的家庭环境，无论对孩子抱有怎样的期望，早晚有一天孩子都要走上社会，独自面对纷繁复杂的社会生活。对孩子来说，原生家庭就是他了解社会的窗口，就是他生活的小社会。家庭教育具有内容的广泛性和全面性特征，渗透在家庭生活的方方面面：家庭生活状况在一定程度上反映了家庭成员的社会经济地位和水平；家庭文化氛围向孩子传递社会文化、过滤不良文化；家庭中的人际交往和相互关系，是孩子认识和建立广泛的社会关系和社会交往的基础；家庭闲暇生活质量高低决定了孩子具有怎样的生活品位和在社会生活中生存、享受与发展的程度……可以说，家庭生活是儿童社会学习的课堂，是通向社会的桥梁，也是他们未来独立投身社会的"练兵场"。

家庭生活中的人际互动对儿童品格形成具有渗透作用。

人是生活的主体，在家庭生活环境中，有什么样的生活方式就会塑造什么样的人。家中的成年人在日常生活中把道德准则、社会规范内化为自己的思想并表现为行为习惯，一旦形成就不是一朝一夕所能改变的。这种人际环境在很大程度上并不是刻意创造的，而是成年人在与孩子的交往中、在家务的承担之中、在饮食起居等方方面面的自然表现。如果家庭生活方式是文明、健康、科学的，孩子通过模仿自然会尊重他人、珍爱生命、勤勉、守秩序，并使之逐渐内化，进而形成良好的人格特质。正是在家庭生活的浸润中，儿童逐渐成为适应社会需要的人。

有的家庭很重视孩子教育，却不注重经营自己的家庭生活。尤其是一些年轻父母，认为家庭生活条件好了，各种社会服务方便了，有老人帮着管家，用不着自己在家事上多操心。做家务有保姆、计时工，吃饭可以下馆子、叫外卖，休闲娱乐去社会上的各种场所……本来家里日常的事"外包""外化"之后，孩子在家的大部分时间就是写作业、睡觉了，与父母的互动也常常是围绕着学习、考试。这样的家庭缺少了家的生活气息，弱化了家庭的功能，也浪费了家里有效的教育资源，使孩子失去了在家里全面学习和训练的机会，真是很可惜。

教育提示：学会生活是未来发展的基础

教育家陶行知先生的一个经典论述是"生活即教育"。他在《什么是生活教育》一文中提出：是好的生活就是好的教育，是坏的生活就是坏的教育；是认真的生活就是认真的教育，是马虎的生活就是马虎的教育；是合理的生活就是合理的教育，是不合理的生活就是不合理的教育；不是生活，就不是教育。这种观点值得每一个家长认真品味。

生活处处是教育。

孩子认识社会是从家庭开始的。父母选择怎样的活法，家庭以怎样的方式安排日常生活，体现着人的价值观，体现在家庭生活的每一个细节中，于无声处影响着孩子。而且，家庭就是一个小社会，家庭生活中的一切都是社会的缩影，在家庭事务的参与中，积累的是投身未来社会生活的本领。从这个意义上说，家庭生活才是对孩子最现实、最具长远意义的教育，是最宝贵的教育资源。家庭生活的条件、生活主体、活动形式相互联系构成了家庭生活的统一体。家庭生活对孩子有多少积极影响，并不在于物质生活条件有多么富足，也不在于父母的社会地位、文化程度有多么高，而在于生活观念的科学、生活细节上的检点，为孩子创造文明、健康、科学的生活环境。

生活能力来自生活实践。

人在社会上生存，就要学习怎样生活，掌握自我服务和服务他人的本领。家庭是人的生活场所，在传授生活技能方面比其他任何机构都具有优势。从年幼时在吃饭、穿衣、收拾玩具和文具等生活细节中自理能力的培养，到青少年阶段的家务劳动参与和生活管理，对孩子来说都有一个由不会到会的过程。在日常生活实践中父母手把手地教，孩子通过观察、模仿并运用，自然而然地掌握了生活技能，并能够运用于更广泛的社会生活，在此基础上学习更多技能。

生活能力的获得别人无法替代。

学会生活，一是靠学习，二是靠养成，这是一个逐步习得的过程。只有投身其中才能提升对生活的驾驭能力，获得对家庭生活的享受。父母的作用不是替孩子做什么，而是为孩子创造日常生活中动脑、动手、生活自理和参与家事管理的机会。可以肯定的是，向孩子传授生活技能、培养生活习惯方面，日复一日的坚持，孩子收获的将是正能量的价值观、良好的行为习惯、适应社会的本领。有付出就会有所得，在这方面父母的努力不会白费。

在这个社会上，不是每个人都可以成为"精英"，即便父母们为孩子付出了自己所能付出的全部，让孩子超负荷地投入，也未必能做到梦想成真。但是，每个人都有家庭，都有机会在家庭中学习社会生活的知识和技能。一个人在家庭中获得的日常生活知识和能力，往往是从事社会工作和个人长远发展的基础。即使孩子成了事业上的"精英"，也同样有作为人享受家庭生活的需求。从小练就在生活中自食其力、创造幸福的本领，必将终身受益。

思考与践行◆

①不注重经营自己的家庭生活，对孩子的成长会有不利影响吗？为什么？

②如何理解陶行知先生"生活即教育"这一经典论述？

③家庭生活对孩子的教育意义有哪些？为什么说学会生活是未来发展的基础？

八、给孩子一张现代社会的"入场券"

现代社会是一个开放的社会,"学会共处"在联合国教科文组织《国际21世纪教育委员会报告·学习：内在的财富》中,被称为是现代教育的四大支柱之一。我们的孩子发展交往能力,学会在各种场合下与各种人打交道,是未来走上社会、取得成功的必备素养和必要条件。

重点大学毕业生为什么会吃"闭门羹"

在竞争激烈的人才市场,总有佼佼者被理想的单位相中。就读的学校、所学的专业这些"硬件"条件固然重要,还有一个不容忽视的"软件",便是孩子的交往能力,就是给用人单位第一印象的自我表现力、推销力和与他人共同工作的潜质。

在工作单位,我曾接待这样一个女孩：她是一所重点大学的应届毕业生,几年的寒窗苦读,每门功课都在良好以上,而且所学专业与我们单位完全对口。看到她的简历,条件无可挑剔,我们基本上同意接收。就在她千里迢迢来面试之后,并没有被录用。原因很简单：她不善言语表达,在我们与她谈及所要承担的工作的时候,她没有表现出丝毫的热情。这与推荐者的介绍和她本人在书信中的表示大相径庭，令我们大失所望。事后，推荐者再三解释她是如何向往进入这个单位，如何适合这个工作，只是不善于表达自己的意愿，但依然没有说服我们。主要理由是：一个大学生连自己的意愿都不能清楚地表达，连基本的为人处世都觉得困难，又怎能胜任比这更复杂的工作呢？

这个女孩吃了用人单位的"闭门羹"，问题的症结就是她的交往能力差。仅此一条，就足以抹杀她诸多其他方面的优势。

美国威斯康星大学的哈罗博士曾经做过一个著名的实验。他把幼猴分成五组进行实验。第一组幼猴只隔离三个月，回去一周后就能合群。第二组幼猴隔离半年，回去后退缩在一个角落里，不跟其他猴子玩。第三组幼猴隔离一年，回去后根本不会玩。第四组是没有隔离的和隔离的幼猴混放在一起，被隔离的猴子竟然精神失常了。第五组是不隔离的普通猴子。观察发现隔离半年以上的幼猴反应能力和未隔离的普通幼猴相差很远。

这个实验虽然是在动物身上做的，但是对我们认识孩子交往的意义有重要启发。由此推论，社会交往对孩子的成长有着极其重要的影响。

从孩子的角度来说，交往是一种重要的精神需求。

心理学家马斯洛在他的需要层次理论中把社交需要作为人的高级需要之一，认为一个人在基本上满足了生理需要、安全需要之后，社交需要开始形成强烈的动机。它包括：社交的欲望，希望得到别人的安慰和支持，离群索居会感到痛苦；希望伙伴之间、同事之间关系融洽，保持友谊与支持，相互信任等。马斯洛还认为，人是社会化的，每个人都有一种归属于某一团体或群体的感情，希望成为其中的一员并得到相互关心和照顾，而不感到孤独，因此有社会交往的需要。

从社会需要的角度来说，社会交往技能是人的社会性不可或缺的内容。

社会交往的具体含义是指人在与别人进行交往时所表现出来的运用口头语言、体态语言、情绪、认知等方面的技能。比如：善于参与到一个社会活动中去，在与陌生人交往中迅速记住别人的名字，以和蔼的态度和恰如其分的举止介绍和表现自己；在与别人交谈时，站在对方的角度考虑问题，揣摩别人的心理，并善于使用语言、目光、体态准确而流畅地表达自己的意愿和要求；在需要对某个问题作出评价时，表现出真诚的态度，而不是简单敷衍；当需要拒绝时，礼貌而得体地向别人的不良行为表示不赞同、不满和不快；在必要时，容忍他人的缺点和不正当行为；当自己出现某些失误时，向别人表示歉意，并善于忍受人际交往中的挫折，正确对待别人的成功和失败等。在现实生活中，我们不难发现，讨人喜欢的人，多是那些热情大方、交往能力比较强的人。而那些冷淡孤僻、沉默寡言、不善交往的人，很难受到别人的欢迎。也就是说，一个人的交往技能在很大程度上决定了人际关系如何、他人的满意度，甚至影响到事业的成败。无疑，善于交往是现代社会对人的要求。

美国前总统肯尼迪的父亲约瑟夫，很注意创造条件让孩子得到多方面的交往机会。他让男孩子全部到非教会学校读书，使他们能与各种背景的人接触，扩大视野。他还经常邀请主教、外交官、金融家、电影明星、政治家及各行各业的知名人士来家里聚会，鼓励孩子们参与他们的谈话。后来，他的四个儿子都进了美国的名牌大学。肯尼迪能成为美国总统，也在一定程度上证明了约瑟夫家庭教育的成功。

与人交往的过程就是孩子学习和展示自己的过程。

美国成人教育家卡耐基曾经说过："十个孩子，有九个因交往而聪明。"

孩子在与别人交往时，都会自觉或不自觉地考虑到自我形象的把握。比如：在与同学和老师交往中就要使用不同的谈话方式；到了一个陌生的环境，就要考虑"给别人留下怎样的第一印象""别人会怎样看我"等，进而调整自己以赢得别人的好感。这种调整实际上就是用一定的规范约束自己，寻找适合自己、适应环境的最佳点。重视别人对自己的评价，学习如何尊重别人和遵守群体的规范，这正是为成年后的社会生活做最基础的准备。

有的父母总怕孩子和别人交往不安全，怕受到他人的不良影响，对孩子保护过多，限制了孩子的交往。在封闭的环境中成长的孩子，很容易形成孤僻冷漠、不合群的不良性格。在交往中如何对待别人，反映了孩子自身的个性品质，也可以在交往中发展和培养良好的个性。比如：学会礼貌待人，克制谦让；培养孩子热情、开朗、大方、乐观的性格；锻炼孩子勇敢、顽强、自律的意志品质；在交往中还可以提高孩子辨别是非的能力，教孩子学习别人的优秀品质，得到伙伴的帮助，克服缺点，弥补不足，使孩子尽快成熟起来。

教育提示：善于交往，才有更广阔的发展空间

现代社会是互联互通的社会，随着物质文化生活水平的不断提高，闲暇生活的日益丰富，以及社会信息化渠道的拓宽，现在的孩子人际交往也变得更加广泛和多彩。在同别人交往中，他们接触到各种信息，进而开阔视野，学到许多书本上没有的活的知识，有助于开发孩子的智力潜能，培养更多的兴趣，这些都是成才的必要条件。

社会的发展对社会成员的交往能力提出了更高的要求，而家庭结构的简单化、社会环境的复杂化，也使得父母对孩子的保护、限制过多，使孩子与他人交往的机会大为减少。如何培养孩子的社会交往能力，是每一个家长面临的新问题。

为孩子创造人际交往的环境。

孩子的交往能力不是天生的，在后天的培养中，父母给孩子创造怎样的环境，怎样用自己的情感和言行影响孩子很重要。

有个孩子从小比较腼腆，见到生人就脸红，上学之后学习成绩还不错，就是上课不敢回答老师提出的问题，也不与同学一起玩耍。父母为了帮助他学会交往，就鼓励他在陌生场合勇敢地讲出第一句话；妈妈在厨房做饭时，有意识地让孩子到邻居家借一点酱油或醋；家中来客人时，大人故意回避一会儿，给孩子创造与客人说话的机会；父母还经常邀请小朋友到家里来玩，鼓励孩子和别的孩子进行情感交流。这样，孩子逐渐体会到与别人交往的益处，从中得到了乐趣和帮助，这个孩子变得乐于交往了。

如果没有父母的鼓励和支持，孩子的交往能力就很难提高。

教给孩子交往的方法和技巧。

国外有人做过这样一个实验：为了帮助儿童对一些社会问题作出解释和评价，让孩子在一个由木偶组成的情境剧中扮演角色，让他人解释参与到一场冲突中去的所有当事人的心情，并开展讨论。结果发现，儿童接受训练的时间越长，他们作出的攻击性的解释就越少，而且由于他们开始能考虑到自己行为的后果，所以在同伴中的表现也有明显改善。

这个实验说明，有意识的训练对孩子是十分必要的。在现实生活中，如何待人处事，要给孩子以具体的指导。比如：要参与到别的孩子的活动中去，首先要表现出友善的态度，而态度蛮横是不会被别人接受的；当别人给了自己帮助之后，要表现出感激之情，懂得给人以回报；以坦诚的态度待人，关心、帮助、同情他人，严于律己、宽以待人，就能有更多的朋友；别人高兴的时候，不要无所顾忌地给别人泼冷水，让人扫兴；别人遇到问题情绪低落的时候，不要幸灾乐祸，而要设法化解别人的烦恼等。

良好的品德是人际交往的基础。

要引导孩子在交往中，体察别人的痛苦和忧愁，把自己放在帮助者的位置上。比如孩子参加"手拉手"活动，向贫困地区的失学儿童伸出帮助的手，与那里的孩子建立一种交流关系，使不少孩子增强了责任感和善良的品德。对孩子来说，在交往中，使善良的愿望变成了一种人生的快乐，并得到了肯定。孩子多一份善良，就多了一条向社会学习的渠道，多了一份成功的可能性。

用榜样培养孩子善于交往。

有研究者做了这样的实验，让一名善于交际的孩子充当模特，向那些性格内向、不善于交际的孩子演示各种社会技能，如对别人微笑、与他人分享、发起积极的身体接触、给予口头赞许等，结果模特所展示的各种行为，被孩子们有效地模仿。家长可以利用电视节目、书刊中的人物、周围人的例子作为孩子效仿的榜样。同时，家长自身的交往能力，以及处理家庭中人际关系的状况对孩子也有无形的影响。父母热情开朗，待人宽容，善于交际，孩子往往与周围的人相处很好；相反，如果父母性格孤僻，就会缺少培养孩子交往能力的意识，也会影响孩子与他人接触，失去大量的学习和锻炼机会；有的家长用拉关系、走后门等不正当的方式进行社会交往，会给孩子带来非常不利的影响；在家庭中，如果家庭成员整天争吵不休，就很难培养出一个具有和谐人际关系的孩子。所以为了孩子，家长要加强自身修养，给孩子树立一个可信赖的榜样。

有人把交往能力比作进入现代社会的"入场券""敲门砖",这颇有几分道理。因为每个人都生活在一定的社会中,人与人之间必然形成各种各样的交往关系。善于交往的孩子,才有更广阔的发展空间。

思考与践行

①你对重点大学毕业生择业吃"闭门羹"的事例怎么看?教孩子学会交往在现代社会的意义是什么?

②与你家孩子一起分析一下你和孩子有没有不善于与他人交往的事例。如果有,问题的症结在哪里?

③怎样教孩子学会与人共处?具体应在哪些方面做出努力?

第三篇　为人父母不可不知：保护孩子是你的天职

儿童是弱小的、不成熟的人，是特殊的公民。他们生来享有获得家庭、学校、社会、法律保护的权利，以减少生存和发展过程中的不利因素。

儿童的受保护权首先是在父母履行法定义务中实现的。父母作为孩子的监护人，对来自学校、社会的各种不利因素有过滤、抵制的责任。

联合国《儿童权利公约》摘要·受保护权

◎铭记如《儿童权利宣言》所示,"儿童因身心尚未成熟,在其出生以前和以后均需要特殊的保护和照料,包括法律上的适当保护"。(序言)

◎确认世界各国都有生活在极端困难情况下的儿童,对这些儿童需要给予特别的照顾。(序言)

◎缔约国应确保不违背儿童父母的意愿使儿童与父母分离,除非主管当局按照适用的法律和程序,经法院审查,判定这样的分离符合儿童的最大利益而确有必要。在诸如由于父母的虐待或忽视,或父母分居而必须确定儿童居住地点的特殊情况下,这种裁决可能有必要。(第9条)

◎儿童的隐私、家庭、住宅或通信不受任意或非法干涉,其荣誉和名誉不受非法攻击。

儿童有权享受法律保护,以免受这类干涉或攻击。(第16条)

◎保护儿童不受可能损害其福祉的信息和资料之害。(第17条)

◎保护儿童在受父母、法定监护人或其他任何负责照管儿童的人的照料时,不致受到任何形式的身心摧残、伤害或凌辱,忽视或照料不周,虐待或剥削,包括性侵犯。(第19条)

◎缔约国确认身心有残疾的儿童应能在确保其尊严、促进其自立、有利于其积极参与社会生活的条件下享有充实而适当的生

活。(第23条)

◎缔约国应确认每个儿童有权受益于社会保障、包括社会保险,并应根据其国内法律采取必要措施充分实现这一权利。(第26条)

◎缔约国确认儿童有权受到保护,以免受经济剥削和从事任何可能妨碍或影响儿童教育或有害儿童健康或身体、心理、精神、道德或社会发展的工作。(第32条)

◎缔约国承担保护儿童免遭一切形式的色情剥削和性侵犯之害,为此目的,缔约国尤应采取一切适当的国家、双边和多边措施,以防止:(a)引诱或强迫儿童从事任何非法的性生活;(b)利用儿童卖淫或从事其他非法的性行为;(c)利用儿童进行淫秽表演和充当淫秽题材。(第34条)

◎缔约国应采取一切适当的国家、双边和多边措施,以防止为任何目的或以任何形式诱拐、买卖或贩运儿童。(第35条)

◎缔约国应保护儿童免遭有损儿童福利的任何方面的一切其他形式的剥削之害。(第36条)

◎任何儿童不受酷刑或其他形式的残忍、不人道或有辱人格的待遇或处罚。对未满18岁的人所犯罪行不得判以死刑或无释放可能的无期徒刑。

不得非法或任意剥夺任何儿童的自由。对儿童的逮捕、拘留或监禁应符合法律规定并仅应作为最后手段,期限应为最短的适当时间。

所有被剥夺自由的儿童应受到人道待遇,其人格固有尊严应受尊重,并应考虑到他们这个年龄的人需要的方式加以对待。(第37条)

一、把孩子当孩子，给予他们特殊保护

辽宁丹东一个4岁的孩子患了自闭症，母亲到处借钱，花了3万多元，把孩子送到广州一家康复机构接受封闭式训练，那里不允许父母陪伴，结果孩子暴死。孩子死前的一天穿着厚重的棉衣外套负重步行，上午走了10公里，下午走了9公里……

在我看来，4岁的孩子是"无行为能力人"，无论这家机构怎么不靠谱，送孩子去这家机构接受这样的训练是父母的选择。父母为孩子治病心切，却放弃了自己保护孩子的天职。

我国的《未成年人保护法》是保护未成年人的专门法律，制定这部法律的基本前提是承认未成年的孩子是特殊的权利主体，他们与成年人的最大不同在于他们是弱小的、不成熟的，需要成人社会从各方面给予特殊保护。这部法律规定了对未成年人实施家庭保护、学校保护、社会保护、网络保护、政府保护、司法保护等六个方面的保护，排在首位的就是家庭保护。也可以说，保护未成年的孩子，家庭是基础，父母承担着首要的、特殊的责任。

父母须知：你们是孩子的第一监护人

人一旦做了父母，就必须履行对未成年子女的抚养、教育、保护的法定责任和道德义务，这是其他人替代不了的。

对孩子来说，父亲、母亲并不只是一个简单的称呼。从生物意义上讲，父母是孩子生命的缔造者；从法律意义上讲，父母是孩子的监护人；从教育意义上讲，父母是孩子的第一任教师。

《民法典》摘要

◎ 父母对未成年子女负有抚养、教育和保护的义务。（第二十六条）

◎ 父母是未成年子女的监护人。（第二十七条）

《未成年人保护法》摘要

◎ 未成年人的父母或者其他监护人依法对未成年人承担监护职责。

国家采取措施指导、支持、帮助和监督未成年人的父母或者其他监护人履行监护职责。（第七条）

◎ 未成年人的父母或者其他监护人应当学习家庭教育知识，接受家庭教育指导，创造良好、和睦、文明的家庭环境。

共同生活的其他成年家庭成员应当协助未成年人的父母或者其他监护人抚养、教育和保护未成年人。（第十五条）

◎ 未成年人的父母或者其他监护人发现未成年人身心健康受到侵害、疑似受到侵害或者其他合法权益受到侵犯的，应当及时了解情况并采取保护措施；情况严重的，应当立即向公安、民政、教育等部门报告。（第二十条）

◎ 未成年人的父母或者其他监护人不得使未满八周岁或者由于身体、心理原因需要特别照顾的未成年人处于无人看护状态，或者将其交由无民事行为能力、限制民事行为能力、患有严重传染性疾病或者其他不适宜的人员临时照护。

未成年人的父母或者其他监护人不得使未满十六周岁的未成年人脱离监护单独生活。（第二十一条）

按照我国《民法典》对未成年人监护人的规定，首先，父母是未成年孩子的第一监护人，包括亲生父母、养父母、有抚养关系的继父母。第二种情形是未成年人的父母已经死亡或者没有监护能力的，由下列有监护能力的人按顺序担任监护人：祖父母、外祖父母；兄、姐；其他愿意承担监护责任的个人或者有关组织，但是须经未成年人住所地的居民委员会、村民委员会或者民政部门同意。第三种情形是没有依法具有监护资格的人的，监护人由民政部门担任，也可以由具备履行监护职责条件的被监护人住所地的居民委员会、村民委员会担任。

未成年的孩子需要监护人，尤其需要父母的特殊保护，是由人的属性和孩子的特点决定的。

从人的自然属性来看，人与动物有着根本的区别。许多动物出生后可以凭借遗传和本能获得适应自然环境的生存能力，很小的时候就能脱离父母独立生活，而人类则不具有这种能力。人出生后，幼小孱弱，不会行走，不能自己进食，看不到哪里潜伏着危险，不懂得如何寻找食物和栖身之地。要在世上生存，就必须有衣、食、住、行等方面的物质保障，但这些基本需要未成年人难以通过自己的力量得到满足，需要依靠对他们负有监护责任的父母等成年人提供，在很长时间内都需要不断有人对他们加以照顾和保护才能维持生命。

从人的社会属性来看，一个婴儿来到世上对一切一无所知，只是一个"生物人"，要成为一个具有人的语言、思想、感情、习惯和行为，适应社会生活的社会成员，就必须学习社会生活知识和社会规范，了解社会对他的期待，逐渐掌握参与所在社会与群体生活所应具备的技能，学会遵从普遍的社会秩序，也就是发展人的社会性。而这个过程是在与他人的互动中进行的，必须有他人和群体的指导和教育，这是一个新生命能够长大成人的必要条件，是人类社会的必然规律。如果一个人出生后，脱离了与人和社会的联系，便会在很大程度上丧失人性，即使以后回归社会，也难以成为一个正常的人。世界上曾有过孩子生下来不幸被狼、猴子、熊等动物抚养的实例，这些人类的后代，由于与动物一起生活而丧失了人性，成为狼孩、猴孩、熊孩。而原生家庭是塑造"社会人"的首属群体，孩子需要在成年人的保护之下长大成人。

从未成年人的特点来看，未成年人属于社会上的弱势群体。一方面，他们的生理、心理发育尚未成熟，很多权利比如生存权、健康权、受教育权等靠自身是无法实现的；另一方面，他们的世界观、人生观还未形成，可塑性很强，辨别是非、区分良莠以及抵御社会上不良风气侵袭、诱惑的能力弱，自我保护意识和自我保护能力都比较差，更易受到各种违纪、违法、犯罪行为的侵害。当合法权利受到不法侵害时，他们往往意识不到，即使知道了也没有足够的能力来保护自己。所以，他们的许多权益往往必须通过家庭、学校、社会、政府、司法等来维护。

在我们国家，监护是民法中的一项制度，为那些没有行为能力的人和限制行为能力的人设立保护人。

我国《民法典》规定，不同年龄的未成年人的行为能力有不同的界定。

《民法典》摘要

◎ 十八周岁以上的自然人为成年人。不满十八周岁的自然人为未成年人。（第十七条）

◎ 十六周岁以上的未成年人，以自己的劳动收入为主要生活来源的，视为完全民事行为能力人。（第十八条）

◎ 八周岁以上的未成年人为限制民事行为能力人，实施民事法律行为由其法定代理人代理或者经其法定代理人同意、追认；但是，可以独立实施纯获利益的民事法律行为或者与其年龄、智力相适应的民事法律行为。（第十九条）

◎ 不满八周岁的未成年人为无民事行为能力人，由其法定代理人代理实施民事法律行为。（第二十条）

◎ 八周岁以上的未成年人不能辨认自己行为的，适用前款规定。（第二十一条）

◎ 无民事行为能力人、限制民事行为能力人的监护人是其法定代理人。（第二十三条）

◎ 无民事行为能力人、限制民事行为能力人造成他人损害的，由监护人承担侵权责任。监护人尽到监护职责的，可以减轻其侵权责任。（第一千一百八十八条）

几年前发生的这样一件事引起广泛关注：几个孩子因为看动画片《喜羊羊与灰太狼》而模仿其中的"绑架烤羊"情节，造成其中两个孩子被严重烧伤。法院对此案作出判决，令被告儿童的监护人承担60%的责任，赔偿15万多元；两名被烧儿童的监护人承担25%的责任；动画片的制作方也承担相应的赔偿责任。

人们不解：被烧孩子的监护人为什么也要担责？法学专家指出，本案中被烧儿童的父母作为监护人，有明显的失职行为。监护人对影视作品在内容选择上有筛选、过滤的责任，有责任教育未成年人。

最近连续有若干个报道说孩子瞒着大人用大人的微信、支付宝花费数万元购买游戏点券、给主播打赏。理论上说，孩子是没有或者是限制行为能力人，可以追回这些钱。也确实有家长找到游戏公司，获得了退款。前提是得举证这钱是孩子花的，可是对网上付费的操作很难举证，家长就只能自认倒霉了。

这类事件警示我们，父母作为未成年孩子监护人的意识必须强化。在我们国家，确立未成年人的监护制度就是为孩子确定代理人，不经代理人许可，有些事就不能做，做了也不算数。而如果未成年的孩子做了错事、违法的事，给别人带来伤害，监护人就要替他承担责任，这是推脱不了的。

《民法典》的规定，一方面强调了未成年人监护人的责任，另一方面根据孩子的年龄特点明确了尊重未成年人的自主意识和财产权。《民法典》还规定了无民事行为能力和限制行为能力的孩子在学校或其他教育机构受到人身伤害时，这些机构要承担责任，父母有权代理孩子维权。

教育提示：生了孩子，父母就不能推卸监护责任

做了父母的人，都会对孩子有一种喜爱之情、有一份责任感，也承担着对孩子的法定责任。无论工作多忙，无论家庭生活遇到怎样的困难，无论夫

妻关系有怎样的变故，父母对孩子的监护责任都不能推卸。

未成年人监护人的职责范围有哪些呢？2020年修订的《未成年人保护法》作了明确规定。

《未成年人保护法》摘要

◎ 未成年人的父母或者其他监护人应当履行下列监护职责：

（一）为未成年人提供生活、健康、安全等方面的保障；

（二）关注未成年人的生理、心理状况和情感需求；

（三）教育和引导未成年人遵纪守法、勤俭节约，养成良好的思想品德和行为习惯；

（四）对未成年人进行安全教育，提高未成年人的自我保护意识和能力；

（五）尊重未成年人受教育的权利，保障适龄未成年人依法接受并完成义务教育；

（六）保障未成年人休息、娱乐和体育锻炼的时间，引导未成年人进行有益身心健康的活动；

（七）妥善管理和保护未成年人的财产；

（八）依法代理未成年人实施民事法律行为；

（九）预防和制止未成年人的不良行为和违法犯罪行为，并进行合理管教；

（十）其他应当履行的监护职责。（第十六条）

这些内容，包括了孩子养育的方方面面，概括起来主要是：一是对未成年子女尽抚养义务；二是教育和引导孩子；三是保护孩子不受伤害；四是管理孩子财产和代理其民事活动。依法履行监护人的职责是做父母的底线，每一个有孩子的人不可不知、不能不做。

借口忙工作推卸责任的父母最不明智。

一家报纸曾经赫然刊登一则出资10万的"天价家教"广告。说的是在事业上取得极大成功的李先生，对教育自家的孩子却力不从心。他原先也请过好几个家教，都被孩子气跑了，孩子的成绩排在班上倒数之列。他希望请个能管得了孩子的老师，制订一个培养孩子的五年计划，钱不是问题，只要能把孩子培养好。

这个父亲可以高价买个"管得了孩子的老师"，却不知道花再多的钱，请再好的家教也代替不了父母作为监护人对孩子的呵护，替代不了父母在日常生活中对孩子的教育和潜移默化的影响。

未成年孩子的父母大多是中青年，处于事业的爬坡阶段，要承担的事情的确很多，忙挣钱、忙各种应酬。人们常说："我还不是为了这个家，为了孩子！"是的，为了孩子择校、买学区房、上早教班、上特长班、上课外班、出国留学……很多人并不吝啬在这些方面投入金钱和精力。细细想来，许多着力于这些投资的父母，把孩子成才的希望寄托于家庭以外的机构，却在很大程度上忽视了自身对孩子的作用，小看了家庭中以生命影响生命的价值。其实，这是个并不划算的选择。把加班加点、在外应酬的时间和精力用在经营家庭上、用在呵护和陪伴孩子上，会比把钱和孩子都交给别人产生更好的教育效果。

父母离婚了，双方依然要承担抚养教育孩子的责任。

离婚意味着夫妻关系解除，这是夫妻的权利。但是有一点必须明确，只要有了孩子，离婚就不仅是夫妻双方的事了，还牵涉孩子的权益保护问题。有的父母都想要孩子，生怕离婚后失去孩子；有的是都不想要孩子，推脱对孩子的抚养教育责任。其实，这都是没有弄清楚离婚后自己作为孩子的父母与孩子的关系。

《民法典》摘要

◎ 父母与子女间的关系，不因父母离婚而消除。离婚后，子女无论由父或者母直接抚养，仍是父母双方的子女。

离婚后，父母对于子女仍有抚养、教育、保护的权利和义务。（第一千零八十四条）

◎ 离婚后，不直接抚养子女的父或者母，有探望子女的权利，另一方有协助的义务。（第一千零八十六条）

我国《民法典》规定：离婚后子女仍是父母双方的；不直接抚养子女的一方要负担孩子的抚养费，有探望孩子的权利；离异双方都有对子女教育的义务。

为了减少对孩子心理上的伤害，友好分手是离异夫妻的最佳选择。无论是否直接抚养孩子，父母都要给孩子更多的尊重与爱护，把离婚对孩子的不良影响减到最小。

委托他人监护孩子，父母也不能撒手不管。

针对近年来农村留守儿童不断增加、父母的监护缺失问题，新修订的《未成年人保护法》对外出务工的未成年人监护人提出明确要求。

《未成年人保护法》摘要

◎ 未成年人的父母或者其他监护人因外出务工等原因在一定期限内不能完全履行监护职责的，应当委托具有照护能力的完全民事行为能力人代为照护；无正当理由的，不得委托他人代为照护。

　　未成年人的父母或者其他监护人在确定被委托人时，应当综合考虑其道德品质、家庭状况、身心健康状况、与未成年人生活情感上的联系等情况，并听取有表达意愿能力未成年人的意见。（第二十二条）

◎ 未成年人的父母或者其他监护人应当及时将委托照护情况书面告知未成年人所在学校、幼儿园和实际居住地的居民委员会、村民委员会，加强和未成年人所在学校、幼儿园的沟通；与未成年人、被委托人至少每周联系和交流一次，了解未成年人的生活、学习、心理等情况，并给予未成年人亲情关爱。（第二十三条）

《国务院关于加强农村留守儿童关爱保护工作的意见》强调："外出务工人员要尽量携带未成年子女共同生活或父母一方留家照料，暂不具备条件的应当委托有监护能力的亲属或其他成年人代为监护，不得让不满十六周岁的儿童脱离监护单独居住生活。外出务工人员要与留守未成年子女常联系、多见面，及时了解掌握他们的生活、学习和心理状况，给予更多亲情关爱。父母或受委托监护人不履行监护职责的，村（居）民委员会、公安机关和有关部门要及时予以劝诫、制止；情节严重或造成严重后果的，公安等有关机关要依法追究其责任。"

法国思想家卢梭在他的名著《爱弥儿》中说的一段话，对当今的父母依然具有现实价值：一个父亲生养了孩子，只是完成了他的任务的三分之一。他对人类有生育人的义务，他对社会有培养社会人的义务，对国家有造就公民的义务。凡是能够偿付这三重债务而不履行其责任的人，就是罪人，要是他只偿付一半，他的罪责也许还要大些。我们不能借口贫困，不能借口工作或借口关注公共舆论而免除自己亲自养育孩子的责任。

思考与践行

①为什么未成年的孩子需要监护人？谁是孩子的监护人？

②为什么说依法履行监护人的职责是做父母的底线？概括而言，监护人的职责是什么？

③查一查自身在对孩子履行监护人职责方面存在哪些缺失，应如何弥补。

二、没人知道明天和意外哪个先来

对幼小的孩子来说,危险无处不在。活泼可爱的小生命,或许瞬间就与父母永别了。来自多项研究的数据表明,与上百种导致儿童死亡的疾病相比,近年来,意外伤害已成为14岁以下儿童的第一死因,也是儿童致残的首要因素。新华社2015年报道:在中国,平均每年近5万名、每天近150名儿童因意外伤害失去生命;2019年进一步报道称:意外伤害占儿童死因总数的26.1%,而且这一数字还在以每年7%至10%的速度增加——这并不是危言耸听!

《未成年人保护法》摘要

◎ 未成年人的父母或者其他监护人应当为未成年人提供安全的家庭生活环境,及时排除引发触电、烫伤、跌落等伤害的安全隐患;采取配备儿童安全座椅、教育未成年人遵守交通规则等措施,防止未成年人受到交通事故的伤害;提高户外安全保护意识,避免未成年人发生溺水、动物伤害等事故。(第十八条)

◎ 未成年人在校内、园内或者本校、本园组织的校外、园外活动中发生人身伤害事故的,学校、幼儿园应当立即救护,妥善处理,及时通知未成年人的父母或者其他监护人,并向有关部门报告。(第三十七条)

危险无处不在！孩子无知，大人不可无畏

孩子的意外伤害大多是瞬间发生的，无论发生在哪里、无论是哪种伤害，大多是因为成年人照顾不周。因为一时疏忽，爱孩子的父母成了伤害孩子的间接杀手，这是谁都不愿意看到的结果。

意外伤害是指外来的、突发的、非本意的、非疾病的原因对身体、心理、精神造成的伤害。国际疾病分类已将意外伤害单列为一类，其中包括交通事故、跌落、锐器伤、砸伤、烧烫伤、碰击伤、挤压伤、咬伤、爆炸伤、中毒、触电、溺水以及环境因素引起的伤害等。

在"全球儿童安全组织"的微博上，有一个"儿童意外新闻"话题，汇集了各种儿童意外伤害事件：

深圳一名父亲倒车时不小心将自己1岁的儿子碾压致死。这名追悔莫及的父亲说，当时要出门，孩子要跟着，他先后两次将孩子抱回家里的客厅，当自己进入车里准备启动时，根本没有看到后来又跟出来的孩子……

湖南益阳一名父亲送4岁女儿去幼儿园，途中接了个电话，忘记将车开到幼儿园，更忘记孩子并没有下车。直到下午妈妈去幼儿园接孩子，发现人不在，最后两人才在自家小车后排座椅下找到孩子。当日气温33摄氏度，孩子因高温窒息身亡。

广州有一个1岁的孩子连续四五天哭哭啼啼，吃东西就吐。家长以为他只是肠胃不好。正当大家不知所措时，大女儿说："弟弟吞吃了硬币。"父母带孩子去医院手术将卡在食管处的五角钱硬币取出，孩子才转危为安。

长沙一个8岁男孩放学回家后，莫名其妙从楼道里的公共窗台掉出去了，被发现时已经无力回天。

四川一个5岁男孩不慎从四楼坠下，头部着地当场昏迷。被送到医院抢救时，孩子瞳孔已经散大，同时检查出重型颅脑损伤，肺部、肝部挫裂伤和身体多处骨折等，随时都有生命危险。

……

这些令人心碎的、五花八门的儿童意外伤害事件，无一不与家长的疏忽有关。惨痛的教训一次又一次给所有孩子的监护人亮出了黄牌！

全球儿童安全组织代表曾走进上海一个孩子的家，发现了阳台、窗户等10多处儿童安全隐患：炒锅、水壶摆在了灶台边；书房的桌角没有贴上防护贴；洗手间的马桶盖没有盖好……这些都有可能对孩子造成伤害。这个组织的一项调查统计结果显示：60%的家长会把孩子单独留在家中；66%的家庭拥有带尖头的用具和小件物品如剪刀、刀具、针等，其中大多放在儿童轻易能拿到之处；64%的家庭低的桌子如茶几等四边不是圆角；超过70%的家长不会定期对家居用品布置进行安全检查；近80%的家长不清楚如何对家居用品进行安全检查……这些都是儿童的安全隐患。

小孩子无知，大人不可无畏。未成年的孩子年幼无知，遭受意外伤害的原因是多方面的，有主观上的也有客观上的。

小孩子生性好动，对于新鲜事物的好奇心强、玩心重，但生活经验不足，防范能力较差，不知道哪里潜藏着危险，这是儿童容易遭受意外伤害的主观原因，也是主要原因。如果父母或者其他监护人忽视了这一点，对孩子缺少必要的呵护和指导，或者不能提供保证孩子人身安全的家庭环境，那么意外伤害就随时有可能发生。

儿童自我保护能力弱，注意力容易分散，对交通标志辨别不清，对交通状况缺乏判断力，加上有些家长在遵守交通法规方面做了坏榜样，使儿童成为交通事故的易发人群。

孩子喜欢爬高，身材又矮小，有的建筑物由于阳台、门窗、楼梯缺少安全保护装置，导致孩子容易从高空跌落。有的家长外出时将孩子反锁家中，孩子出于恐惧，冒险从阳台或窗口翻出，结果酿成悲剧。

孩子了解世界，除了用眼看、用手摸，还喜欢用嘴尝，因此误服也是意外伤害的重要原因之一。一名医生称，有些患儿什么都往嘴里吃，从玩具零件、纽扣、笔帽、图钉到老鼠药、农药、外用药，乃至胶水、汽油、水银、强酸、强碱等，儿童误服的东西可谓五花八门。

孩子对外部环境的危险因素缺少最基本的认识，不知道河水的深浅，每年夏天都是儿童溺水的高发季。

孩子不了解"电老虎"伤人、玩火的危险，被电击、烧伤也时常可见……

孩子无知并不可怕，可怕的是大人无畏，不把孩子的安全放在心上，对造成孩子意外伤害的不安全因素没有预先防范。主要问题表现在以下几个方面。

对孩子的特性缺乏了解。

一些家长一方面低估了孩子的活动能力，另一方面又高估了孩子的判断能力和应对能力。孩子脱离大人的视线随心所欲做自己想做的事的时候，难免遭受伤害。也有的家长不清楚孩子的承受能力，以为对成年人好的事也适用于孩子，结果事与愿违。

一个妈妈因为担心孩子发育迟缓，带他去做头部推拿。结果按摩师下手太重导致孩子全身瘫软、意识不清。孩子被紧急送往医院后，诊断结果显示双侧大脑半球广泛皮层坏死。

了解孩子与成年人不同的特性，这是父母承担保护孩子责任的必要前提。

家长自身缺少安全意识。

抱着孩子乘扶梯、车内不用儿童安全座椅、带孩子在不安全的地方玩耍、与孩子一起闯红灯……这些常常是大人们心存侥幸而做出的错误行为。

天津一座商城里，一个爸爸双手抱着两个孩子在四楼玻璃围栏天井处玩耍。他一个疏忽，其中一个孩子脱手跌落，慌乱之中本想去拉坠落的孩子，却把另一只手上抱着的孩子也弄掉了。两个孩子坠落到负一层，当场死亡。

但凡有点安全意识的大人都知道天井不是孩子玩耍的地方，孩子成了大人安全意识缺乏的牺牲品。

粗心大意忽视孩子。

"马大哈"父母自顾自玩手机、打麻将不管孩子，家中物品、药品随意放置，把孩子锁在车里却忘记了，放任孩子在公共场所脱离家长的视线和保护……这一切都难免使孩子遭受伤害。还有的家长让年幼的孩子独自在家，结果酿成伤害事故。

有对夫妻有一个3岁的儿子和4个月大的女儿。这对夫妻一天去田里干农活，把两个孩子留在家里。不到1小时，他俩回到家，看到哥哥压着妹妹，妹妹却躺在地上没了动静。夫妻俩把女儿送到医院后，孩子的心跳、呼吸都没了。医生检查后发现，女婴左侧腹壁、臀部、上下肢都有明显的瘀斑。夫妻俩说，进门时看到3岁的哥哥正压在妹妹身上，具体压了多久也不知道。

这件事怪不得不懂事的哥哥，只怪父母一时的疏忽。

教育提示：别用孩子的生命为父母的疏忽买单

每当孩子遭遇突如其来的意外被无情地伤害、致伤致残甚至失去生命的时候，每一个父母都发出撕心裂肺的呼喊，后悔自己没有事先防范。然而当悲剧发生的时候一切都晚了，孩子的生命只有一次。

意外伤害大多是偶然发生的，或许有些外部环境我们无法改变，有些看似安全的事情也潜藏着危险。父母唯一可以做的是精心呵护幼小的生命，让孩子远离危险。

增强防范意识，避免忽视孩子。

孩子发生意外往往与父母的麻痹大意、侥幸心理、缺乏预见和对孩子关心教育不够有关。孩子一切活动涉及的安全规则，在实际操作层面都需要靠父母自身的素质和责任心来落实和执行。父母要提高警觉性，增强责任心，尽心呵护孩子。

帮助孩子认识周围环境中潜在的危险。

什么能吃、什么不能吃，什么能摸、什么不能摸，什么能玩、什么不能玩等安全知识，一定要及早告诉孩子，从而培养他们独自应付环境、适应环境的能力，让孩子知道不安全的后果。

父母带头遵规守纪。

在社会生活中，处处有规则。跟孩子一起上街时，父母要言传身教，遵守交通规则，帮助孩子养成良好的安全习惯。对"不满12岁的儿童不准在道路上骑自行车""不得让不满16周岁的未成年人脱离监护单独居住"等相关法规，父母要严格遵守。

杜绝家中的不安全隐患。

家长应该把家里的药品、有毒物品、锐利物品放在孩子接触不到的地方，避免孩子误食中毒、切割致伤；禁止孩子在奔跑或讲话时进食，以避免异物进入孩子气管导致窒息；家电的电源线不乱接乱拉，以避免触电事故。要使孩子在家里有一个良好的安全的环境，努力做到防患于未然。

事实上，没人知道明天和意外哪个先来，再多的提示也避免不了发生意外伤害的全部可能性。呵护孩子的生命，靠的是父母对孩子的高度责任感和应对平常而又复杂的日常生活的智慧。吸取教训吧，别再用孩子的生命为你的疏忽买单！

思考与践行◆

①为什么小孩子容易遭受意外伤害？举几个曾在你孩子身上发生的或者你所知道的儿童意外伤害实例，分析一下应当汲取的教训是什么。

②查一查家中有没有可能造成孩子意外伤害的隐患，制订整改的措施，并尽快实施。

③父母如何提高安全意识，让孩子远离危险？应该着重在哪些方面做出努力？

三、恨铁不成钢，打孩子"打过了头就是烂铁"

微博@小不点嘚吧嘚曾发过一个话题问孩子"你赞同不打不成材吗？"孩子们说——

"又没有犯什么滔天大罪，为什么要打呢？"
"你们小时候被打过，不是也没成材吗？"
"打是疼骂是爱，父母的爱用脚踹。"
"父母打你，说你这个不行、那个不行，你会不会自卑？会不会抑郁？"
"父母打孩子是恨铁不成钢，如果打过了头就是烂铁！"
……

孩子们的"高见"，实在是值得父母们认真品味。

父母打孩子，在不少家庭成了家常便饭。在我国，"孩子是父母的，打自己的孩子天经地义"的观念根深蒂固。很多人都知道打人犯法，却认为这和打自己的孩子是两回事。而且，凡是打孩子的父母，往往都有自己的理由，认为打孩子是出于对孩子的爱。

事实上，"打孩子有理"的父母都是站在自己的立场上认为孩子不是一个独立的人，而是大人的附属物，我打你骂你理所应当。所谓"为了孩子好"，并没有考虑孩子的感受和对孩子产生的不利影响。

家庭暴力不是家庭的私事

曾有这样一条新闻引发人们热议：15岁的小慧平时学习成绩还不错，父亲对她寄予极高的期望，为她制定了十分严格的学习时间表。有一次，小慧和同学约好上网进行课业讨论，哪知一小时后父亲发现女儿竟在看视频，这让他大为恼火，也不听女儿解释，立刻关了电脑，父女俩吵得不可开交，气急的父亲对着女儿的头打了一巴掌。小慧叫着："你打我，我报警让警察抓你。"父亲本以为小慧只是说气话，没想到她真的打了110，称爸爸对自己实施家暴。不管民警和家人如何劝解，小慧都坚持要"抓爸爸去坐牢"。

父亲粗暴管教不对，女儿因一巴掌报警是否偏激了呢？大人打骂孩子犯法吗？自己家里发生的事外人管得着吗？

早在2006年我国修订的《未成年人保护法》中明确规定禁止对未成年人实施家庭暴力；2008年全国妇联等七部门联合制定的《关于预防和制止家庭暴力的若干意见》将家庭暴力报警纳入110出警工作范围；2016年3月1日开始实施的《中华人民共和国反家庭暴力法》（以下简称《反家庭暴力法》）尤其强调"未成年人的监护人应当以文明的方式进行家庭教育，依法履行监护和教育职责，不得实施家庭暴力"，未成年人"遭受家庭暴力的，应当给予特殊保护"。

什么是家庭暴力？

《反家庭暴力法》规定家庭暴力是"家庭成员之间以殴打、捆绑、残害、限制人身自由以及经常性谩骂、恐吓等方式实施的身体、精神等侵害行为"。

对家庭暴力的界定，意味着法律约束的是所有家庭成员，不仅是夫妻之间的互殴，也包括成年人对孩子实施的暴力行为。家庭暴力不仅是对身体的侵害，也包括对精神的侵害。当然，父亲打女儿一巴掌虽然没到家庭暴力的程度，却激化了父女之间的矛盾，在孩子心里留下了阴影。

《反家庭暴力法》还明确规定了家庭暴力的预防、家庭暴力的处置、人身安全保护令、法律责任等。这部法律其实不只是告诉我们针对过错和违法行为有什么惩罚，还告诉我们"家庭成员之间应当互相帮助，互相关爱，和睦相处，履行家庭义务"。这是父母作为孩子的监护人尤其应当做到的，是抚养教育孩子的题中应有之义。从这个意义上说，《反家庭暴力法》不仅是孩子的"护身符"，也是父母的"紧箍咒"。每一个承担对孩子抚养、教育责任的成年人，都有必要提高认识、认真反思，让反对家庭暴力成为自己的自觉行动，切实维护孩子生存和发展的权利。

大人打孩子司空见惯，究竟打出了什么呢？

"三天一顿打，孩子进北大"——2011年，"狼爸"萧百佑这个香港商人成了名人。他自称"中国狼爸"，走进了中国的若干个电视台现身说法，宣传他的"狼性"教育，即用"打"的教育方式，将四个孩子送进北京大学。萧百佑也跻身"成功"父母的行列，出版教子经《所以，北大兄妹》介绍自己的教育经验。以"打"为法宝的"中国狼爸"再次掀起中国人对教育方式的讨论。萧百佑的孩子上了北大，但不是所有上北大的孩子都是被父母打出来的。而且孩子考上北大是各种因素综合作用的结果，归结为"打"不免有些滑稽，更有违科学的教育常识。

许多父母打孩子，从孩子暂时的顺从中、从眼前的成效上似乎尝到了"甜头"，却不知道孩子受到皮肉之苦之后会产生怎样的副作用。父母打孩子，除了给孩子造成身体伤害，还有哪些危害呢？

伤害孩子的自尊心。

孩子虽然幼小，但随着年龄的增长，自尊心越来越强。打孩子是对孩子自尊心的严重损伤。有的孩子无力反抗来自大人的暴力，唯唯诺诺、一味顺从，进而变得胆小怕事；有的孩子越打越"皮"，从逆反、对抗发展到破罐破摔、自暴自弃。

迫使孩子说谎。

有的孩子慑于父母的压力，表面服输，内心不服，来个"好汉不吃眼前亏"，学会了见风使舵，养成了看人脸色行事的不良性格。

一个母亲领着孩子满脸愁容地来找专家咨询："不知为什么，我的孩子老撒谎。"专家抚摸着孩子的头，慈祥地对他说："我想你撒谎一定是有原因的，对吗？"在专家的开导下，孩子终于吐露了真情："我怕挨打。"原来只要孩子做错了事，就要遭到父母的打骂。专家对父母说："是你们教孩子说谎的。"父母愕然。

对父母嫉恨报复。

大人打孩子时，孩子或许由于弱小而无力反抗，但是难免在其幼小的心灵深处播下仇恨的种子。

一个母亲惊恐地说："不久前，我一怒之下打了他一巴掌，想不到他竟抓起一只短凳朝我扔来，险些砸在我的头上。他还恨恨地说，'走着瞧吧，过几年再算账！'想想儿子的话，我的心都凉了。"

2015年4月12日凌晨，河南新乡原阳一家私人家具厂发生火灾，一个4岁的男孩被烧死，其父母严重烧伤。让人惊讶的是纵火者竟是男孩的亲哥哥。民警在网吧找到他时，这个17岁男孩竟然淡定地说："火是我放的。"民警询问得知，此前男孩因沉迷上网打游戏挨了爸爸一顿揍，这让他非常恼火并怀恨在心。于是趁爸爸妈妈和弟弟都在厂里睡觉的时候，他放了一把火，然后就去了附近网吧。

在这个事件中，男孩的父母是受害者，同时也是孩子凶残行为的制造者。人们同情他们，也看到了这类家长日常暴力行为对孩子的深层影响，看到了他们对孩子教育的无奈和无能为力。

容易使孩子形成暴躁的性格。

家长对孩子动辄打骂，总会潜移默化地影响孩子，经常打孩子不仅容易使孩子形成暴躁的性格，而且这种行为是在给孩子做攻击性行为的示范。当与他人相处不尽如人意的时候，当遇到某些不良刺激的时候，孩子很容易产生攻击性行为。关于家庭暴力对孩子的影响，西方犯罪生理学家认为：在暴力家庭中生活的子女，有的虽然会憎恨家庭暴力，但由于耳濡目染，在性格上渐渐会形成独断、专横、脾气暴躁、听不进任何劝阻、心狠手辣等不良人格，这些不良人格成为其日后犯罪的诱因。

使父母丧失在孩子心目中的威信。

未成年的孩子是弱小的，父母面对孩子不尽如人意的行为，凭借着自己的力气，举手抬脚打他一顿是轻而易举的事。但是这样做令父母在孩子心目中的威信全无，反而让孩子瞧不起。

一个5岁的孩子挨打之后，指着爸爸说："你有什么本事？就会欺负小孩！"爸爸表示："我打了孩子反而让他瞧不起我，当时真有点无地自容的感觉……"

有个孩子说："干什么事都不要用暴力，这也是爸爸妈妈说的，但为什么他们还要用暴力对我们呢？"

父母打孩子，也失去了对孩子正面教育的作用。

孩子为躲避伤害背离家庭。

有的孩子离家出走、浪迹社会、最终走上犯罪道路，与父母的打骂不无关系。

在未成年犯管教所，16岁的陶凯向我们讲述了他与继父相处的遭遇。他说自己是在挨打中长大的。从2岁开始，继父的毒打就已经成了家常便饭，同时还伴随着训斥与责骂。起初这一切都与自己淘气有关，可后来，父母吵架、自己学习成绩不佳、偷拿家里的钱都可能导致一顿狠揍。由于不能忍受继父的打骂，陶凯从家里跑了出来，从此便辍学，开始了他的流浪生活，那时他只有11岁。从北京到天津、南京、徐州、连云港……他住车站、扒火车、偷东西、吸毒，最后因吸毒钱不够花，和两个朋友抢了两部手机，犯了抢劫罪，被判处3年徒刑。

削弱孩子自我教育的力量。

被打的孩子通常是迫于皮肉之苦向大人"服软"而缺少自我反省的自觉性。苏联教育家苏霍姆林斯基曾指出：每个人都应当知道，假若孩子体验到体罚的可怕和震惊，那么在他的心灵里，那种内在的、自身天赋的、作为自我教育的力量就减弱了。体罚越多、越残酷，那么自我教育的力量也就越薄弱。

这些都不是打孩子的父母愿意得到的结果。诸多现实告诉我们，许多从小遭受父母暴力行为的孩子，长大成人后在家庭生活中还会重复着父辈同样的生活，使这种家庭暴力延续下去。如此下去，代际传递，这种不健康的家庭越来越多，而在这种家庭中受害的孩子也越来越多。

教育提示：教育不能没有惩罚，但惩罚并不意味着体罚

不可否认，打孩子是教育方法的一种，但这种方法是最简单粗暴、最下策的方法。任何一个父母凭借着长者的权威，凭借着比孩子大得多的力气，举手、抬脚之间就可以让孩子在遭受皮肉之苦之后对大人服服帖帖，免去了苦口婆心的说教，省略了对科学教子法的钻研，更无须考虑什么以身作则——这样做再容易不过了。打，对顽皮的孩子似乎有一定的约束作用，也确有孩子在父母的打骂中成材的。但在绝大多数家庭中，被打的孩子没有成材，棍棒之下没有出孝子，"打是疼，骂是爱"根本不为孩子所接受。古往今来，许多家长教育子女的经验教训表明，打绝不是好办法，只能说是没有办法的办法。

那么，当孩子做出了这样或那样令父母生气、着急的事，父母如果不打，如何惩罚呢？

自然后果的惩罚。

自然后果的惩罚是18世纪法国教育家卢梭提出的教育法则。他说："我们不能为了惩罚而惩罚孩子，应当使他们觉得这些惩罚正是他们不良行为的自然后果。"他主张孩子犯了错，大人不给予人为的惩罚，而是让孩子在错误造成的结果中体验不快或痛苦，迫使其自己改正错误。比如孩子打坏他所用的家具，家长别忙着给他更换新的家具，要让他感受到没有家具的不方便，从而反思自己的错误行为并改正。

终止注意。

有时候小孩子产生偏差行为是想引起父母对他的关注，满足自己的心理

需要。这时，父母暂时不理睬他，孩子没辙了，自然就对"干坏事"失去兴趣，这种方法对不良行为有抑制作用。运用这种方法的前提是，父母要在一旁关注孩子，保证孩子是安全的。

适度隔离。

适度隔离指把孩子从产生不良行为的环境中隔离出来，在一定时间内不准他从事喜欢的活动或外出。隔离期间家长要让孩子知道自己违背了什么规定，被隔离的真正原因是什么。适度隔离的短期目标是立即阻止问题行为，长期目标是帮助孩子自我控制。

重复纠正。

孩子每次出现负面行为时都予以纠正，并重复一定的次数。当孩子接受父母提出的纠正要求并表现出适宜的行为时，应及时予以表扬和鼓励。

前人总结的方法还有很多，借鉴并灵活运用或许会收到比打孩子好得多的效果。此外，在孩子教育实践中，智慧的父母都能靠自己悟出教育孩子的真谛。

著名歌手龚琳娜是三个孩子的母亲。她把歌唱融入自己的生命中、融入日常的生活中，甚至融入对孩子的教育中。比如孩子不愿意刷牙，打骂也无效。她就跟孩子一起打着节拍"刷刷刷，刷刷刷，刷刷刷！"刷牙在他们家成了一件愉快的事。儿子干了坏事，她的气儿不打一处来，又不能打孩子，她就两只手抓住儿子的肩膀唱京剧"我的儿啊……"自己消了气，对孩子也有震慑作用。

这样的方法是她自己悟出来的，她懂得控制自己的不良情绪，激发孩子内在的动力，让孩子主动参与，还不失母亲的威严，使亲子关系更和谐。

孩子们对父母打自己的"高见"和挨打之后打"110"报警的言行，给我们提了个醒：孩子是独立的人，不是父母可以随便施暴的对象，他们有权依法维护自身权益，社会也有责任对父母的违法行为进行干预。我们更应该了解的是，家庭教育是一门科学，也是一门艺术，父母多学些管教孩子的艺术，孩子可以免遭皮肉之苦和心灵创伤，自身也能不断提高教育能力，有益于亲子和谐相处。

思考与践行

①"家庭暴力"包括哪些对孩子身体和精神上的侵害行为？为什么要禁止对未成年人实施家庭暴力？

②你打过自己的孩子吗？打孩子的教育效果怎样？问问孩子挨打时的感受是什么。

③你同意"不打不成材"的说法吗？说说自己的理由。打孩子对孩子有哪些不利的影响？

④说说在孩子教育的过程中，比打孩子更有效的教育方法，与其他家长交流一下运用这些方法的体会和经验。

四、成人失职，不该让儿童承受家庭负担之重

未成年的孩子，是弱小的、不成熟的，需要社会在方方面面给予他们特殊的保护。国际社会和我国有一系列关于未成年人的保护政策，是保障未成年人生存和发展的法则和基本依据。成年人特别是父母，必须履行保护孩子的责任，不该让他们承受成年人的失职之重。

《民法典》摘要

◎ 夫妻双方平等享有对未成年子女抚养、教育和保护的权利，共同承担对未成年子女抚养、教育和保护的义务。（第一千零五十八条）

◎ 父母不履行抚养义务的，未成年子女或者不能独立生活的成年子女，有要求父母给付抚养费的权利。（第一千零六十七条）

《未成年人保护法》摘要

◎ 未成年人的父母或者其他监护人不依法履行监护职责或者严重侵犯被监护的未成年人合法权益的，人民法院可以根据有关人员或者单位的申请，依法作出人身安全保护令或者撤销监护人资格。

被撤销监护人资格的父母或者其他监护人应当依法继续负担抚养费用。（第一百零八条）

◎ 未成年人的父母或者其他监护人不依法履行监护职责或者侵犯未成年人合法权益的，由其居住地的居民委员会、村民委员会予以劝诫、制止；情节严重的，居民委员会、村民委员会应当及时向公安机关报告。

公安机关接到报告或者公安机关、人民检察院、人民法院在办理案件过程中发现未成年人的父母或者其他监护人存在上述情形的，应当予以训诫，并可以责令其接受家庭教育指导。（第一百一十八条）

"最美孝心少年"反衬成人社会失职

在现实生活中，我们时常看到成年人在有意无意之中给弱小的孩子施加了本不该他们承担的责任，甚至把由于父母失职、不得已背负着沉重家庭负担的孩子树立为榜样来宣传的现象。这无异于为不负责任的父母们开脱，是打着"孝敬长辈""光荣"等冠冕堂皇的旗号伤害孩子。

2014年，在中央电视台"寻找最美孝心少年"大型公益活动中，有10名少年获"最美孝心少年"荣誉称号，23名少年获评2014年度"特别关注孝心少年"。媒体报道称，这项活动面向全国18岁以下的少年儿童，通过寻找、发掘、宣传新时期"孝心少年"的典型代表，展现他们孝敬长辈、自强不息、阳光向上、自立自强的感人事迹。

中央电视台隆重推出的颁奖典礼，感动了现场和荧屏前无数的人。获奖少年成为现代社会弘扬孝道的精神楷模，他们的孝心、爱心、责任心和他们日复一日为长辈、为家庭艰辛付出的事迹，给孩子和大人们以巨大的心灵震撼。

细读孝心少年的事迹，我不禁有另一番感受，是心酸、心痛：

10名"最美孝心少年"中年龄最小的5岁、最大的16岁。他们中爸爸或妈妈不堪家庭重负离家出走的有4人；父母离异，双方都不管家的有1人；妈妈去世的有3人，其中2人的爸爸在外打工、1人的爸爸入狱；爸爸或妈妈患重病的有2人，其中1人的爸爸常年在外工作，1人的妈妈没固定工作……

每个孩子都背负着沉重的家庭生活负担，他们精心照顾家中生病的父母、老人、年幼的弟妹，有的利用课余时间打工，有的放弃了安稳的学习环境，有的捡废品卖钱，有的把自己的痛楚藏在心里却用自己的微笑面对长辈。

由此我想到，在我们这个以人为本、以依法保障儿童合法权利、促进儿童全面健康成长为原则的国度，这些孩子竟然生活在如此糟糕的家庭环境之中，他们的坚忍确实令人敬佩，可是他们的境遇也让我产生了一系列的疑问。

父母对孩子的义务履行是由国家法律规定的，为什么10个孝心少年中5个孩子的父母不履行对孩子的义务，把家庭困难转嫁给未成年的孩子成为理所当然的事，而没有受到舆论的谴责和法律惩处？

我国《民法典》规定："父母是未成年子女的监护人。""父母与子女间的关系，不因父母离婚而消除。离婚后，子女无论由父或者母直接抚养，仍是父母双方的子女。""离婚后，父母对于子女仍有抚养、教育、保护的权利和义务。"《未成年人保护法》规定父母或者其他监护人应当履行监护职责。父母对孩子的监护和抚养义务履行是由国家法律规定的。但是，为什么这大部分"最美孝心少年"的父母却理所当然地不履行对孩子的义务，把家庭困难转嫁给未成年的孩子，却没有受到舆论的谴责和法律的处罚？

为了保护儿童身心健康，我国法律明令禁止使用童工，招用未满16周岁的孩子做工属违法。在10个孩子中，为了家人生计不得不打工、干零活、卖东西挣钱的孩子有6个。瞒着生病的妈妈去打工，为了给奶奶买药干零活挣钱，为了给爷爷治病捡废品卖钱……孩子做了本该大人们做的事是不得已而为之，我们的社会为什么没有保护孩子的意识？社会保障为什么不能惠及如此困难的家庭？

主流媒体寻找孝心少年、褒奖孩子讲孝心，目的是弘扬我国优秀的传统文化，给更多的孩子树立学习的榜样。可是为什么几乎所有的"最美孝心少年"都出自不健全或非常态家庭？为什么一定要以牺牲儿童利益来维持家庭生活、照顾成年人的事例作为宣传点？多数孩子在被"最美孝心少年"感动的同时，会不会觉得如此尽孝是件很困难或者离自己很远的事呢？

如此看来，在当下我国某些媒体和儿童工作部门缺乏以儿童权利视角，尊重、保护儿童权利的意识。有时候成年人站在自己的立场上，"为了孩子好"做的一些事并不符合孩子的根本利益，甚至会在无意中造成对孩子的伤害。

儿童的权利是与生俱来的，不是成年人给予的，但是成人社会承担着保护、保障他们权利实现的责任和义务，孩子对长辈尽孝不该建立在损害孩子自身利益的基础上。事实上，对绝大多数孩子来说，有父母的呵护、有优越的家庭生活环境，尽孝应该是愉快的经历。一句温馨的话语、一个爱抚的举动、一点东西的分享……在这些融于日常生活的点滴小事中，孩子的孝心会逐渐养成，并成为一种习惯。

从"最美孝心少年"的家庭生活境遇中，我们也可得知如今依然有一些孩子由于家庭问题和生活困难处于困境之中。这些孩子最需要的不是成为可效法的"榜样"，得到精神上的"荣誉"，而是保护他们弱小的身躯和不成熟的心灵，给予他们实实在在的家庭生活上的资助和帮助，是教育和警示那些漠视儿童权利却全然不知的父母要知法懂法，是帮助孩子运用法律武器将不履行监护责任、侵害自身权益的成年人绳之以法。

教育提示：家庭问题和生活压力绝不能转嫁给孩子

我国特别重视对困境儿童的保护，国务院曾发布《关于加强困境儿童保障工作的意见》。困境儿童包括因家庭贫困导致生活、就医、就学等困难的儿童，因自身残疾导致康复、照料、护理和社会融入等困难的儿童，以及因家庭监护缺失或监护不当遭受虐待、遗弃、意外伤害、不法侵害等导致人身安全受到威胁或侵害的儿童。意见提出家庭尽责、政府主导、社会参与、分类保障的基本原则。为困境儿童营造安全无虞、生活无忧、充满关爱、健康发展的成长环境，是家庭、政府和社会的共同责任。其中"家庭尽责"的前提是父母作为孩子的第一监护人要知法懂法，即便由于自身和家庭困难难以履行对孩子的监护职责，也有义务借助亲属或社会力量保护孩子。

再穷，也不能让孩子当童工。

在我国一些贫困地区，父母让不满16周岁的孩子辍学做工、工厂非法雇用童工等侵犯未成年人权益的现象时有发生。

浙江一家编织袋加工场曾经发生一起童工摔伤事件。一名14岁的女孩由于不堪忍受一天长达15小时的沉重劳动，跳楼逃出致身体受伤，其12岁的妹妹也在加工场做工。经查实，这家企业40名工人中有26人年龄在16岁以下。在这批童工中，年龄最小的仅12岁。他们平均每天劳动时间长达19个小时以上，而月工资却少得可怜。身为童工的家长们，竟然不知道让孩子接受九年义务教育，只知道让孩子出去赚钱贴补家用。

现在，我国有许多救济贫困家庭的措施，保障贫困家庭的孩子都能上学读书，完成义务教育。关键是一些父母认为孩子读书也没用，不如早点挣钱；一些劳动密集型企业为了降低生产成本，把未成年人当廉价劳动力。事实上这么做是剥夺了孩子就学、健康成长的权利，也剥夺了孩子将来发展的机会。

未成年的孩子处在生长发育时期，他们的生理、心理还没有成熟，过早地从事劳动对他们的健康十分不利，也会影响他们接受义务教育。所以《未成年人保护法》《禁止使用童工规定》等法律和政策文件对未成年人参加劳动有严格的限制：禁止未满16周岁的未成年人做工；年满16周岁，已经完成了义务教育的未成年人，可以参加工作。但是为了保证他们的人身安全，用人单位不能安排他们从事矿山、井下、高空、高毒、放射性、易燃易爆以及超过国家规定的体力劳动强度的劳动和其他禁止从事的劳动，否则要受到处罚。

不能让早婚断送孩子的童年。

在我国，早婚现象依然存在，孩子成为父母既得利益的牺牲品。

《民法典》摘要

◎ 结婚应当男女双方完全自愿，禁止任何一方对另一方加以强迫，禁止任何组织或者个人加以干涉。（第一千零四十六条）

◎ 结婚年龄，男不得早于二十二周岁，女不得早于二十周岁。（第一千零四十七条）

◎ 因胁迫结婚的，受胁迫的一方可以向人民法院请求撤销婚姻。（第一千零五十二条）

在某个山区，有的女孩刚上小学五六年级，家长就给订了婚，有的刚上初二就辍学结婚。有的父母认为，早点给子女定亲有选头，即人们常说的"上早市，挑鲜的"，以防让别人占了先，便过早地为孩子定了亲；有的父母以收彩礼的方式聚敛钱财，逼着未成年的女儿上了花轿。

早婚，会给未成年孩子带来诸多不利影响：一是严重影响孩子的身心健康。未成年的孩子处在生理和心理的发育阶段，很多方面还不成熟，社会生活阅历浅，甚至还不知道婚姻为何物。结婚后难以承受怀孕、生子、家庭生活的负担，难以应对婚后的各种家庭矛盾，很容易造成心灵创伤，破坏正常的生理和心理发育。二是早婚往往使孩子放弃学业。未成年人结婚，实际上是被父母强行带进了婚姻的"牢笼"，不得不放弃继续上学的机会，为了生计开始务农或者打工挣钱，错过了学习文化知识的最佳时期，这种损失将终身难以得到补偿。三是早婚得不到法律的保护。因为没有达到法定的结婚年龄，无法合法登记结婚属于"无效婚姻"。早婚成了未婚同居、未婚先孕，早婚的未成年人不具有合法夫妻应有的权利，合法权益得不到保障。四是早婚对下一代的抚养和教育十分不利。本来未成年人自身还不成熟，早婚后承载起与他们的年龄不相匹配的家庭生活和生儿育女的重担，往往力不从心，容易在家庭教育方面出现问题，给下一代的健康成长制造障碍。

正因这些问题的存在，很多早婚家庭危机重重，极不稳定，很容易破裂，这又会带来新的家庭问题和社会问题，形成恶性循环。有的父母虽然没有迫使未成年的孩子结婚，但是早早地按照自己的意愿给孩子订立了婚约，这也是不允许的。我国《未成年人保护法》规定：不得"允许、迫使未成年人结婚或者为未成年人订立婚约。"我国《民法典》规定："结婚应当男女双方完全自愿，禁止任何一方对另一方加以强迫，禁止任何组织或者个人加以干涉。""禁止包办、买卖婚姻和其他干涉婚姻自由的行为。禁止借婚姻索取财物。"迫使未成年人结婚或为未成年人订立婚约都是违法行为。早婚使孩子丧失了童年，泯灭了童心，一辈子都难以补偿。

避免监护缺失和家庭环境不良迫使孩子背离家庭。

我们对未成年犯、工读学校学生和流浪儿童的多次调查都显示，这些孩子大多生活在问题家庭中，他们比普通孩子受到更多的来自家庭、父母对他们的伤害，许多孩子有着多次离家出走的经历。他们脱离家庭，脱离成年人的监护，衣食无着，处境艰难，合法权益难以得到充分保障。有的孩子以不正当手段谋生或被坏人利用，打架斗殴、扰乱公共秩序、小偷小摸、强行索要他人财物、参与赌博、结伙犯罪等越轨行为时有发生。

孩子离家出走流落街头，并非单一原因造成的，往往是家庭、学校、社会中各种不良因素交织作用的结果。然而未成年的孩子离开他们的父母或者其他监护人，无论是主动选择流浪还是外力驱使，无论学校和社会有怎样的不良因素影响，都可以从家庭环境不良、监护职责缺失、教育不当等家庭问题中找到原因。这是他们对自己家庭生活环境不满，进行反抗、脱离、摒弃和改变的一种方式，反映了他们的权益受损和父母作为监护人的失职。

孩子需要温馨的家。父母精心呵护孩子，让他在家中感受到温暖、和谐和快乐，能在很大程度上减少生活中的不利境遇带给孩子的伤害。

思考与践行

①你认同文中对"最美孝心少年"表彰的分析吗？理由是什么？

②为什么家庭问题和生活压力不能转嫁给孩子？我国在这方面有哪些法律规定？

③联系自己家庭的实际情况，说说怎样减少家庭生活的不利状况给孩子带来的伤害。

五、忽视酿恶果，孩子需要高质量的陪伴

如果说父母不重视自己的孩子，很多人并不承认。但是在日常生活中忽视孩子，缺少对孩子的陪伴，却是比较普遍的现象。

忽视孩子，无意之中酿恶果

《扬子晚报》曾刊发一则"玩手机被父亲责备，11岁男孩切下左手食指"的报道：

小朋起床后就一直抱着手机玩游戏，其他什么事情都不做，他6岁的弟弟也一直盯着小朋手里的手机。在厨房忙碌的母亲见状便说："小朋，你有空就教教弟弟功课，不要一直玩游戏。"听了这话，小朋便嚷起来："我不教，去年教过的，今年又不会了。"听见这段对话，爸爸忍不住对小朋训斥了一句，"再玩就把你手指剁下来"。小朋听后立马就炸毛了，转身就拿起了身后矮桌上的菜刀，朝着自己的左手切下去。当场，食指就掉了两个指节下来。父母立即将孩子送到医院，经过3个多小时的手术，才将手指接上。

孩子自残，是父母万万没想到的事。小朋无论能否保住手指，都将在

身体上留下永久的印记，在他的心理上更是留下不可消除的阴影。对此事件有诸多评论：有的说孩子太任性，有的说孩子心理太脆弱，有的说孩子不懂得珍爱生命；有的说父母惯出了孩子的坏脾气，有的说父母对孩子的言语、态度有问题，也有的说"是不是爸爸妈妈也是暴脾气呀，孩子怎么这么极端？"……也许这些因素都或多或少存在。

这样的极端事件毕竟是个别的，孩子切下手指前的行为、父母的言语以及人们分析的种种原因则是普遍存在于我们日常生活中的。仅就这个事件分析，我觉得作为父母应当有这样的反思：为什么两个孩子起床后一直抱着手机玩游戏，是不是父母都在忙自己的事而没有一个人关照孩子？妈妈试图以教弟弟功课让哥哥放下手机，而这并不是孩子乐于做的事，是否激发了他的不良情绪的产生？当妈妈的要求被孩子顶撞，爸爸又来训斥孩子、恶语相伤，是否对孩子的不良情绪起了火上浇油的作用？……如果父母顾及孩子的感受和心理特点，用恰当的方式处理孩子的行为问题，事故就有可能避免。

就行为本身来说，这个孩子跟妈妈的抱怨并未起作用，又受到爸爸的训斥。这时的父母处于强势地位，孩子被忽视、受到攻击一定会感到愤怒，却又无力再辩解、还击。但愤怒的情绪一旦产生，就会寻找宣泄的出口，于是孩子就砍下了自己玩手机的手指，实际上是做给父母看的，以此来表示对他们的不满。

类似这样的事有很多，细细想来，都是父母忽略了孩子的特点、感受和需求，做了违背孩子意愿的事，一意孤行在先。父母常常只是试图解决孩子的问题，而没有意识到问题背后的真正原因在自己。

有个女孩因为入室盗窃被公安机关抓获。父母和学校的老师、同学怎么也想不到这个性格内向、学习成绩不错的孩子会干出这样的事来。而她所说的盗窃的理由又是那么令人费解："我就是觉得没事可干才这样做的。"原来，女孩的父母忙于生意，经常不在家，她又不善于交友，只身一人时常感到孤独寂寞。有一天见邻居家没关门就进去拿了一些东西，回家后感觉挺好，之后又干了若干次，喜欢什么就拿什么。女孩将所有偷来的东西都原封不动地放在抽屉里，她偷东西只是为了填补失去父母关爱的空虚。

发生这样的事，我们没有理由只是责怪孩子。父母忙于生意固然重要，但并非完全没有可支配的时间。是否把有限的时间用于陪伴孩子，是否把陪伴孩子当作自己必须做的、重要的事，是每个父母都应思考的问题。

当手机日益成为人们的信息来源、交往和娱乐的工具以及生活必需品时，时刻关注手机而忽视孩子的父母大有人在。有一句话说得特别形象："世界上最远的距离是你在我身边，而你在看手机。"在一些孩子心里，爸妈对手机的喜爱远远超过对他的关心。有个孩子说："我要是爸爸妈妈的手机就好了！"有个孩子画了一幅漫画，家里床上躺着的是一个盖着被子的手机，画上的一行文字是"爸爸妈妈还有一个宝贝叫手机"。这是孩子对爸爸妈妈冷落自己的真实表达和无奈呼喊。

孩子之所以如此在乎父母，渴望父母关注和陪伴，是因为父母所能给予孩子的是其他人无法替代的。而父母忽视孩子的后果，不是金钱等物质投入可以弥补的。

忽视，使孩子缺少安全感。

孩子最需要的是安全感，与家人在一起，彼此和睦相处是孩子获得安全感的最重要因素。无论遇到怎样的困难、挫折，有家的温馨和家人在身边的抚慰，都是最好的心灵寄托。缺少安全感的人，很难有胆量去独自面对社会、去探索世界。而幼时有没有从原生家庭获得安全感，将影响他的一生。

忽视，使孩子加剧孤独感。

家里有再多的玩具，学校有再多的玩伴，手机和电脑里有再诱人的游戏和节目，也替代不了父母给予孩子的亲情滋养。尤其年幼的孩子，如果缺少父母的拥抱和抚摸、温柔的眼神注视、轻柔的声音安抚，就难以建立与父母的亲密关系，不利于孩子身心健康发展。长期被忽视、遭冷落的孩子，心灵容易陷入孤独的困境。

忽视，使孩子感受不到父母的真爱。

爸爸妈妈的爱在孩子眼里不是物质，而是"花时间陪伴我"。一个父亲在日记里写道："今天和儿子去钓鱼，又浪费了一天。"儿子当天也写了日记："今天和爸爸去钓鱼，可以说这是我出生以来最得意的一天。"孩子对父母之爱有着自己的理解和强烈的渴求："爸爸、妈妈，你们再不陪我，我就长大了！"对他们来说，时间就是爱的标志物，陪伴是父母给予的最有价值的礼物，而被忽视的孩子感受不到父母的真爱。

教育提示：高质量陪伴，是对孩子最好的呵护

父母给予孩子高质量的陪伴，是与孩子积极的互动，是满足孩子内心的需求，是帮助孩子健康成长的内在动力。高质量的陪伴至少要把握几个要点：

父母同孩子拥有共同时间。

陪伴绝不是一刻不停地哄孩子、逗孩子，按照大人的节奏干预孩子；不是成天盯着孩子的学习，陪着孩子写作业、上课外班；不是坐在孩子身边玩手机、看电视；不是事无巨细地对孩子指指点点。陪伴是大人与孩子在共同的时间里，在"一个频道"上互动：一起游戏、一起休闲、一起运动、一起做家务、一起购物、一起阅读，乃至一起吃饭、一起洗漱。这些家庭日常生活中的小事，如果大人与孩子一起做，在互动中边做边聊、有学有教，互换

信息、共享乐趣，倾听孩子的声音，与孩子共情，孩子没有压力，大人无须说教，何愁亲子关系不和谐！

一位心理学教授讲了自己的体会：很多年前，当我的孩子还在上二三年级的时候，我曾非常激动地准备"怎样才是好家长和好老师"的演讲稿。但我发现，我之前并没有多少与孩子独处的机会。最后，我决定休息一天，单独和我的孩子到海滩去。我们玩球、玩海藻，做一切在海滩上能做的事。一天下来，我已精疲力竭，孩子也累了，但是非常快乐。在回家的路上，他十分突然地说："我们玩得不是很好吗？从现在起，你要求我做任何一件事，我都准备去做。"这就是父亲与孩子一起游戏的结果。

父母在与孩子共同做事的过程中，观察孩子的内心世界，了解他们的感受，抓住有利时机启发、引导孩子，孩子更容易接受。孩子也会在与父母共同参与的活动中，增加对父母的了解，增强自信，感到内心的愉快和满足。

与孩子进行有效交谈。

家庭是孩子的"语言实验室"，在与父母的交谈中，孩子们学会如何表达自己和理解他人，尤其是与父母的当面沟通，是彼此了解和发展社会情感能力的最好方式。这种有效交谈不是大人说、孩子听，而是双向互动的；不在于大人说了什么，而是以什么方式与孩子沟通；不在于大人说了多少，而是有多少内容得到了孩子的认同。总之，衡量交谈是否有效的标准是，是否有来有往，是否对彼此尊重。

回应求助，满足孩子的正当需求。

孩子知识面有限而又对周围的很多事情有好奇心，总有许许多多的问题；他们生活经验不足，会在各种日常活动中遇到各种各样的困难。在家里，他们随时会向父母求助。这时，父母是不是回应、以什么态度回应，表明对孩子的问题是否重视、对孩子是否尊重。有人对孩子的问题表示不耐烦："去去去，一边儿去，我没空！"这样就会打击孩子主动与家长互动的积极性，久而久之，孩子就很有可能不再把大人当作可依靠的对象。其实，家庭教育在很大程度上就是回应孩子的问题、满足孩子的需求。孩子与大人互动，大人随时解决孩子日常生活中的问题，恰恰就是给予孩子最好的陪伴，是传递正确的价值观、引领孩子行为的最佳教育时机。

持续关注，与孩子保持情感联系。

陪伴孩子不只是大人与孩子相守。由于自身的、家庭的原因和工作的特殊需要，有的父母不具备每天与孩子在一起的条件，甚至一周、几个月、一两年不能与孩子相聚，但这并不意味着没有陪伴。

近代思想家梁启超"满门俊秀"，9个子女都是国家的栋梁。在孩子小的时候，他无论工作多忙、离孩子多远，都以各种方式履行做父亲的责任，仅写给子女们的信就有300多封。即便子女多年见不到父亲，也能时刻感受到父亲的存在，以及父亲对他们人生的引领。这种对子女的持续关注同样是高质量的陪伴。

也就是说，即便家人暂时不能在一起，也需要彼此的相互牵挂和精神关怀，需要父母对孩子的心理抚慰和人生引领，这是家庭不可缺少的功能。

父母对孩子的爱应当是无条件的。高质量的陪伴要有舍得放弃一些以满足自身或家庭外部需要的事情的勇气，要有甘愿与孩子在一起付出时间、精力和耐心的情怀，要有读懂孩子需要的洞察力，要有积极创造条件改善家庭氛围的能力。

思考与践行

①当下,父母忽视孩子有哪些表现?会给孩子成长带来什么不利影响?

②在你们家,有没有存在忽视孩子的问题?如果有,举例说说孩子是什么反应,你怎么看。

③给予孩子高质量的陪伴还有哪些好的做法和经验?你打算在哪些方面做出努力?

六、直播撒尿，侵犯了孩子的人格权

一个妈妈在朋友圈晒娃的照片火了，她说自己的孩子在天安门广场和故宫前"又随便拉尿尿了"，还配上孩子"害羞"的表情。照片里，孩子的隐私部位堂而皇之地出现在大庭广众之下，成为母亲和友人们玩笑的谈资，并在网上广为传播。

且不论孩子在公共场所撒尿有违最基本的公共道德，我们想想看，等这个孩子懂事了、长大了，知道自己曾在天安门这样庄严神圣的地方被"直播"撒尿，隐私部位堂而皇之地暴露在公众面前，是一种什么样的感受？

隐私是孩子的权利

《民法典》摘要

◎ 自然人享有隐私权。任何组织或者个人不得以刺探、侵扰、泄露、公开等方式侵害他人的隐私权。

隐私是自然人的私人生活安宁和不愿为他人知晓的私密空间、私密活动、私密信息。（第一千零三十二条）

◎ 个人信息是以电子或者其他方式记录的能够单独或者与其他信息结合识别特定自然人的各种信息，包括自然人的姓名、出生日期、身份证件号码、生物识别信息、住址、电话号码、电子邮箱、健康信息、行踪信息等。

个人信息中的私密信息，适用有关隐私权的规定；没有规定的，适用有关个人信息保护的规定。（第一千零三十四条）

《未成年人保护法》摘要

◎ 任何组织或者个人不得隐匿、毁弃、非法删除未成年人的信件、日记、电子邮件或者其他网络通讯内容。

除下列情形外，任何组织或者个人不得开拆、查阅未成年人的信件、日记、电子邮件或者其他网络通讯内容：（一）无民事行为能力未成年人的父母或者其他监护人代未成年人开拆、查阅；（二）因国家安全或者追查刑事犯罪依法进行检查；（三）紧急情况下为了保护未成年人本人的人身安全。（第六十三条）

隐私，是指公民个人生活中不希望被他人知道或不愿被公开的秘密，比如私人日记、个人身体秘密、私密信息等等。保护隐私，不仅是每个人的正当要求，也是国家和公民的责任。

未成年的孩子也是公民，他们的隐私权和个人信息同样受法律的保护，对父母来说，保护孩子的隐私权更是义不容辞。

谈到孩子的隐私权，有人会说："小孩有什么隐私？"人们总是把"隐私"与成年人"见不得人"的事联系起来。事实上，隐私权是自然人的基本权利之一，是一种人格权，体现的是人的人格尊严，是维护独立人格所必备的权利。未成年的孩子虽然年龄小，心理、生理上都不够成熟，但他们一样拥有自己的个人空间、个人生活和个人秘密，就是实质上的隐私。

在处理与孩子的关系上，许多父母受中国传统观念的影响在认识上有误区，认为孩子是属于我的，无论在生活上还是思想行为上都依附于我，孩子在父母面前没有隐私可言，父母有权知道子女的一切情况。事实上，孩子是一个独立的人，有作为公民的权利。父母是孩子的监护人，教育保护未成年人既是父母的权利也是义务，为了孩子的学习、成长，难免会涉及孩子的一些隐私。但许多父母往往只强调自己的权利，而忽略孩子的权利。也有的父母以保护孩子的健康成长为由，有意无意之中侵犯孩子的隐私权。有的父母会说：如果大人对涉及孩子的日常生活、社会交往、思想和情感方面的情况都不了解，那么，保护和教育孩子的权利如何行使、义务如何履行呢？又怎么能够做到保护孩子的身心健康发展呢？正是这些冠冕堂皇的理由，使得父母对未成年人的隐私权视而不见，使得社会模糊了父母的侵权行为与合法行为的界限。

有个女孩曾在日记中写下自己的性幻想，不料被她母亲发现。母亲不仅不认为自己偷看女儿的日记是错误的，反而激烈地批评、谩骂女儿，并扬言将日记交给老师，向全班同学宣读。女孩无法忍受母亲对她的精神伤害而自杀身亡。

母亲这样做至少犯了两个错误：一是偷看孩子的日记，二是试图向外人披露孩子的隐私。可以说，是母亲的愚昧无知杀了自己的女儿。我们应当有这样的认识：法律保护所有的合法权益，每一种权利都是平等的，不能为了实现一种权利而去侵犯另一种权利。父母对孩子的监护权、教育权固然重要，可是，孩子的隐私权同样不容忽视。

那么，哪些做法属于侵犯孩子的隐私权呢？

私拆孩子的信件，私自查看孩子的日记、电子邮件、微信和QQ聊天记录，偷听孩子的电话；

采用胁迫、引诱、暴力等方式要求孩子说出并不愿意被别人知道的个人秘密；

为了窥探孩子的秘密，未经许可检查孩子的物品，比如私自翻书包、翻口袋、翻抽屉；

把孩子只想跟父母说的秘密、不愿意让外人知道的身世、犯有罪错的事实等向外宣扬；

把孩子身体隐私部位的照片、录像公开传播……

《未成年人保护法》规定："保护未成年人隐私权和个人信息。"孩子不想让别人知道的事情，比如自己是被收养的孩子、某些疾病、身体缺陷、曾经的过失和不幸的经历以及考试成绩等，都是孩子的隐私。不管这些隐私是好是坏，如果孩子不愿意告诉别人，父母都应该为他保密，否则就是不尊重孩子。

对于学校、老师或者其他任何组织和个人披露孩子隐私的情况，比如学校张榜公布考试成绩，尽管学校、老师是出于对学生负责的目的，是为了促进学生努力学习，但是这样的做法构成了对孩子隐私权的侵害，父母就要及时予以制止，帮助孩子维护自身权益，以免给孩子带来伤害。

小李上中学后几个学期的考试成绩都在年级前三名，每当学校张榜公布学生成绩，他总是被老师、同学倍加赞赏。但他毕业考试发挥失常，只考了第20名。成绩公布后，同学、老师对他另眼相看，多有微词。他觉得很没面子，自尊心受到严重伤害，就在当天晚上跳楼自尽。

对小李来说，考试成绩属于他的隐私。学校张榜公布学生的考试成绩，就是侵害了学生的隐私权，加之老师不恰当的评价，给了孩子很大的刺激。小李的自杀与学校公布分数排名的侵权行为有直接关系，所以学校对小李的死应承担相应的法律责任。小李的父母有权向教育行政部门申诉，或者向法院提出诉讼。

几年前，一名演艺明星的儿子李某某强奸案成了媒体关注的焦点，也引起众人围观。某些不实乃至违法信息的传播，在很大程度上加重了事情本身带来的不利影响，从另一个角度伤害了孩子。比如最初报道其事件的主流媒体都是直呼其名、刊登照片。对此，孩子的父母有权站出来依法维护孩子的隐私权。而李某某之母还要求司法机关"公开审理"此案，并在媒体上广为宣传，因与我国法律"未成年人的案件不公开审理"的规定相悖而被驳回。

事实上，未成年的孩子因违法犯罪被判刑也不该影响他以后的人生发展，我国《未成年人保护法》早有规定："对未成年人犯罪案件，新闻报道、影视节目、公开出版物、网络等不得披露该未成年人的姓名、住所、照片、图像以及可能推断出该未成年人的资料。"李某某母亲和相关媒体人的做法反映了他们存在法律常识上的盲点。

在现实中，最普遍的侵犯孩子隐私权的现象是大人们在互联网上公布孩子的照片、住所、个性特征等个人信息；也有的孩子由于对个人隐私缺乏认知能力和自我保护能力，轻易把个人信息告诉陌生人。这些内容如果被不法之人利用，无疑给孩子增加了危险。

我国《民法典》规定，"自然人的个人信息受法律保护""个人信息的处理包括个人信息的收集、存储、使用、加工、传输、提供、公开等"，应当"征得该自然人或者其监护人同意"。父母作为孩子的监护人，有义务依法保护孩子的个人信息。

教育提示：孩子的人格权不容侵犯

据外媒报道，不少家长习惯把子女生活照上传到社交网站，与朋友分享家庭之乐，但此举在法国属违法。当地法律规定，父母若未经子女同意，擅自公开他们的私人生活，即属违法，最高可罚款4.5万欧元及监禁1年；若小孩成年后因此控告父母，父母更可能要支付巨额赔偿。报道称，法国警方担心家长上传的儿童照片可能落入不法分子的手上。有网络法专家认为，小孩懂事后，会希望父母尊重他们的隐私，或许不希望生活照被无故"晒"在网上，指家长有责任顾及子女的感受。

依据我国《民法典》，未成年人享有的人身权利不仅有隐私权，还有姓名权、肖像权、名誉权和荣誉权等。尊重儿童的人格尊严，是保护他们的基本原则，也是成年人的行为准则，是为人父母必备的基本教养。

《民法典》摘要

◎ 自然人享有姓名权，有权依法决定、使用、变更或者许可他人使用自己的姓名，但是不得违背公序良俗。（第一千零一十二条）

◎ 自然人享有肖像权，有权依法制作、使用、公开或者许可他人使用自己的肖像。

肖像是通过影像、雕塑、绘画等方式在一定载体上所反映的特定自然人可以被识别的外部形象。（第一千零一十八条）

> ◎ 民事主体享有名誉权。任何组织或者个人不得以侮辱、诽谤等方式侵害他人的名誉权。
>
> 名誉是对民事主体的品德、声望、才能、信用等的社会评价。（第一千零二十四条）

孩子享有隐私权，保护隐私与教育孩子并不矛盾。

父母作为孩子的监护人，首先要了解隐私权的范围和界限是什么，知道哪些属于孩子的隐私，大人不要干预。比如孩子上了锁的抽屉、加了密码的邮箱和QQ、微信聊天记录，父母没有必要背着孩子设法打开去探个究竟，强行打开就是不应该的，这会使孩子的心灵大门关闭得更紧，甚至造成亲子间的冲突。

当然，父母对孩子的思想和行为状况的了解是必需的。保护孩子隐私权并不意味着对孩子的不良行为可以不管不问，关键要选择合适的方式，养成亲子之间经常交流的习惯。做到这一点对一些家庭来说是很难的，其中的症结之一就是父母跟孩子交流的时候，站在长者的立场上对孩子说教多、指责多，结果经常是话没说完孩子就烦了，甚至发脾气。如果换一个角度，站在孩子的立场上考虑问题，多了解孩子的感受，让孩子理解父母的用意，像朋友一样与孩子平等相处，孩子会把心中的秘密告诉父母，父母也就大可不必费尽心机去窥探孩子的隐私了。

教育孩子学会分辨是非、依法维权也很重要。来自外界尤其是来自父母、老师侵犯未成年人隐私权的情况时有发生，但孩子对这种侵犯自己权利的行为大多是逆来顺受或者茫然不知。也有的孩子会采取离家出走、逃学甚至自残、自杀等过激的行为进行对抗。父母的责任是培养孩子独立的人格，让孩子学会明辨是非，以合理的方式或者采取法律的形式来维护自己的权利。

孩子享有姓名权，可以随父姓也可以随母姓。

姓名权是公民享有的权利。《民法典》规定，孩子"应当随父姓或者母姓""养子女可以随养父或者养母的姓氏，经当事人协商一致，也可以保留原姓氏"，公民还可以决定改变姓名。但是更改姓名不能随意进行，按照《中华人民共和国户口登记条例》的规定："未满十八周岁的人需要变更姓名的时候，由本人或者父母、收养人向户口登记机关申请变更登记。"登记后变更的姓名才有效。

有的父母离婚后，抚养孩子的一方直接把孩子的姓改为自己的姓或者继父、继母的姓，是否可以呢？是否需要征求孩子亲生父母的意见呢？按照《民法典》的规定："离婚后，子女无论由父或者母直接抚养，仍是父母双方的子女。"如果母亲带着孩子改嫁了，为了增进孩子与继父的感情，有利于孩子的教育，让孩子改姓继父的姓是可以的，但应得到当事人的同意。无视孩子的感受，就是对孩子姓名权的侵犯。

孩子享有肖像权，未经同意不得随意使用其肖像。

在现实生活中，未成年人肖像权被侵犯的事时有发生，表现为不经未成年人或其监护人允许，擅自在公开出版物或网络媒体上公开其肖像，尤其是公开涉及未成年人隐私的肖像。

小红在照相馆拍了一张艺术写真照片，效果非常好，照相馆要在橱窗陈列，小红和妈妈都同意了。可是一年后，妈妈看到一个儿童用品广告上竟然用了这张照片，厂家并没有征得他们的同意。经询问厂家才得知，照相馆把这张照片提供给厂家，厂家还付给了照相馆报酬。小红一家找到照相馆，负责人却强调小红是在他们那里照的照片，他们有权使用。结果，小红一家把照相馆告上法庭。经判决，照相馆停止了侵权行为并给予经济赔偿。

在日常生活中，有些拍摄者给孩子拍照时并没有带着营利的目的，拍摄前也得到了孩子和父母的允许。但如果照片的拍摄者不经未成年人及其父母的同意，就把照片提供给以营利为目的的机构，这就侵犯了未成年人的肖像权。

孩子享有名誉权和荣誉权，损害其名誉权、荣誉权属违法行为。

名誉是社会对一个人的品德、才干、声望等方面的综合评价。每个公民都享有名誉权。任何组织或个人都不得以侮辱、诽谤等方式侵害他人的名誉权。

三名女学生放学后逛超市，在一个化妆品柜台试用化妆品但是没有买。她们出门时被商场保安怀疑偷了化妆品，被责令脱掉外衣当众搜身，结果什么也没搜出来。三名女学生随即起诉超市侵害了她们的名誉权，最终超市负责人受到惩处，超市被判承担三名女学生的名誉损失费。

未成年人与成年公民一样，名誉权不受侵犯。以各种形式捏造事实公然丑化未成年人人格，以及以侮辱、诽谤等方式侵害其名誉权的行为都是违法的。

荣誉权是指公民享有保持自己所得的嘉奖、光荣称号等荣誉，并且对荣誉加以维护的权利。未成年人的荣誉权是其从特定的组织或依法获得的积极评价，比如"三好"学生就是学校或者教育行政部门授予学生的荣誉。荣誉并不是每个人都享有的，只有那些在工作、学习中取得突出成绩，被政府、社会组织、学校等承认并褒奖的人，才能获得荣誉。孩子获得的表彰、褒奖和被授予的荣誉称号，既不能转让也不能继承，不经过合法程序不能被剥夺。

孩子享有智力成果权，应该得到属于自己的名与利。

智力成果一般是指通过人类智力活动所形成的成果，智力成果权通常也被称为知识产权。未成年人的智力成果权，是指未成年人对自身的智力成果依法所享有的人身权利和财产权利，包括著作权、专利权等。

晓智3岁开始学画，5岁开始参加各种绘画比赛并多次获奖。当时一家出版社打算出一本儿童绘画作品集，在征得其父母同意后，8岁的晓智创作了几幅作品寄给了出版社，但出版社没有给他任何答复。后来晓智的父亲发现这家出版社出版的儿童绘画作品集里收录了晓智的一件作品，便打电话质问出版社并要求支付稿费。而出版社的编辑则说这对提高孩子的知名度是有帮助的，本人和家长应该感谢出版社才对，而不该向出版社索取报酬。

事实上，晓智虽然只有8岁，但是他同样可以对自己的画享有著作权。出版社采用晓智的作品，没有征得他父母的同意，也没有支付相应的报酬，分别侵犯了晓智的著作权中的发表权和获得报酬权。按照我国《著作权法》规定，除了法律规定可以无偿使用他人作品的情形外，一律应支付报酬。晓智的父母作为孩子的法定代理人，有权出面解决与出版社的纠纷，维护孩子的合法权益。

总之，维护孩子的人格权是父母的责任。父母要帮助孩子增强自我保护的意识，要让孩子知道哪些行为是侵犯了自己的人格权，如果遇到侵权的情况，应尽快告诉父母或者向有关方面反映。对于侵害未成年人人格权的行为，父母要以孩子的利益为重，尽快对侵犯孩子权益的现象予以制止，还可以通过与侵权方协商、调解的方式或者通过仲裁、诉讼的方式解决，以免对孩子的健康成长产生负面影响。

思考与践行

①你同意"小孩子也有隐私权"的说法吗？为什么？

②在日常生活中，常见的大人侵犯孩子人身权的做法有哪些？你有在有意无意中侵犯孩子人身权的行为吗？

③如何处理保护孩子的隐私与教育孩子之间的关系？

七、应对校园欺凌，家长责无旁贷

近年来，一系列校园欺凌事件频频曝光：

江西省景德镇市乐平市十里岗中学多名女生殴打一女生的事件还在处理中，江西省吉安市永新县一群初中女孩暴力殴打一女生的视频又在网上爆出并广为流传；浙江省衢州市江山二中一名初二女生被五个同学强行带至教学楼阁楼连续掌掴；广东省清远市一名初中女生惨遭女同学扒衣、毒打、猛踹下体的事件还未来得及消化，陕西省延安市吴起县又爆出一高中校园多名高年级女生持刀威逼五名学妹脱光衣服集体猥亵并致其中一名女生鼓膜穿孔、肾挫伤的恶性新闻……

面对这一起起令人毛骨悚然的恶性校园欺凌事件，大家不禁要问：为何孩子小小年纪却下得了如此狠手？是什么原因造就了他们的暴力人格？作为孩子的父母，我们应当从中汲取什么教训？应当如何应对？

《未成年人保护法》摘要

◎ 学生欺凌，是指发生在学生之间，一方蓄意或者恶意通过肢体、语言及网络等手段实施欺压、侮辱，造成另一方人身伤害、财产损失或者精神损害的行为。（第一百三十条）

◎ 学校对学生欺凌行为应当立即制止，通知实施欺凌和被欺凌未成年学生的父母或者其他监护人参与欺凌行为的认定和处理；对相关未成年学生及时给予心理辅导、教育和引导；对相关未成年学生的父母或者其他监护人给予必要的家庭教育指导。

对实施欺凌的未成年学生，学校应当根据欺凌行为的性质和程度，依法加强管教。对严重的欺凌行为，学校不得隐瞒，应当及时向公安机关、教育行政部门报告，并配合相关部门依法处理。（第三十九条）

校园欺凌的实施者是孩子，根子在成年人

校园欺凌属于同伴间的暴力。联合国《儿童权利公约》中规定"儿童有免遭一切形式的暴力的权利"，自然也包括了校园欺凌。我国《未成年人保护法》明确规定："学生欺凌，是指发生在学生之间，一方蓄意或者恶意通过肢体、语言及网络等手段实施欺压、侮辱，造成另一方人身伤害、财产损失或者精神损害的行为。"

从近年来媒体针对校园欺凌的有关评论中，我们看到许多对家庭教育问题的反思：有人认为，没有谁天生是恶人，那些施暴孩子的过错，与自身法律意识淡薄有关，也与监护人的责任缺失有关；有人指出，施暴少年中不少曾是留守儿童，他们缺乏亲情抚慰，享受不到家庭温暖，他们的人生轨道偏离了，没有人及时矫正，于是便如荒草般野蛮生长，甚至误入歧途。在我看来，还有两个问题不能不引起重视。

孩子对家长暴力行为的模仿效应。

家长打孩子，是在许多家庭都发生过、大多数人习以为常的事。在我国，"不打不成材"的传统观念在现代社会依然存在，父母打孩子常常有一个冠冕堂皇的理由——为了孩子好。许多父母也从孩子暂时的顺从中尝到了打骂的"甜头"，却不知道孩子受到皮肉之苦之后会产生什么副作用。

模仿学习是儿童社会化过程中个体内化的主要方式，是孩子通过观察他人的行为和态度，使自己的行为和态度与之相同或相似，从而习得这种行为和态度的过程。实际上，儿童每天都在观察成人或其他儿童表现出的新的行为模式，并模仿学习。有研究表明，父母动辄打骂孩子，孩子除了自尊心受到伤害，容易产生撒谎、仇恨、结交不良伙伴、离家出走等不良心理和行为之外，还会产生很强的模仿效应，脾气变得暴躁，当与人相处不尽如人意或遇到某些不良刺激的时候，很容易产生攻击行为。如果长期得不到纠正，孩子便容易形成暴力倾向明显的人格特征，乃至习惯对他人施暴。他们对成年人的暴力行为无可奈何，便将同龄伙伴作为攻击和宣泄的对象。

在对全国千余名未成年犯的调查中，我们了解到，相当多的孩子犯罪前有不良行为时曾被父母打骂，但结果往往事与愿违，他们依然我行我素，影响了其性格的形成。分析表明，被家里人"经常打骂"的孩子有不良行为的比例高于没有被"经常打骂"的孩子，自述性格"冷酷""暴躁"的也高于没有被"经常打骂"的孩子。另外，许多打骂孩子的父母并没有意识到自身的暴力行为给予孩子的是攻击性示范。调查结果显示，"自己犯错误被父母打骂"的未成年犯中，有"打架斗殴"行为的高达85.2%，高于没有被父母打骂的未成年犯的比例。

现代传媒暴力内容的传播对孩子的影响。

现在的孩子一出生就生活在电视、互联网等各类电子媒介的包围之中，是与电子媒介一起成长起来的。他们从中开阔了视野、受到了教育，但是也不可避免地接触到许多"儿童不宜"的东西。一些暴力行为被成年人编入孩子喜闻乐见的内容里广为流传，对孩子们产生了不良的影响。

有人曾统计过，在动画片《喜羊羊与灰太狼》中，灰太狼被平底锅砸过9544次，被抓过1380次，被煮过839次，被电过1755次；在动画片《熊出没》中，10分钟里竟然出现了21句脏话……

尽管没有成年人承认自己在教唆孩子行凶施暴，可是这些内容对孩子们的不良影响胜过无数家长、老师的正面说教，这是不容否认的现实。

在本人参与的全国未成年犯调查中，45.6%的未成年犯在犯罪前有"打架斗殴"行为，他们中有60.8%的人"经常看武打片"，60.1%的人"经常看警匪片"。分析认为，未成年人产生暴力行为与经常看有暴力情节的电视节目有很大的相关性。尤其是描述暴力情节的电视节目和能够参与暴力活动的网络游戏，很容易使孩子产生社会充满暴力的错觉。而且在节目或者游戏中，暴力行为又很少受到惩罚，反倒是男子汉、英雄的表现，孩子们崇拜这些"英雄"，容易模仿其暴力行为，把暴力当作解决冲突以及达到个人目的的有效方法。

此外，网络暴力也助推了校园欺凌行为的发生。在当今移动互联时代，缺少对网络传播内容的管控，未成年的孩子可以轻松地将线下的欺凌行为转移至线上，变成网络欺凌。网络传播的速度快、范围广，现实中的欺凌行为在网络上广为传播，会使受害人感受到加倍的威胁和伤害，欺凌行为还会为更多的孩子所效法。

在一些校园欺凌事件中，我们看到，施暴者不仅使对方承受皮肉之苦，还习惯于炫耀"战果"，仿佛对方越痛苦自己就越有快感。线上和线下的暴力行为相互作用，彼此推波助澜，对被害人造成持久的恶劣影响。

教育提示：告诉孩子不挑事，也别怕事

在校园欺凌事件中，无论是施暴者还是受害者，大多是未成年人。在他们身上，总能看到家庭教育、学校教育不当或缺失的问题。应对校园欺凌，家长既要帮助孩子纠正欺凌心理、避免欺凌行为；另一方面也是更重要的，家长要避免对孩子实施暴力，提升自己帮助孩子应对校园欺凌的能力。

如前所述，孩子的暴力行为，在很大程度上是成年人造成的。"禁止对未成年人实施家庭暴力"是国际社会保护儿童权利的基本主张，也是我国《未成年人保护法》《反家庭暴力法》等法律的明确规定，应当也必须成为家长观念与行为的底线，这是家长自我改变、为孩子作出行为示范的必要前提。面对良莠不齐的媒介产品和应用，家长应了解孩子的媒介使用情况，与孩子共同提升价值判断能力和对负面信息的应对能力。相关部门或机构要监督网络媒体，过滤不良信息，为孩子创造良好的媒介环境。

家长要告诉孩子不挑事，即不做暴力、欺凌的实施者；也别怕事，即不当暴力、欺凌的受害者，勇于维护自身权益。对于如何与孩子共同应对校园欺凌，家长也需要在引起重视、转变观念的同时，掌握一些基本方法，关键是把功夫下在预防上，把教育融入日常生活中，而不只是针对已经发生的暴力和欺凌行为进行教育。

善于非暴力沟通。

马歇尔·卢森堡博士在《非暴力沟通》一书中提倡使用"非暴力沟通",也就是不再条件反射一般粗暴地对待他人和自己的感受与愿望,重塑我们对冲突的思维方式,用爱和理解,增进人与人之间的连接,使得人们乐于互助。非暴力沟通亦被称作"爱的语言"。比如:在日常生活中,当父母面对孩子不尽如人意的言行时,注意观察而不急于评判;善于表达自己的担心、焦虑、难过、遗憾等感受,而不是简单地用对与错表达自己的想法;用心体会孩子的需要,而不是以指责、批评来表达自身尚未满足的需要;把对孩子的希望具体化,请求得到孩子的帮助,而不是过于抽象地提要求使孩子难以回应;等等。父母在与孩子沟通中使用的这些方法,同样适用于孩子之间及孩子与他人的沟通中,运用得当,将在很大程度上减少或避免以暴力行为、暴力语言伤害他人或受到他人伤害的情况出现。

建立良好的亲子关系。

每个孩子都可能成为校园欺凌的受害者。

联合国儿童基金会等机构于2016年开展了一次网上民意调查,收集了全球十万余名青少年有关欺凌经历的情况。有三分之二的人说自己曾经遭受欺凌,其中有40%以上的人因为害怕或者羞耻而没有告诉任何人他们受到欺凌,四分之一的人不知道应该告诉谁。

专家指出:对于校园欺凌事件,最好的预防措施其实就是建立充满爱与信任的亲子关系,在这种关系中成长的孩子,往往能够表现出足够的自尊和自信,不太容易成为欺凌者的目标。而如果孩子真的遭受了欺凌,对孩子有充分的爱与关注的家长,会更及时地发现征兆,孩子也会出于信任,把被欺凌的情况如实相告,而不会因恐惧或者羞耻不敢告诉家长。

2016年，教育部等九部门发布了《关于防治中小学生欺凌和暴力的指导意见》，对学生欺凌和暴力的预防、处置以及相关工作机制作了明确规定。意见要求家长尽量多安排时间与孩子相处交流，及时了解孩子的日常表现和思想状况，积极与学校沟通情况，自觉发挥榜样作用，切实加强对孩子的管教，特别要做好孩子离校后的监管、看护、教育工作，避免放任不管、缺教少护、教而不当。

促进同伴关系和谐。

家长面对孩子有暴力行为或者受到伤害时，常常站在自己的立场教育孩子"应该怎样做"，孩子是处于被动接受的状态。有时候，被欺凌孩子的家长参与过多，一味强调对欺凌者的严厉惩罚，或者以过激的情绪指责学校，反而不利于问题的解决。

北京市中关村二小曾发生一起同学间的暴力伤害事件，引起社会的广泛关注。事后同学们给遭受攻击的孩子制作了五彩斑斓的爱心卡片："你快回来吧！我们大家都很想念你。如果没有你，我都没有心思学习了。""没有你，咱们班排队的时候特别乱。"……施暴的孩子也写了卡片："我们以后还是朋友，好吗？希望你早日回来上学！"

同学们的话体现了参与的积极态度，与老师的引领不无关系。无论如何，同学之间这样的真诚表达都比家长与学校的对立情绪对孩子缓解"急性应激反应"更为有利。同伴在预防和避免校园欺凌上也有重要作用，平时孩子与同学在一起，不良行为的蛛丝马迹更容易被发现和及早纠正。所以家长应支持和鼓励孩子之间互助，发挥儿童自我教育和自我管理的作用，促进同学之间关系和谐，并与父母的教育形成优势互补。

为孩子赋权、增能。

基于对儿童参与权的认识,父母在预防和处理欺凌和暴力事件上要做的不仅仅是帮助孩子"维权",更重要的是要为他们赋权、增能。赋权是外部赋予的,是增能的前提条件;增能是赋权的必然要求,是儿童在被赋权之后,自我提升的结果。也就是说,家长为孩子权利的实现创造更多更好的条件,以利于提高孩子控制自身行为、与所处环境融合和主动应对外部不良环境影响的能力。这不仅是针对处理已经发生的事件,也是预防和避免更多的校园欺凌和暴力事件出现以及处理所有儿童问题应有的基本立场。

家长要运用各种有效途径为孩子提供更多的了解自身权利和社会法律规范的条件,帮助他们正确认识自我、建立自信、分辨是非,这是儿童参与的基础。在决定有关孩子的事项或制订计划时,应事先告知孩子并征询他们的意见,使孩子明白事项的意义,参与筹划和实施,了解自身在其中的角色并承担相应的责任。当孩子真正成为自己事情的主人,激活自身的参与热情和充分发挥参与的潜能,才能达到主动学习和自我约束的目的。这样日积月累,孩子的参与能力才能提升,一旦遇到同伴间的冲突或者他人意图伤害,才能以自身的能力从容应对。

思考与践行

①为什么说校园欺凌的实施者是孩子,根子在成年人?
②与孩子一起领会"非暴力沟通"的要领,模拟解决一个现实问题。
③帮助孩子提升应对校园欺凌的能力,家长应当做什么?

八、父母的羽翼不是孩子永久的"护身符"

保护未成年子女是一种自然法则，是父母的天职。父母们在孩子身上付出自己能够付出的一切，对于孩子的保护有着非常重要的积极作用。但这种保护总有难以涉及和难以预料之处，父母要防止在过度保护之下孩子自身能力的弱化。所以，不断地对孩子进行自我保护的教育，培养他们保护自身权利的意识，以及独自应付环境、适应环境、应对突发事件的能力同样是父母的重要职责。否则，孩子离开父母寸步难行、束手无策，有可能面临更大的危险。

自我保护是孩子最好的"护身符"

《未成年人保护法》摘要

◎ 国家、社会、学校和家庭应当教育和帮助未成年人维护自身合法权益，增强自我保护的意识和能力。（第六条）

近年来，我们总能接触到孩子被拐卖、遭性侵、遇到突发事件受到伤害之类的信息，有些家长觉得这些离自己的孩子太远而不以为然。可是当我们看到、听到一起起孩子被伤害的案例时不由得想到，失去工作可以再找，失去金钱可以再赚，但孩子因为遭受不幸失去人的尊严、受到肉体和心灵的伤害，恐怕一生也弥补不回来。

未成年人自我保护意识及避免伤害的能力相对来说比较弱，应付侵权行为和各种异常情况的能力很有限，往往在日常生活中被侵权而意识不到，或者在遇到突发事件受到伤害时不知所措。未成年的孩子有自己活动的空间，仅靠成年人跟在身边保护是不可能的，也不利于孩子的成长。所以，父母和孩子都应正视纷繁复杂的社会现实，父母要唤醒孩子的自我保护意识，帮助他们学会自我保护的方法，提高依法保护自己的能力，使他们能自觉维护自身权益，在日常生活中对来自外界的各种侵权行为能够采取积极的应对措施，并学会机智勇敢地处置遭遇到的各种异常情况和危险，果断正当地进行自护自救，免遭伤害。

自我保护是人类生存的需要，是与生俱来的一种生理本能。比如：新生儿用哭来增大肺活量，以适应变化了的环境；幼儿依恋亲人、躲避生人等都具有保护自己的意义。随着孩子年龄的增长，活动的范围越来越广，接触的事物越来越多。面对纷繁复杂的现实社会，自我保护也需要由简单到复杂、由初级到高级不断深化，仅靠本能已经远远不能达到自我保护的目的。父母帮助孩子学习自我保护的知识、提高自我保护的能力就显得格外重要。而前提是父母首先要把孩子当作独立的人，帮助孩子了解自身的权益，唤醒和强化孩子的自我保护意识，使自我保护成为孩子的自觉行为。

尊重孩子的独立意向。

未成年的孩子处在成长发育时期，生理和心理不断发生变化，虽然他们的识别能力、自控能力、心理和行为的调节能力都稍弱，但独立意识较强。如果父母忽视孩子的这一特点，不尊重他们的独立意识与行动，总是以自己的意志左右孩子，不仅会使孩子与父母对立，同时也容易造成孩子独立性意向削弱，自我保护的动力不足。重视孩子的意见，尊重孩子的愿望，帮助孩子学会自尊、自爱、自信，独立性意向得以正确发挥，才能使他的自我保护能力得到发展。

为孩子创造自行解决问题的条件。

孩子的自我保护意识需要在现实生活中提升，如果父母对孩子过度保护、过多限制，替代孩子做了本该由他自己做的事情，孩子就会失去学习自我保护的机会，形成对成年人的依赖，而对自己独立解决问题失去信心和勇气。明智的父母要善于在现实生活中为孩子创造自行解决问题、排除困难的条件，让孩子有机会得到自我保护的直接体验，增强自护信心。

帮孩子排除心理障碍。

侵害未成年人权益的行为往往来自成年人，有时甚至来自对他们行使教育、保护职能的父母、老师或其他照顾他们的亲人。在这种情况下，孩子往往容易畏于强者的压力、碍于个人情面或者害怕打击报复等放弃捍卫自身权益。久而久之，孩子的自尊心受损，需求长期压抑得不到满足，不良的心理问题不断积淀，直到无法忍受时以过激行为来解决。因此，父母应当积极关注孩子的心理健康状况，帮孩子排除心理障碍，疏导不良情绪。

对侵害未成年人权益的行为不要姑息迁就。

有时候学校、公安机关在处理未成年人事件时，存在侵害孩子权益的情况，父母却不敢反抗：有的父母就会"睁一只眼，闭一只眼"；也有的觉得他们有权有势自己"斗不过"；还有的怕麻烦不愿意和侵权的人"计较"。如果父母作为孩子的监护人持这样的态度，一方面可能会加剧和助长对孩子权益的侵害；另一方面也会给孩子造成法律无力、违法侵权无所谓的印象，给孩子的成长带来负面影响。正确的做法是依法认识、尽快中止侵权行为。对父母侵害孩子权益的行为，孩子或他人提出了或父母自己意识到了，要尽快纠正；对他人的侵权行为，要及时向有关方面反映或诉诸法律解决，千万不要姑息迁就。

教育提示：帮助孩子了解侵权行为，掌握自我保护技能

未成年人的许多权利都是法定的，帮助孩子学习了解相关法律，认识到法律规定是人的行为的准绳，越过这个界限就要受到惩罚。法律规定也是我们的保护神，我们可以在受到他人违法行为侵害的时候依法保护自己。

了解自身权利，对侵权行为说"不"。

在很多成年人看来，未成年的孩子只是受保护的客体，是成年人既定目标的"加工"对象，只能附属于成年人。事实上，未成年人与成年人是平等的，拥有从自己的内心世界出发，按照自我需求发展的权利和潜能。父母对孩子的教育、保护，是帮助他们认识自身的独立性和应有的权利，帮助他们挖掘充分体现自身价值的潜能，保障他们有效地行使既定的权利。

我国法律规定未成年的孩子受到家庭、学校、社会各方面的保护。但在现实生活中，成年人又时常有意无意地侵犯未成年人的权益。让孩子们了解哪些是侵犯他们合法权益的行为，有益于他们进行自我保护，也是对父母、老师和社会有关方面的监督。《未成年人保护法》明确提出了未成年人享有生存权、发展权、受保护权、参与权等权利，还规定了家庭、学校、网络、政府、司法对未成年人保护的义务，谁侵害了未成年人的权利，谁就要承担法律责任。以下是常见的对未成年人的侵权行为。

侵害生命健康权、受照顾权的行为。父母以任何理由不抚养孩子、将孩子赶出家门、长期外出务工且不委托其他人照顾孩子、让十六周岁以下的孩子单独居住，使孩子脱离监护；父母对孩子实施暴力，虐待或遗弃孩子，精神上折磨或刺激孩子，限制孩子的人身自由；任何人在学校、寝室、活动室

和其他未成年人集中活动的场所吸烟，向未成年人出售烟酒；教师体罚或变相体罚学生，如罚站、罚跑步、罚做卫生、罚写作业等；学校提供的校舍、场地、其他教育教学设施存在重大的安全隐患，药品、食品、饮用水等生活服务不符合法定标准；学校组织或安排未成年学生参加不宜从事的体育运动、劳动或其他活动，造成学生人身伤害；等等。

侵害财产权、知识产权的行为。八周岁以上孩子的父母不经孩子允许将其接受亲戚、朋友等的赠予据为己有或任意处置；学校强令学生征订刊物，推销指定的学习、生活用品；老师没收学生自用的书籍、玩具或其他用品不归还或擅自处理；学校将学生的投稿修改后，以老师或班级、学校的名义发表，并参加评比活动，领取奖金；将学生的小发明以教师的名义申请专利；等等。

侵害名誉权、肖像权、姓名权的行为。怀疑未成年人偷窃财物或考试作弊，当众打开未成年人的随身物品或搜身；用侮辱性的语言讽刺、挖苦、攻击孩子，侵害了未成年人的人格尊严；未经未成年人或者其监护人同意，将其照片用于招生广告或商品广告；父母以营利为目的擅自使用或者允许他人使用孩子的肖像；父母离婚后直接抚养孩子的一方不征求孩子本人的意见，擅自将孩子的姓改为自己的姓或者继父母的姓；等等。

侵害隐私权的行为。父母、老师或其他人以了解孩子为由，擅自开拆他的私人信件、窥探上网记录、偷看日记；学校按成绩高低顺序排列，张榜公布学生的学习成绩；采用暴力、胁迫、引诱等方式要求孩子说出不愿意被他人知道的秘密；披露孩子不愿告知众人的身世、身体缺陷、疾病；媒体报道未成年人违法犯罪或受伤害事件时，公开其姓名、照片、录像；等等。

侵犯平等权、知情权的行为。学校对身体残疾、相貌不端的学生借故不录取，或采取不利于这类学生身心健康的方式，将他们与其他学生区别对待；歧视或刁难有不良记录的未成年人，拒绝曾经有过罪错的未成年人入学、就业；老师按学生成绩排座次，将成绩不佳的学生与其他同学区别对待；学校收缴各种代办费，具体收费项目和标准不让学生和家长知道；父母擅自决定孩子的重大事项如升学、与离异父母的哪一方共同生活；等等。

侵犯检举权和诉讼权的行为。学校要求学生有意见必须先向老师反映，不准避开学校越级上访或向社会媒体反映；学校或司法机构对未成年人的处理决定不准孩子或家长申辩，视申辩为不服管教；学生在校园受到伤害后，学校不准学生或其家长诉诸法律；等等。

侵害受教育权、发展权、休息娱乐权的行为。父母不让应接受义务教育的孩子上学；学校拒绝招收适龄孩子入学，或以各种理由开除学生；父母允许或迫使未成年的孩子结婚或订立婚约；父母允许或迫使未满十六周岁的孩子做工或辍学；用人单位让十六周岁以上的未成年人从事超过国家规定的体力劳动强度的劳动和其他禁止从事的劳动；老师随意延长学生在校的学习时间，不按时下课或放学；学校利用休息日及节假日时间补课，剥夺学生课外自由活动时间；学校在上课时间让学生参加与教育教学无关的活动；学校随意改变教学计划，为了应试取消体育、音乐等课程或随意减少课时；等等。

教孩子掌握自我保护的技能。

孩子生活在社会中，难免遇到各种不良因素的干扰和刺激，父母不可能把孩子锁在"保险柜"里。父母要本着"防患于未然"的原则，在培养孩子增强自我保护意识的同时训练其自我保护能力，掌握一定技能，使孩子学会处事不惊、遇险不慌，真正学会自护自救。

有个上初中的孩子说："我曾经被人在路上堵过，回家告诉了我妈。她告诉我再遇到这事就给他们点钱，当是破财免灾。我这样做了，结果以后那帮人老跟我要钱，我都不敢自己回家了。"

孩子遇到被侵害的情况，父母告诉他设法立即逃脱是对的，以免受到身体上的伤害，但之后要主动报警，并协助警方破案，否则就会助长歹徒的不法行为，给自己和他人带来更为不利的影响。孩子遇到不利于自己的情况时要鼓励他敢于说出来，并讲清楚自己的感受，事情发生的时间、地点、经过，需要别人提供哪些帮助等，父母、老师、警察都是可以求助的对象。假如在公共场所遇到紧急情况，当熟人、警察不在附近时，可以向附近的公园、商场和电影院等地方的工作人员求助，多一个求助的机会就多一个获救的希望。

学会处理紧急情况。

平时家长和老师要有意识地教孩子一些处理紧急情况的技巧，以防患于未然。

遇到有人引诱或威逼做无礼或危险的事情时，孩子要敢于说"不"。比如，内衣遮盖的部位是个人隐私，任何人都无权触摸；当陌生人要带走孩子，要告诉孩子不要硬跟他斗，小孩子势单力薄打不过他，但是可以寻求别人的帮助，比如大声呼喊："救命！我不认识他！"这样会引起其他人注意，得到救助。对陌生人请求帮助或寻找失物之类的事，应该保持警惕，这是犯罪分子诱拐儿童惯用的两种手法。比如：在外边玩耍的时候，有人假装认识你，叫出你的名字，给你好吃的东西，其实他很可能看到你衣服上的名字，或跟踪你时听到有人这样称呼你，千万别跟他走。

独自在家时遇到陌生人来访不要开门，先问清来人是谁、找谁、有什么事。即使来人是警察，或称父母派来取东西的也不要理睬。如果有一天放学回家发现家中来了小偷不要大声喊叫，更不要贸然进屋，以免自己受伤害，可以到同学或邻居家，把情况告诉大人们。如果证实家中确实来了小偷，应迅速拨打110报警。

如果在路上遇到不认识的陌生人向你打听家里或父母的情况，或以维修家电、查电表等借口让你带他到家里去，千万不要向他提供任何信息，更不要信以为真，贸然将陌生人带往家里；如果不认识的人让你跟他到好玩的地方去，无论他说什么，你都不要轻信，也不要同他多说话，并迅速走开；如果在回家的路上有人尾随，应当设法走另一条路摆脱，也可以到人多的场所躲避或呼救。

被坏人侵害，特别是遇到袭击时，不要害怕，要冷静思考对策，与坏人斗智斗勇，不要盲目反抗。如果已被坏人控制，要尽量拖延时间，思考脱身之计，不要丧失信心。遇到来人要大声呼救，或趁人多逃跑，并迅速报警。

外出时，不要把贵重或稀有的物品随意显露或带在身上，也不要在身上带太多的钱。遇到路上有人抢劫，尤其是遇到手持凶器的歹徒，首先要设法保护自己的生命安全，尽量避免为保护钱财而伤害身体。同时要记住坏人的特征，为以后破案提供线索。

日常生活中可能遇到的紧急情况还有许多，要教孩子学会使用110（报警电话）、120（急救中心电话）、119（火警报案电话）、122（交通事故报案电话）等最常用的处理紧急情况的电话。此外，还有覆盖全国的青少年维权和心理咨询服务热线电话12355，由法律和心理方面的专业人员为青少年提供维权、心理等方面的免费咨询服务。要让孩子知道，能帮助你的人很多。

孩子的自我保护能力是在解决现实问题的实践中不断提升的。一旦他们脱离父母的羽翼，这种能力就是他们最好的"护身符"。

思考与践行◆

①为什么要强调孩子的自我保护？自我保护与大人保护的关系是什么？

②孩子在自我保护方面存在的问题和障碍是什么？

③常见的对未成年人的侵权行为有哪些？家长与孩子一起回忆是否有过被侵权的问题，处理这类问题有什么经验教训。

④设计几个场景，让孩子在活动实践中学会处理紧急情况。

第四篇　大人不要自以为是，儿童才是解决自己的问题的"专家"

儿童是独立的人，是有思想、有能力的个体。他们享有参与家庭和社会生活的权利，享有就影响他们生活的事项发表意见、做出选择的权利。父母给予适当的支持和尊重，孩子将可以做出合理的、负责任的决定。

参与不仅是儿童的基本权利,也是他们成长和发展的基本需要。

联合国《儿童权利公约》摘要·参与权

◎应充分培养儿童可在社会上独立生活,并在《联合国宪章》宣布的理想的精神下,特别是在和平、尊严、宽容、自由、平等和团结的精神下,抚养他们成长。(序言)

◎以符合儿童不同阶段接受能力的方式适当指导和指引儿童行使本公约所确认的权利。(第5条)

◎缔约国应确保有主见能力的儿童有权对影响到其本人的一切事项自由发表自己的意见,对儿童的意见应按照其年龄和成熟程度给以适当的看待。

为此目的,儿童特别应有机会在影响到儿童的任何司法和行政诉讼中,以符合国家法律的诉讼规则的方式,直接或通过代表或适当机构陈述意见。(第12条)

◎儿童应有自由发表言论的权利;此项权利应包括通过口头、书面或印刷、艺术形式或儿童所选择的任何其他媒介,寻求、接受和传递各种信息和思想的自由,而不论国界。(第13条)

◎缔约国应尊重儿童享有思想、信仰和宗教自由的权利。(第14条)

◎缔约国确认大众传播媒介的重要作用,并应确保儿童能够从多种的国家和国际来源获得信息和资料,尤其是旨在促进其社会、精神和道德福祉及身心健康的信息和资料。(第17条)

◎缔约国承担以适当的积极手段,使成人和儿童都普遍知晓本公约的原则和规定。(第42条)

一、你是否忘了自己的"初心"是什么

"不忘初心"是近年很火的一个词。作为孩子的父母,你是否想过自己养育孩子的"初心"是什么?

从社会学的角度来看,一个孩子从出生到长大成人,是逐渐社会化的过程,是成人社会对未成年人的教化过程,其目的是培养一个独立的人,可以自立于社会并有所作为的人。其实,这也是所有父母的"初心"。

"为了孩子好"为什么常常事与愿违

谁也不希望自己的孩子长大以后成为离开父母啥也不会的"废物",成为不懂社会规则、胡作非为的人。有一些人,为孩子付出了很多,认为这是"为了孩子好"。结果呢,孩子长大后却出现一系列不尽如人意的表现,有的离开父母不会生活,有的走上了人生的歧途,有的甚至走向了社会的反面。究其根源,一个不容忽视的原因是:父母在养育孩子的过程中忘记了、背离了自己的"初心",扭曲了育人的目标,不顾孩子的真正需要,忽视了孩子的参与度。孩子长大了却没有"成人",这是父母以自己的意愿"塑造"孩子的必然结果。

2016年，一起发生在美国洛杉矶的中国留学生绑架凌虐同学案引起了人们的关注。他们对受害人施以暴行，包括暴打、扒光衣服、用烟头烫伤乳头、强迫其吃沙子、剃掉头发并逼其吃掉等，连续虐待了7小时。此案涉案学生多达12人，大部分是高中学生，其中最小的只有14岁，最高被判13年监禁。这些孩子最美好的年华却要在异国的监狱里度过，大家都为之惋惜。

据媒体报道，涉案孩子的家长原本希望孩子能在美国高中打好英语基础，但这些孩子在法庭上却都需要中文翻译的协助。父母的美好愿望与孩子不尽如人意的表现形成了巨大反差。

涉案学生之一的章××是15岁时去美国的。在接受媒体采访时他说："我爸爸送我出来是想我拥有更好的东西，更好的生活。我不怪任何人，是我的错，我应该做好自己该做的事，但我没有。我当时觉得父母不在身边，自己想干什么都行。"

章××的想法和现状，足以使那些为孩子不惜重金、倾情付出的父母认真思考一下了。许多父母重视孩子的教育，与这些涉案孩子的父母一样都是为了孩子好。而这个"好"的标准是什么呢？

有人认为给予孩子越多越好，让孩子尽享高消费的快乐，享受舒服的生活，让自己的孩子在与别人的孩子攀比时能够体面地胜出一筹。

有人认为孩子上的学校越有名越好，不惜花重金给孩子择校、让孩子上国外的学校，接受更好的教育，给孩子的未来铺路、架桥。

有人认为父母付出越多越好，替孩子做事，帮孩子选择，孩子的事全由父母操心、操持，以便孩子专心学习、全力备考……

父母如此注重对孩子进行庇护、控制，却常常忽略了孩子成长中所需要的亲情滋养，忽略了培养孩子的自我约束力和良好的行为习惯。结果孩子一旦脱离父母，独自在社会上生存、独自面对纷繁复杂的社会、独自处理人际交往中的具体问题时，便因为缺少自控力而为所欲为。

我们说，社会和人是构成孩子社会化过程的两个基本方面，社会教化、个体内化、个人与社会的互动是社会化的基本途径。家庭环境是社会教化的首要环境，家庭教育的目的是促进个体内化及其与社会的积极互动。

孩子出生后，经过一定方式的社会学习，将社会目标、价值观念、行为规范和行为方式等转化为自身稳定的个人意识和内在素质。正因为如此，衡量家庭教育的真正效果，不是孩子上了哪所名牌大学，从事什么体面的工作，而是其自我意识的觉醒和良好习惯的养成，即在"他律"基础上的"自律"，也就是将父母和社会的要求内化，把外在要求转化成个人的内在信念并指导和约束自身的行为，以适应社会的需要。这样，即便父母不在身边、没有人监督，孩子也会自觉地遵守社会规范，而许多父母恰恰没把这些教给孩子。在现实中我们看到，普遍存在着家长对孩子管得越多，孩子身上的问题也越多的情况。

在生活上，家长成了孩子的终身保姆。有的家长追着五六岁的孩子喂饭，给上小学的孩子穿衣服，替上中学的孩子收拾书包，帮上大学的孩子洗衣服，直到孩子结了婚还去帮他收拾房间、料理家务——这种"保姆式"的管，使孩子没有自己动手的机会，丧失了基本的生活能力。

在学习上，家长甘当孩子的"拐杖"。有的家长陪孩子读书，帮孩子做作业，不惜花重金为孩子请家教。在父母不辞辛苦、忘我地付出之中，孩子逐渐产生了依赖性。有的在中小学时名列前茅的"尖子生"上了大学后，没有了家长的扶助和监督就变得寸步难行、不能自律，没有了发展的后劲——这种"拐杖式"的管，往往使孩子一旦脱离家长的支撑便无法前行。

在处理孩子的事情上，家长言行专制。不少家长以长者自居，总是以为孩子什么都不懂，习惯于把自己的想法强加给孩子，期望孩子时时、处处按照自己的意愿行事，孩子做这不行，做那不行，应该这样，不应该那样……孩子的所想所思所行全由大人支配。结果使得已经有了独立意识的孩子的自尊心、上进心受到伤害，家长表面上管了孩子的事，却管不了孩子的心——这种"专制式"的管很容易加剧孩子的逆反心理，甚至使其背离家庭、误入歧途。

这样的"管"，往往是大人累孩子烦。经常处于被动状态的孩子容易失去参与的动力，缺少基本的自律能力。

教育提示：无为而治，尊重孩子参与的需要

法国著名的精神分析大师弗朗索瓦兹·多尔多在《儿童的利益——学会尊重孩子》一书中给予我们重要的启示：孩子将是一个离你而去的独立的人，你的任务就是帮助他完成独立；孩子有着无人能预测的潜能，有自己的未来和成长的轨迹，不是家长和老师所能规划的。

中国留美学生绑架凌虐同学的案件是孩子成长中的悲剧，更是涉案孩子家庭教育的悲剧。这起极端的案例是个别现象，但是其中孩子行为的许多细节、其父母对教育的认识和过度付出的现象并不鲜见。汲取这一事件的教训，父母们必须眼睛向内，对自身"为了孩子好"的所作所为进行认真的反思，在了解孩子的真正需要、让孩子有体验和参与家庭及社会生活决策的机会、为孩子创造自我管理的机会上多下功夫，才有可能摆脱事与愿违的结局。

在家庭教育中尊重孩子参与的权利，首先得想明白对孩子的事哪些该管、哪些不该管。

有一位母亲的教子"诀窍"是"寓管于不管之中"。从孩子上幼儿园时起，这位母亲就训练孩子自己的事情自己记好，需要家长做的，也让孩子来提醒，孩子能做的，家长从不代劳。有一次，孩子在家准备上少年宫学画的用具，她看到孩子忘记带纸之后只是在一旁提醒孩子："再检查一下，有忘记带的东西吗？"孩子漫不经心地回答"没有"，背起画夹就走了。到了教室孩子才发现没带纸，只好自己回家去拿。有家长说她这样不管孩子未免太过分了。但在这位妈妈看来，想让孩子改正错误，必须是孩子自己去改正，如果家长替他们改正，那么他们永远也"改不正"。孩子这次虽然上课迟到了，但这件事给孩子留下了深刻的印象，以后再没有发生类似的事。

许多事情就是这样，家长事事替孩子想得周全，孩子就会在家长的"周全"当中去享受，反而想不周全；家长在具体事上"不管"，则能调动孩子的思维和行动自己去管。孩子这样管下去，就能逐渐管好自己。从这个意义上说，对孩子不事无巨细地管才是最好的管。当然，不管应有不管的原则，绝不是放任自流。家长要把握好这个度，才有利于孩子成长为一个独立的人。

在我国自古就有"功夫在诗外""无为无不为"的说法，传统文化中老子的"无为"哲学观影响至深，被人们用于生活的诸多领域。作为人生态度、管理方法、教育策略，"无为"思想的深厚意蕴也给家庭教育以深刻的启迪。

"无为"之为——家庭教育的最高境界。

家庭教育发生在家庭日常生活中的亲子互动中，父母在孩子面前的言谈举止蕴含着大量的教育因素。家庭教育的"无为"并非不为，而是注重潜移默化、强调父母的人格魅力对孩子的影响，注重孩子良好习惯和规则意识的培养，以达到"不教而教"的目的。这是家庭教育的最高境界，也对家长自身素质提出了更高的要求。而家长如果"为"之过度、教育的痕迹过多，按照自己的意志对孩子提出了过多的要求，或者用老师教学生的方式教育孩子，就既不符合家庭教育的特点和规律，也失去了家庭教育的优势，结果往往是事倍功半甚至枉费心机。

"无为"有"道"——顺其自然才能因势利导。

"无为"有"道"中的"道"揭示的是规律，是"顺其自然而为"，也就是按照客观规律办事。家庭教育首先要遵循的是孩子成长的客观规律，而并非家长的主观意志。

在家庭教育中，应当是以孩子为本，以家长为主导。家长的主导作用不是盲目地干预、替代、操控，而是引领、引导、教练。父母管孩子，是出于对孩子的爱，是孩子健康成长所必需的。然而管是管原则、管规范、立规矩，要有度，要给孩子留有自我管理的空间，不能把孩子管死；不该管的则不管，比如日常生活中孩子自己的事让他自己管，父母则应着重培养孩子的责任心和自主管理的能力。父母只有尊重孩子发展的特点、参与的权利，充分发挥孩子作为主体的能动作用，在此基础上因势利导，才能取得积极的教育效果。

"善为"——学习"无为"的家庭教育艺术。

"无为"思想中所包含的丰富内涵实际上是"善为"，是一种"为"的艺术。父母在家庭教育中要实现"善为"，应做到："大为"——把握全局，不事无巨细，少些包办、替代，给孩子动脑、动手的空间；不"妄为"——抓根本、抓主要矛盾，把握孩子成长的大方向，接纳孩子在日常生活中表现出来的弱点和不足；"不言"——以无声胜有声，在孩子面前少些唠叨，同时检点自己，以自身的榜样引领孩子；"无形"——创设良好的家风和家庭生活情境，协调好家庭中的人际关系，让孩子感受到家的温馨及和谐；"柔顺"——以柔克刚，以理服人，避免暴力语言和暴力行为等。"善为"对家庭教育具有很高的应用价值。

家庭教育的"无为而治"，体现着父母的教育智慧。父母应站在有利于孩子可持续发展的高度，注重培养孩子的自律能力和良好习惯，尊重孩子参与的需要。长大后真正有所作为的孩子，不是父母管出来的，不是父母手把手教出来的，而是源于他们有一个宽松的家庭环境，有参与决定自己和家庭事务的机会，独立性和创造欲望得以保护、得以发展，从小打下了自我管理和独自参与社会生活的良好基础。

父母的"初心"不变，把握好教育的方向，孩子才能健康成长，实现父母的期望。

思考与践行

①你作为孩子的父亲或母亲，养育孩子的"初心"是什么？

②你是否做过"为了孩子好"结果却事与愿违或者孩子"不买账"的事？与孩子一起分析一下原因是什么。

③你觉得对孩子的事哪些该管、哪些不该管？如何做到"无为而治"？

二、大人与孩子争权——孩子"恨父母"的真相

这些年,孩子们对父母的各种"吐槽"似乎就没有停止过,"妖魔化妈妈""父母皆祸害小组""斗妈大全"……此起彼伏。孩子们对父母的负面评价尽管有片面或极端之处,他们的"对策"并非都有积极作用,但他们的真实经历却从侧面反映了父母自身存在的问题,以及亲子冲突的积重难返。

亲子冲突的症结是权利之争

人们常说,没有不爱孩子的父母,他们为孩子所做的一切是出于对孩子的爱。可是当这种自以为"为了孩子好"的"爱"作用于孩子的时候,怎么就成了孩子对父母的"恨"了呢?而很多爱孩子的父母,也都能细数出孩子跟自己"对着干"的很多事例。尤其是在青春期孩子的家庭中,亲子冲突成了常态。许多父母也委屈:"我处处、事事为孩子着想,为他做了那么多事,他怎么就是不领情?"孩子"背叛"养育他的父母、逃离家庭甚至走上社会反面的行为,令人们百思不得其解。

在我看来,亲子冲突从根本上是父母与孩子的权利之争。

在许多父母心目中,孩子就是孩子,年幼无知,不明事理,他们的一切都应当由成年人来操持和把握,父母有支配孩子的权利,孩子必须听父母的。

许多父母自觉自愿地包揽了本应孩子自己做的一切，把自身的付出作为孩子成长的一部分而不是为孩子自身的成长创造条件，限制了孩子在生活实践中充分发展其体能、智能和社会性参与。

另外，孩子作为一个独立的人，有自己的需求和对各种事物的见解，有不同于成年人的观念和行为，对父母所说、所做的一切有积极或消极应对的能力。他们对父母不符合自己意愿或自身特点的要求、批评进行辩解、抵触，是在极力争取行使决定自己事情的权利。

当大人和孩子对于处理某个问题有不同意见时，若双方都不肯妥协，冲突便不可避免。究其根源，主要是处于强势地位的父母以自我为中心，缺乏对孩子权利和独立人格的尊重，试图以自己的权威强迫孩子服从。

2010年，我参加了中国预防青少年犯罪研究会主持的全国未成年犯抽样调查，对1224名在押未成年犯和925名普通中学生进行了问卷调查并辅以个案访谈。调查问卷中问及"你恨过自己的父母吗"，高达42.3%的未成年犯和25.3%的普通中学生表示恨过父亲、母亲或都恨过。在回答"你恨父母的原因是什么（有几项选几项）"时，两组被调查者在10个选项中选出的前五个原因如下表所示：

你恨父母的原因是什么？

恨父母的原因	未成年犯 排序	未成年犯 百分比/%	普通中学生 排序	普通中学生 百分比/%
不理解我	1	50.7	1	71.6
不关心我的心理感受	2	46.6	2	55.5
不让我做自己想做的事情	3	45.6	3	51.7
经常打骂我	4	34.0	5	26.3
强迫我做不愿意做的事情	5	29.4	4	50.0

此外，选择"父母总闹矛盾影响我""生活上不管不问""有困难不帮我""溺爱我"和"其他"的比例基本上在一至两成。

一个16岁的未成年犯说："我恨我爸，他对我张口就骂、抬手就打，我怎么做他都不满意。我老大不小了，当着别人的面，他一点面子都不给……"于是这个孩子离家出走，中断学业，浪迹社会，最终犯罪。

被调查的未成年犯是指犯罪时年满14周岁至未满18周岁的人。这些孩子处在青春期，自我意识很强，有自己的心理感受，他们渴望被理解、被尊重。从以上调查可见，尽管未成年犯恨父母的比例远远高于普通中学生，但是他们恨父母的原因却是趋同的：父母习惯自以为是、凌驾于孩子之上，对孩子"不理解""不关心""不让做""打骂""强迫"……使孩子产生了与父母对抗的情绪和行为。

本次调查结果尤其值得关注的是，由于许多未成年犯犯罪前已经离家出走，摆脱了父母的管教，而普通中学生受父母管教较多，所以普通中学生选择父母"不理解我""不让我做自己想做的事情""不关心我的心理感受""强迫我做不愿意做的事情"等的比例明显高于未成年犯。这说明普通中学生在更大程度上受到父母的制约，这是导致亲子冲突、孩子背离家庭的最危险的信号。

《重庆商报》曾图文并茂地刊发了一条消息：重庆渝北区龙山路某小区6个单元的大门上，都贴出了孩子们写的"致家长们的一封信"。信上说："我们也有自由，为什么不让我们出去玩耍！还我们自由。""我们不是你们的出气筒！""我们不是你们拿来比较的傀儡。""我们受够了被你们打骂的生活，你们偶尔打骂我们能理解，可无时无刻地打骂，使我们忍无可忍。"信中甚至出现了"我们恨你们，家长"之类的过激的话。

孩子们在给父母们的"公开信"中表述的内容，与上述调查中孩子"恨父母"的原因如出一辙。其中折射出的问题是父母对孩子权利的漠视，是以自我为中心制约孩子的发展、左右孩子的事情的必然结果，这也正是亲子冲突最根本的、深层的原因。孩子们"恨父母"的那些表述，其实并非故意与父母对着干，而是表达对父母剥夺他们权利的不满，是在维护自己的尊严，争取决定自己事情的权利。

孩子是能动的个体，他们对自己的事情有自己的看法和行为方式，如果家长管教孩子的举措不能被他们主观认同，那么他们迫于外部压力所做的一切只能是暂时的，一旦脱离家长的视线或"管制区"，一切行为会依然如故。而且孩子难免对家长的"招数"产生"抗体"，甚至以更加不尽如人意的方式表现出来。于是家长又会抱怨现在的孩子太难管，逆反心理太强，采取更为严厉的管束手段，形成恶性循环——这是漠视儿童参与权的必然结果。

教育提示：放权，让孩子成为自己的主人

父母爱孩子，首先是对孩子独立人格的尊重，成功的爱能够使孩子产生的情感共鸣；而以自我为中心的对孩子的"爱"，难免成为恨的根源。

孩子由"恨父母"向爱父母的转变，在很大程度上取决于父母以怎样的姿态面对孩子、认识孩子。孩子喜欢的是明智的、大度的父母，父母应该把孩子当作独立的权利的主体，让孩子有自己做主的空间。具体来说，父母把孩子自己事情的决定权交给他，对于搞好亲子关系的作用不可低估。

放开眼界，注重提升孩子自我选择的能力。

缓解亲子冲突，父母对孩子认识的转变是前提。如今的孩子，生活在信息发达的社会，通过移动网络了解到的各类信息并不比大人少，不少家长认为自己的权威受到严重挑战，"听话教育"不那么灵了。而且，如今的孩子身处一个随时随地充满各种变化的社会，父母们为孩子的前程设计得再好、准备得再充分，也难以预料层出不穷的新事物，难以满足孩子不断变化的新需求。未来孩子的升学、择业、与谁交往、学什么技能……事事、处处面临着选择，学会选择无疑是一种重要的生存能力。孩子与父母的抗争，说明他具有自主选择、做自己主人的欲望。而从小在大人的专制下，习惯了顺从、没有主见的孩子，面对各种选择难免无所适从。放权给孩子，孩子更知道自己想要什么，会珍惜这个机会，做出更符合自身特点和能力的选择。父母要做的是引导孩子学习权衡各种选择中的利与弊，对自己的选择承担责任。

学会妥协，把一次否定变为给孩子的一个机会。

在家里，孩子"不听话"给父母带来了无尽的烦恼。比如先写作业还是先玩游戏的问题，就经常引发孩子与父母的冲突。在父母看来，不写完作业就玩游戏是不能允许的，孩子放学回家先写作业最重要，否则父母心里就不踏实；孩子呢，并不是因为玩了游戏就不写作业，而是想先放松一下，有个好心情，他们认为玩游戏和写作业只是个先后顺序的问题，先玩一会儿并没有什么不妥。类似这样无关原则问题的小事，家长大可不必过分与孩子计较，不应强制提出"不准"，而应向孩子妥协一下，与孩子商量好玩游戏的时间，明确玩一会儿就做作业的要求，并监督孩子遵守。家长只有这样做，才能把一次否定变成一个机会，把决定权从父母手上转移到孩子手上。这不但能让孩子培养独立的能力，养成自我约束的习惯，而且能让孩子为了自己的兴趣，更努力去做那些父母要求做的事。

改变自我，满足孩子的合理需求。

一个小学生给父母写了一封信：

我感谢你们生育了我，但我不是你们的奴隶，我是一个自由的人。从今天开始，如果你们还想要我这个女儿，必须做到如下十条：（1）不许动我的书包、抽屉；（2）不许看我的聊天记录、日记；（3）不许强迫我穿你买的超级难看的衣服；（4）不许拦截我的电话；（5）不许当着亲戚朋友的面说我比别的孩子差；（6）允许我每天晚上有1小时的自由支配时间；（7）允许我每周日早上9点起床；（8）允许我的朋友到家里做客；（9）允许我听自己喜欢的歌手的歌；（10）允许我反驳你们的意见。

如果你们做不到其中任何一项，我宁可露宿街头，去做小偷，也要毫不犹豫地离开这个家，让你们永远也找不到我！我说到做到！

这是孩子给父母下的"最后通牒"，曾在网上广为传播。不少父母看后不寒而栗，反感孩子对父母强硬的态度。其实细看信中孩子对父母的10条要求，都有其合理的成分，涉及孩子的隐私权、选择权、娱乐权、话语权等多种权利的维护。如果以儿童权利视角来认识这类事情，父母们需要思考的不是用什么招数对付孩子，而是如何改变自己，尊重孩子的参与权并满足孩子提出的合理要求。

关于儿童的参与权，联合国《儿童权利公约》提出：有主见能力的儿童有权对影响到其本人的一切事项自由发表自己的意见，对儿童的意见应按照其年龄和成熟程度给以适当的重视。儿童应有自由发表言论的权利，有寻求、接受和传递各种信息和思想的自由。我国《未成年人保护法》也规定："未成年人的父母或者其他监护人应当根据未成年人的年龄和智力发展状况，在作出与未成年人权益有关的决定前，听取未成年人的意见，充分考虑其真实意愿。"这里对儿童参与权的表述包含了两层含义：一是发表意见，二是得到重视。即儿童通过自由、自愿地表达意见来达到他们对有关事项的参与。儿童在表达自己的需要时最有发言权，如果给予适当的支持和尊重，他们将可以作出合理的、负责任的决定。

当孩子的参与权得到尊重、得以实现，合理需求得到充分满足时，其角色就发生了根本的改变，在与成年人互动中就是一种平等的关系。他们在了解成年人的意图、发表意见的同时，自身也要对决定的事情承担相应的责任。这样，与完全处于被动的地位相反，孩子可以在解决自身问题的过程中发挥积极的能动作用，父母也能减少无效的付出，减少对孩子"对抗"情绪和行为的担忧。

思考与践行◆

①为什么说亲子冲突的症结是大人与孩子的权利之争？

②父母与孩子聊一聊，检讨一下文中调查列举的"恨父母"的10个原因在自家是否存在。

③对于放权给孩子你有什么顾虑吗？听听孩子的意见。

三、"直升机父母"的无微不至是在伤害孩子

对于直升机,人们并不陌生。无论是地震、山洪暴发、森林火灾等自然灾害发生后的物资运送,还是日常生活中对危重病人的救护,直升机都起着重要的作用。直升机的最大特点就是能够及时、到位地解燃眉之急,在紧急救援和处理突发事件中发挥巨大的优势。然而,当我们用"直升机"形容父母的时候则另有一番含义,他们以"拯救"孩子为己任,在很大程度上剥夺了孩子体验生活、参与社会生活的权利。

"直升机父母"现象扫描

对孩子无所不管、无处不在,随时在孩子的"上空盘旋",介入孩子的一切,当孩子有需要时立即满足,在孩子即将遇到困难时马上降落为孩子挪去障碍……这样的父母被称作"直升机父母",他们对孩子的关照真可谓无微不至。

在热播电视剧《少年派》中,林妙妙的妈妈王胜男的几句台词就是这类"直升机父母"的口头禅:"你洗手了吗?怎么洗的,香皂用了两遍,泡沫在手上停留一分钟了吗?""你在厕所生根了吗?怎么还不出来?""每天中午

12点、晚上9点必须给妈妈打个电话。""穿衣服实用第一位，穿那么好看有用吗？""吃喝都给你备齐了，还要零花钱干吗？"……

这个妈妈对孩子几乎是360度无死角"盯梢"，无休止的唠叨，事事、处处干预，给孩子带来的则是不尽的烦恼。

"直升机父母"的所作所为在日常生活中随处可见：

宝宝在小区的空地上跟小朋友玩得正欢，跑着跑着被一块石头绊倒了，摔得并不重。一旁的妈妈见状慌了神，赶紧跑过来，"我的宝贝儿呦，妈妈看看摔坏哪儿了。疼不疼呀？要不要上医院呀？……"本来宝宝还没哭呢，经妈妈这一番"安抚"，哇哇大哭起来……

——**这是过度保护**。当孩子不小心摔倒的时候，我们仔细观察就会发现：孩子会抬头看看周围成年人的反应，如果身边没人，他就会自己爬起来；如果大人没理会，他也不会觉得很严重；大人越是渲染、紧张，孩子感觉越痛，哭得越厉害。孩子的哭，好像是哭给大人看的。父母对孩子的过度保护给孩子传递了负面信息：摔倒是件很严重、很痛苦的事，是自己不能坦然面对的，只有用哭来表示向大人求助。

童童在家总是闲不住。看到妈妈择菜也来帮把手，爸爸洗碗时非要抢着干。没想到爸爸刚转身上厕所，就听见"哗啦"一声，一摞洗好的碗摔在地上……童童傻了眼！妈妈、爸爸、奶奶一齐跑来，"不让你干非得干！""你怎么就不小心点呢？""你就知道搞破坏！""以后厨房的东西不许你动！"童童委屈道："我不是故意的！"从那天起，童童记住了"不许动"，再也没进过厨房。

——这是过分限制。在孩子学会说话、走路，逐渐有了自我意识之后，参与意识是很强的，他们把和大人一起干家务看得像做游戏、玩玩具一样有趣。但是许多时候，父母眼看着孩子跟在身后忙活，心里就烦，总会把孩子支开，万一孩子犯点小"错"更是不断地指责。父母对孩子的行为限制在很大程度上扼杀了孩子的好奇心，并使孩子对自身能力产生怀疑。久而久之，孩子会远离现实生活，在幼小的心灵中播下了排斥劳动的种子，也失去了好奇心和动手做事的机会。

　　然然的妈妈是个勤劳的人，总是把孩子的事安排得井井有条，大小事千叮咛、万嘱咐，能替孩子做的从不让孩子动手。然然呢，习惯了妈妈这样，自己的事从来不自己做，也不动脑子，上学了依然如此。有一天，然然没带语文作业本受到老师批评，回到家里向妈妈大发脾气："都怨你！收拾书包也不检查一下……"妈妈无言以对，好像自己犯了多大的错误。

　　——这是过多包办。一些父母习惯了事无巨细地管孩子，往往是对孩子管得越多，孩子对大人的依赖性越强、身上的毛病越多。其实，孩子在一天天长大，逐渐具备了管理自己的能力，也具有独立做事的能力。收拾书包这样简单的事，如果让孩子自己做，忘带作业本就要自己承担责任，没有理由埋怨别人。而父母替孩子收拾书包也意味着替孩子承担责任，孩子自己则成了自己事情的"旁观者"。

　　明明和东东常在一起玩。有一天，明明拿来叔叔新买的遥控车，东东非常喜欢，玩了一次还想玩，明明不肯了，想从东东手里夺回遥控器，东东就是不撒手，两人扭打在了一起。这时明明妈妈跑过来，冲着东东吼道："你这孩子怎么这么没教养呢，我们家的玩具你凭什么抢？明明，听我的，咱不跟他玩了……"两个孩子停止了争执，以后再也没在一起玩过。

——**这是不必要干预**。小伙伴在一起玩，发生争执往往不可避免，在孩子心目中也算不上什么大不了的事，往往过去了也就忘却了。父母用成年人的思维对孩子进行不恰当的评价和干预，把简单的事情变复杂了，给孩子之间的正常交往设置了一堵墙，也很容易使孩子产生社交恐惧，进而远离小伙伴，这对孩子的童年生活而言是大忌。

大辉的学校组织了一次集体到农家院的活动。早上兴致勃勃的他，傍晚回到家里却垂头丧气。妈妈追问其中的缘由，大辉说，同学、老师都说他是"笨孩子"。原来，大辉从小习惯了依赖妈妈，这次出门没有妈妈在身边，鞋带松开了不会自己系，吃饭时不会自己夹菜，结果让同学笑话了，大辉觉得很没面子。

——**这是过多替代的结果**。父母替代越多，孩子能力越弱，这是不争的事实。父母可以替代孩子做事，却不能替代孩子做人，不能替代孩子成长。其实孩子天生并不笨，只是成年人剥夺了孩子做事的机会，弱化了孩子的能力。有时候，父母替孩子做事，是为了孩子有更多的时间学习知识、训练特长。当孩子将来长大成人离开父母的时候，决定他能否成才的是从小培养的做事的能力，而不是曾经的高分数。到那时，再能干的父母恐怕也帮不了孩子。

父母对孩子的关心、照料是养育孩子的义务，而如果无微不至地付出、替代超过了孩子的正常需要，便影响了他自身对现实生活的体验，成了他作为一个独立的人成长的阻碍。有的孩子上了重点大学、成了家，一旦脱离父母独自生活，"直升机父母"的副作用便在他身上毫无保留地显现出来。

一所重点大学里，一天傍晚突然从女生宿舍里传出哭喊声，辅导员急忙进去，只见一个女生正在哭叫："我不在北京念书了，让我回家去，要不然我就跳楼……"询问原因才知道，这个学生在家时父母对她的衣食住行样样照顾得无微不至，直到上中学连手绢、内衣都替她洗。父母对她的要求只有一个，就是念好书，考所好大学。她果然不负众望，考进北京的重点大学，母亲专程送她到北京，帮她办了入学手续，到她的宿舍为她铺好床，一切安排妥当后才离去。妈妈走后她呆呆地坐在床边全然不知所措，不知道以后离开妈妈的日子怎么过，终于忍不住号啕大哭起来。

这是"直升机父母"并不愿意看到的结果，而在孩子小的时候，父母们并没有意识到自己的所作所为会产生如此负效应。

教育提示：要"拯救"的不是孩子而是自己

"直升机父母"的症结是俨然把自己当作了孩子的救世主，站在自己的角度考虑问题，忽视了孩子作为一个独立的人的真正需求。父母爱孩子是人之天性，但是如果对孩子的爱成为包办一切的呵护、替代、限制、干预，这样的爱就犹如把健康的人当作危重病人实施紧急医疗救助，打针、吃药、动手术之后，没病的人也有病了。父母教育孩子中的盲目性和一厢情愿，对孩子来说无疑是一种莫大的伤害。所以，父母要教育好孩子，首先要拯救自己，即改变自己的思维定式和行为习惯。

划清界限，停止侵入式关怀。

细数"直升机父母"的种种表现，就是忽视孩子的真实感受和实际需求，以"为了孩子好"的名义把自己的想法和行为强加在孩子身上，并要求孩子接受的现象。替代孩子做他本可以自己承担的事，是侵入了本属于孩子的空间，满足的是父母自身的心理需求。其实，家庭教育的最大特点是教育要融入日常生活之中。孩子的动手能力培养、自信心的建立、成功的喜悦以及可持续幸福感的获得等，正是来源于家庭日常生活中点点滴滴的小事，父母教育孩子的最大优势也恰恰是教孩子学会在生活、实践中学习。父母应划清与孩子的界限，摆正自己的位置，正视自己对孩子的作用，发掘孩子的潜能，停止侵入式的关怀，才能避免成为"直升机父母"。

放平心态，让孩子在体验中增长智慧。

在日常生活中保护孩子的安全是父母的首要责任，但过度保护往往会束缚孩子的手脚。而家长对孩子的过度行为，常常源自对孩子的认识偏颇、不相信孩子的能力和自己的心理脆弱而产生的心理恐慌。孩子在玩耍中摔倒了、擦破点皮不值得大惊小怪。父母表现得平静些，在判断没有大碍的情况下，鼓励孩子自己爬起来，再到孩子身边安抚一下，让孩子自己说说是什么原因导致了这样的结果，孩子会在"吃一堑"中"长一智"。

创造条件，与孩子共同做家务。

孩子的好奇心和动手能力是在生活实践中强化的，与父母的良好关系也是在共同做事中形成的。干家务是件一举多得的事，是对孩子参与能力的全方位培育。只是孩子的劳动能力有限、经验不足，干起事来往往毛手毛脚或者慢慢腾腾，但这不应当成为父母匆忙干预和限制孩子的理由。如果父母能对孩子采用委婉而善意的指点和评价，并耐心地帮助孩子完成家务，孩子便可以积累一些经验，并会在以后承担类似的劳动时做得更好。更重要的是，与孩子共同做家务促进了亲子互动，体现了家庭教育的优势，增强了父母对孩子的影响力。

尊重孩子，激发孩子自我教育的潜能。

  孩子小的时候自我意识和自主选择的能力比较弱，父母多花些时间跟他在一起玩、手把手教会他如何处事非常重要。但是有一点必须明确，孩子不属于父母，他是一个独立的生命。随着孩子慢慢长大，他的独立性越来越强，家长可以替孩子做事，却不能支配他的灵魂。当孩子得到尊重，有释放潜能、展现自我的机会，他将建立自信，在独自面对和解决各种问题的过程中积累经验、获得成长，父母的作用是提示和引领。比如，孩子在与伙伴交往中发生冲突时，父母大可不必过于焦虑，更不该急于干涉。要善于观察问题的症结所在，站在孩子的立场帮孩子寻找与同伴和解的办法，比如前文东东的妈妈可以在东东抢明明的玩具时说"东东有什么好玩的玩具让明明玩吗"，或许两个孩子都能获得满足。切记，只是给孩子必要的提示，最终解决的办法还是由孩子自己讨论、自己选择，孩子会在这个过程中学会如何与小伙伴交往。

  如果父母对孩子过多干预、替代，孩子总是被别人告诉他应该做什么、怎么做，就很难建立自尊和自信，更无法发展独自处理社会生活中各种事项的能力。如果父母真的爱孩子，就别做"直升机父母"，适时退到幕后，把在日常生活中自我管理、承担责任、体验成功、尝试失败的权利还给孩子。舍得放手，不仅是自身的解脱，更是对孩子参与权利的尊重。

●思考与践行◆

  ①对照文中列举的内容，查查自己是否有过"直升机父母"的表现。
  ②用实例说说"过度保护"的教训，以及对孩子的危害是什么。
  ③为了培养孩子的自主意识和独立能力，父母自身有哪些思维定式和行为习惯需要改变？

四、父母不"听话",所以不了解孩子

"听大人的话",常常被父母当作衡量好孩子的标准,可是却没有人想过"听孩子的话"才能做个好父母。当然,父母的"听话"并不是对孩子言听计从,而是善于倾听孩子的声音,多用耳朵少用嘴,了解孩子的意愿,弄清楚孩子那些表面看来不尽如人意的行为背后的真正原因,对孩子的教育才能有的放矢,这也是孩子参与家庭教育的必要前提。

《未成年人保护法》摘要

◎ 未成年人的父母或者其他监护人应当根据未成年人的年龄和智力发展状况,在作出与未成年人权益有关的决定前,听取未成年人的意见,充分考虑其真实意愿。(第十九条)

◎ 未成年人的父母离婚时,应当妥善处理未成年子女的抚养、教育、探望、财产等事宜,听取有表达意愿能力未成年人的意见。(第二十四条)

◎ 人民法院审理离婚案件,涉及未成年子女抚养问题的,应当尊重已满八周岁未成年子女的真实意愿,根据双方具体情况,按照最有利于未成年子女的原则依法处理。(第一百零七条)

为什么要听孩子的话

《中国妇女报》曾刊登一个父亲以《难言的过失》为题的文章，讲述了自己的经历：因为不听孩子的话，凭主观意愿培养孩子，而导致了一系列徒劳的付出，白白耽误了孩子发展的美好时光。

想当初，我出于望子成龙的渴盼，又基于我有绘画的特长，决定指导五岁的儿子学画。但是三年的苦心执教，他始终没有达到我所期望的高度。于是，我中止他学画，施展我会拉胡琴、吹横笛的本领……一晃又是三年，他基本掌握了使用这两种乐器的要领。但是，不逼，他就不练；逼急了，就马马虎虎应付一阵子。结果，常常闹得父子俩都不高兴。

我意识到对乐器不感兴趣的儿子，绝对不可能成为一名音乐家。于是，我再决定引导他向文学方面发展……然而他的表现又使我大失所望：双手捧着书，却闭着眼，叫醒他，一会儿又睡了——他对文学实在不感兴趣。这时，他已是初二的学生。我对他说："我想听听你的心里话，你到底喜欢什么？"儿子胆怯地说："我喜欢游泳。"

我们家附近有好几个大窑坑，每年都发生淹死人的事，我经常严厉要求他："不许下窑坑游泳！"可是他偏偏背着我到窑坑去，久而久之，蛙泳、自由泳、仰泳的基本要领他都掌握了，还敢从十几米高的桥上往下跳。我吃惊之余，又后悔没有早发现他真正的兴趣，便带着责备地说："你胆子真大！有这种爱好为什么不早告诉我？"儿子眼泪汪汪地说："我不敢。"我带着儿子到体校找游泳教练。他十分惋惜地说："水性不错，耐力好，潜力大，爆发力强。但是，如今他年龄偏大了，不规范的泳姿基本定型，很难矫正。唉！是棵好苗子，只是太晚了。"

当时，我的心里真是五味俱全，回到家里，我好久没有说话。虽然儿子没为此埋怨过我，我却只能默默咀嚼自己种下的苦果，它的苦涩实实在在是难以言明的。

这个父亲的苦涩恐怕有不少父母领教过。然而当自己醒悟的时候，对孩子来说，往往为时已晚。

在日常生活中，许多父母对孩子发出的声音不以为然，喜欢凭着自己的主观臆断和看到的表面情形去认识孩子、评价孩子，按照自己的意愿安排孩子的生活和学习。有的父母没有耐心听孩子讲话，对孩子的意见不屑一顾，或者孩子说的话稍不如自己的意，便对孩子一通批评和指责。孩子常常处于被父母的话语包围或支配的氛围，父母对孩子单方面地提出要求、批评多于互动交流。也正因为如此，父母并不能真正了解孩子和他的需要。当孩子情绪低落、发脾气、厌恶学习、调皮捣蛋、不可理喻时，父母常常会误解孩子，感到无计可施，父母也变得情绪恶劣，只能运用自己的权威，采取"高压政策"，简单粗暴地对待孩子。

美国心理治疗专家麦可·P.尼可斯教授指出："聆听能滋养自我价值，能塑造自尊自信，而不被聆听则是一种伤害，是不被重视的体现。"长年致力于家庭教育心理咨询的美国心理咨询师帕蒂·惠芙乐认为，孩子的每一个"非正常"表现的背后都有一个正当的理由。他们是在宣泄精神或身体上的创伤所引起的负面情绪，是在呼唤成年人的关注以帮助他们更好地宣泄，从而获得最终的健康。所以，当孩子有"不正常"的表现时，父母应该通过倾听给予孩子最好的关注。

如此说来，孩子的声音不仅是对自己需求的诉说和表达，更是形成自我价值感、建立自尊的重要渠道。是否倾听孩子的声音，决定了父母对孩子教育行为的选择和教育的效果。家长和孩子都顺畅地发出自己的声音，相互倾听，亲子之间的互动才能是和谐的，每个人的心情才会是愉快的。

教育提示：善用耳朵，走上通往心灵的路

倾听孩子的声音，其实就是对孩子参与权的尊重。凯洛林·凯索基于《儿童权利公约》表达的精神，创作了绘本《请为每个幼儿着想》，并提倡"让幼儿说出自己的想法或感受。不论幼儿的声音是大是小，不管幼儿是悄悄地说，或是用吼的、用画的、用比的，都请仔细聆听，听听幼儿说些什么"。了解孩子内心需求是家庭教育通向成功的桥梁。

多用耳朵少动嘴。

我们曾在多项调查中了解孩子们对父母的看法，"唠叨"始终是他们最讨厌的。父母总是热衷于给孩子提各种要求，事无巨细地"教导"孩子，而不屑于听听孩子想些什么，他的需求有哪些。而在孩子兴致勃勃地讲述自己感兴趣的事的时候，父母却漫不经心，往往会使孩子因沮丧而中止谈话，不愿意跟父母交流了。有孩子抱怨说："当我坐下来和父亲说话时，他总是心不在焉的样子。我把自己遇到的困难、问题讲出来时，他马上教训起我来，这种谈话对我毫无用处。我们之间的话越来越少。"把说话的权利还给孩子，耐心听孩子讲话，让孩子提出解决问题的办法，教育效果会截然不同。

听孩子把话说完。

我们时常见到这样的情形：大人还没有听完孩子的表述，就急于评判。

孩子放学回家兴致勃勃地对妈妈说:"我们班来了个漂亮的小洋妞……"没等孩子说完,妈妈就说:"你可别胡思乱想啊,把心思用在学习上!"其实孩子后面的话是"我们可以跟她用英语对话了",结果妈妈一盆冷水让孩子很扫兴。

一个孩子拿着两个苹果,妈妈问:"给妈妈一个好不好?"孩子把两个苹果各咬了一口。这时,妈妈的内心有种莫名的失落。孩子慢慢地嚼完后对妈妈说:"这个最甜的给妈妈。"妈妈才恍然大悟。

现实中,常常是在孩子咬第二个苹果时,大人就会批评孩子只顾自己,不与别人分享,而把孩子美好的意愿埋没了,也扼杀了孩子对妈妈的关爱和善意。对孩子的表达作判断时"慢半拍",听孩子把话说完,才能了解孩子的真实意图,家长凭自己的主观臆断抢着把话说了,难免误解孩子。

让孩子宣泄不良情绪。

小孩子也有七情六欲,被人欺负后会委屈,被大人批评、指责会不服气,遇到不如意的事会苦闷。可是家长常常漠视孩子的不良情绪,只强制孩子按照父母的意愿来做。在这种情况下,孩子长期忍受心中的苦闷、积怨,无处诉说,从而产生不良后果:一是容易导致身心疾病;二是孩子的不良情绪被压抑到一定程度,在遇到更大的问题时容易失控,以暴力或其他非正常方式宣泄出去的可能性就非常大。所以,倾听也是创造宣泄的条件,让孩子在没有任何压力的情况下畅所欲言,说出自己的想法,家长无须说什么,对孩子来说也会在心理上得到安慰。

忍住不说,让孩子有机会说。

现在许多父母的一个苦恼是孩子年龄越大跟自己的话越少,甚至没话说。症结之一是父母听不得孩子的不同声音,忍不住对孩子滔滔不绝地说教,而孩子没机会充分表达自己的想法,懒得与父母争辩。

有一个母亲发了这样一条微博。"我女儿对我说：（1）妈妈，你说我长大后要是回想一下，学生时代居然没谈过恋爱，该多遗憾啊！（2）我想体验一下36小时不睡觉的感觉！（3）我想尝尝逃学的滋味儿！（4）考个全校倒数第一又怎样呢？×××又怎样？"我评论说："这些话，孩子能说出来，妈妈能听得见，就是个好事！怕的是孩子有话不跟妈妈说，妈妈不屑于或者不敢听孩子说。"妈妈回复："对，所以为了听到孩子的真话，无论多着急都要镇定自若，让她觉得跟你沟通是对的，不会看到你的反应便暗暗下决心下次再也不告诉你了。"

其实，就是这个道理。有时候，孩子的话或许只是一种调侃、一种试探。这个妈妈忍住不说、理智面对，了解了孩子，也成为与孩子沟通的前提条件。有人说，我们用两年学会说话，却用一生学闭嘴。在与孩子互动中，学会闭嘴不仅是一门说话艺术，更是一种高情商的表现。为了让孩子对你说真话，孩子说什么事都得镇定自若，要有超强的心理承受力。

当然，倾听孩子的声音不等于任由孩子说了算，也并不意味着让孩子不顾及成年人的知识、经验，把父母的看法看得无关紧要。父母通过倾听，对于孩子的某些不切合实际或者不正确的想法有所了解，有针对性地作出解释，在与孩子的共同讨论中逐渐达成共识，这样更有利于建立融洽的亲子关系。

思考与践行

①父母在处理孩子的事情上，为什么要倾听孩子的声音？

②用自己教育孩子的实例说说不了解孩子的想法便擅自作决定会有怎样的后果。

③为什么说倾听孩子的声音是对孩子参与权的尊重？父母怎样做有利于孩子说出自己的想法或感受，保护孩子的参与权？

五、孩子"顶嘴"
——在挑战父母权威中获得成长

许多父母都喜欢孩子听自己的话，服服帖帖、顺顺溜溜地接受自己的要求和各种安排，最恼的是说什么孩子都不听，还跟父母顶嘴："我不愿意""凭什么听你的""这不公平"……总是跟父母对着干。于是父母常常气不打一处来，与孩子唇枪舌剑不灵便大打出手。即便如此，孩子也并不服气："你们有什么本事，就会欺负小孩！"令父母很是尴尬。

爱"顶嘴"的孩子独立意识更强

孩子与父母顶嘴，在日常生活中司空见惯。

有个妈妈给孩子找了周末一对一的作文补习老师，孩子早就约好了要跟同学去郊游。孩子对妈妈说："我没必要补习，保证郊游回来写一篇漂亮的作文。"妈妈不同意，说是好不容易托人找的老师。孩子说："那你就去吧，反正我不去。"结果在妈妈爸爸的合伙阻拦下，孩子郊游没去成，补习也死活不去，搞得一家人谁都不愉快。孩子对这事一直耿耿于怀。

分析这个事例，写作文是谁的事？是孩子的事。妈妈请老师补习为什么不事先跟孩子商量呢？补习是为了什么？为了写好作文。孩子保证了郊游回来写一篇漂亮的作文，他自己有内在的动力，父母为什么要阻止孩子呢？父母和孩子谁都不肯让步，亲子冲突就是必然的，最终孩子坚持自己的意见，父母也没达到自己的目的。

我们仔细想想，孩子"顶嘴"无外乎是表达自己与父母的不同意见，其中包括对父母意见的态度、自己不接受的理由以及自己希望如何做等。如果家长按照自己的思维定式只看到消极的一面，就会认为这是孩子故意跟自己对着干，试图用各种手段制服孩子，但常常是制服不了孩子，自己的情绪却越来越糟。如果家长们换个视角，不一味地固执己见，而是站在客观的立场上来认识，孩子"顶嘴"未尝不是一件好事。

懂得自尊，学会表达自己的意愿。

随着年龄的增长，孩子逐渐有了自我意识和自我需求，对父母忽视自身意愿的要求会提出不同的意见，如果遭到反对或者制止，双方依然坚持自己的意见，就会产生争执。在这种情况下，家长不应追究"顶嘴"本身对不对，而应思考孩子的意见是不是合理，让孩子有充分表达的空间，听孩子作出解释，接纳孩子的正当意见，对不恰当的意见与孩子一起进行具体分析。当孩子感受到自己的意见得到尊重，也会尊重家长的意见，在彼此尊重的氛围中沟通，便能减少或避免冲突，达成解决具体问题的共识。家长对孩子意见的尊重有益于孩子自尊心的培育，使孩子在与他人的交往中敢于表达自己的不同见解，建立自信。

不盲目服从，提高据理力争的能力。

许多父母在孩子小的时候希望孩子乖乖的，听大人的话；而在孩子长大后与别的孩子交往中不善于表达、遇事不会据理力争时，又埋怨孩子窝囊。其实，孩子善于表达和据理力争的能力不是天生的，需要有一个学习、实践的过程。父母习惯于以自己的权威否定或压制孩子的不同意见，孩子很容易服从大人，从而渐渐弱化表达自己意愿的能力。而父母对待孩子"顶嘴"的态度如果是宽容的，孩子可以意识到权威也并不都是正确的，无须盲目服从，也会动脑筋分析、寻找说服大人的理由。当充分阐述自己的想法并得到认可时，孩子便感受到据理力争的力量，逐渐学会更多说服他人的技巧，提高据理力争的能力。

追求创新，锻炼批判性思维。

现代社会是不断发展变化的，一个人是否具有创新意识和创新本领是能否取得事业成功的重要因素。沃顿商学院的亚当·格兰特教授认为："如果没有人和你争辩，你就不可能放弃旧的做法，更不用说尝试新的做法。"他以发明飞机的莱特兄弟为例进行说明：他们的父亲非常相信辩论的好处，争论是这个家庭的交流方式，莱特兄弟正是在一次激烈的争论中，在一个重要决定上达成一致——给飞机设计两个螺旋桨。我们常说，破旧才能立新。小孩子跟大人"顶嘴"，正是挑战权威、追求创新、锻炼批判性思维的好机会。

释放压力，调节不良情绪。

说到孩子"顶嘴"，父母大多想到的是孩子对自己不孝不敬，总是以各种方式让孩子住嘴。孩子在父母的压制下，把话咽下去不说，表面上服从了，但化解不了内心的质疑和不满，长期下去不仅不利于亲子关系和谐，还会积累更多的负面情绪。当遇到某些事件，有不解、委屈、不服、愤懑等情绪时，爱"顶嘴"的孩子把心中的想法说出来甚至以哭闹的方式表达出来，是对不良情绪的释放，可以减轻自身的心理压力。可以说，"顶嘴"是孩子宣泄的"排气阀"，也是家长了解孩子真实想法和疏导不良情绪的机会。

教育提示：接纳"顶嘴"，与孩子平等相处

孩子与大人"顶嘴"，是学习如何提出和接受不同意见的最佳机会。在挑战"权威"中，孩子各种能力的提升显而易见。

德国著名心理学家海查曾做过一个实验：对2~5岁有强烈反抗倾向的100名儿童与没有反抗倾向的100名儿童跟踪观察到青年期。结果发现，在儿童期有反抗倾向的人中，84%的人意志坚强，有独立分析、判断事物和作出决定的能力；而儿童期没有反抗倾向的人中，仅有26%的人意志坚强，其余74%的人不能独立承担责任。

美国《儿童发展期刊》杂志发表一项研究成果称，研究人员对157名平均年龄13岁的孩子进行了3年的观察后惊讶地发现，与性格温和的孩子相比，那些在与母亲争论时表现得相当自信并善于用合理的理由支持自己观点的青少年，排解负面压力的能力更强、意志力更坚定。研究解释说，适当与父母发生口角，可以激发孩子的自主意识，让他们更愿意开动脑筋想问题、维护自己的利益。这一过程有助于孩子培养人际交往和沟通的能力。但研究人员特别提醒，这并不意味着可以鼓励孩子和他人对着干，而是一定要让孩子讲道理，对于孩子吵闹、威胁、告状等不良方式，父母一定要及时制止和惩罚。

在家庭中，减少孩子"顶嘴"并带来冲突的有效方法不是制止孩子提出不同意见，而是家长放下家长的架子，对孩子平等相待，教孩子进行有益的

争论，建立合理的争论模式。

审视对孩子要求的合理性。

父母要求孩子听话，当孩子不听话与大人"顶嘴"的时候，首先不要批评孩子，而要听听孩子不听话的理由，审视一下自己对孩子的要求是否合理，思考自己的要求为什么不为孩子所接受，换一种说法或者做法是否同样可以达到目的。而如果自以为是，以压服的办法让孩子遵从父母，只能使孩子压而不服，产生对立的情绪，更加不信任父母；或者走向反面，变得唯唯诺诺，只会循规蹈矩，失去判断力。

培养孩子讲理的能力。

不要戴着有色眼镜把孩子"顶嘴"看作是与大人的冲突，而是通过讲理来解决问题。创新工场董事长李开复说："中国人总是把听话当作孩子的优点，但我希望我的孩子不要只做听话的孩子，我要他们成为讲理的孩子。听话的孩子可能只是盲从，而不见得懂道理，讲理的孩子会在你有理时听话。"孩子对父母的不尽合理或者不符合自己意愿的要求敢于争辩，表明了参与意识的觉醒。在争辩中，父母与孩子都表达自己的意愿，阐述各自的理由，孩子说得有理时，父母要善于妥协听孩子的；大人要是能说服孩子，孩子就听大人的。以客观的态度共同寻求解决问题的途径，有利于培养孩子的语言表达能力和分析能力，孩子在与父母讲理中，达到参与的目的。

肯定孩子的批判精神。

孩子与大人"顶嘴"，是在挑战"权威"，表现自己的个性。有时候受自身认知能力的限制，孩子难免认识偏颇、态度偏激，或者也有无理狡辩的成分。在这种情况下，家长首先要用肯定的态度对待孩子的批判精神，同时分析孩子的想法，客观地引导他形成正确的认识，这是教育的责任。保护孩子的批判精神，需要父母具有开阔的视野和宽容的气度，这也是培育孩子思想的独立性和理性思维的重要条件。

当然，接纳孩子"顶嘴"，并不意味着放任孩子跟大人对着干。对孩子无理取闹、威胁大人的不良行为，要予以制止，引领孩子学会以理服人。

思考与践行

①你认同"爱'顶嘴'的孩子独立意识更强"这一说法吗？理由是什么？

②如果孩子跟你"顶嘴"，你通常会怎样做？

③用实例分析一下接纳孩子"顶嘴"的利与弊，引领孩子以理服人。

六、家长的选择，常常不是孩子的需要

在日常生活中，孩子时时、处处面临着选择。小到几点钟起床、穿什么衣服、看什么电视节目、与谁交往，大到选择学校、选择伴侣、选择职业……许多父母习惯于在孩子的事上自作主张，为孩子作决定，以为自己做的就是孩子需要的，替孩子选择就是帮孩子。事实上，孩子是独立的人，有不同于大人的特点和需求。有时候，你的选择他并不认同，即便暂时服从了你，也会别别扭扭不情愿做，没有做好这个事的动力。久而久之，孩子不仅与父母渐行渐远，还难免弱化了选择的能力。

别怪孩子"拧巴"，他天生就有自主选择的需求

许多家长最苦恼的就是孩子总是跟大人拧巴着，你让他做什么他偏不做，总是由着自己的性子来，却没有认真想过究竟自己有什么不对。

一个妈妈带着刚满3岁的儿子去超市买手套，挑选了好几双面料、款式、价位都不错的，但孩子一直摇头。妈妈有些不耐烦，质问他到底要什么样的。孩子指了指一双印有动画片《超能陆战队》中机器人"大白"图案的手套。妈妈觉得这双手套材质与款式都一般，就拒绝了孩子，直接买了自己满意的那双。

可是孩子一直闷闷不乐，回家后甚至把手套扔在地上，惹得妈妈很恼火。

类似的小事几乎天天都会发生，家长们习惯了凭着自己的感觉替孩子选择，却忽视了孩子自身的需求。大人喜欢的并不代表孩子也喜欢，你觉得应该做的事，不代表孩子也是这么想的，更不代表孩子做了你要求做的事情之后会感到开心。

在湖南卫视《少年说》节目里，有个女孩因为成绩下滑，被母亲停掉了舞蹈班。她说自己非常喜欢跳舞，成绩下滑并不是因为跳舞，希望妈妈支持她的梦想。而妈妈丝毫不为所动，在大庭广众之下依然坚持要她考进全校100名，才会继续给她报舞蹈班。女孩当时就哭了，觉得妈妈的要求太高，自己达不到。因为她就读的是一所重点中学，高手如云，考试名次很难提高。

妈妈口口声声说是为了孩子更好，却全然不顾孩子的兴趣、爱好和梦想，更没有意识到自己的要求不切实际，无情地剥夺了孩子选择的权利。

选择，是孩子的权利，也是人的一种本能。

哥伦比亚大学心理学家希娜·艾扬格教授在《选择》这本书里引用了一个试验。一个婴儿对面有一把琴，当他拉动琴弦时，旁边有个机器就会播放音乐。每根琴弦对应一首特定的音乐，想听哪首就点哪首，婴儿玩得非常开心。后来，工作人员打乱了次序，音乐还是那些，但是播放是随机的，拉动同一根弦，每回播放的音乐都不一样。这时，婴儿就会变得烦躁、愤怒、大哭。作者认为，婴儿不仅想听音乐，他们更想要自己选择音乐的权利。这些情绪变化，就是因为大脑的前额叶皮层感知到了选择权的流失而引发的一系列生理反应。艾扬格教授认为，人类偏爱选择是因为选择欲是人类最根本的生存工具之一。

对选择权的感知是人类积极行事的根本，选择是一种生理本能，是本能就需要释放。如果父母剥夺了孩子选择的权利，孩子必然会产生不利于身心健康的消极情绪。

以为自己的选择是最好的，是父母的一种错觉。

不可否认，与其他人际关系不同的是，父母和孩子的关系是无法选择的。许多父母对这种关系的认识是，我生你养你，你就得听我的。为了让孩子去做他们认为好的事情，不做不好的事情，会通过强制、批评、惩罚、诱惑等各种手段让孩子服从。正因为如此，亲子冲突几乎都是源于父母出于善意强迫孩子做他并不愿意做的事。父母过于自私和过于自信，总是以为自己替孩子选择的才是对的，孩子自己选的就是错的，缺少对孩子的尊重和信任，孩子就难以做好本可以自己做好的事。事实上，最熟悉孩子需要的人是他自己，而不是并不完全了解孩子的父母。

孩子自主选择才有利于承担责任。

父母不应该也不可能在每一件小事上都帮助孩子做出选择，我们需要教会他自己做选择，因为孩子只会对自己主动做出的选择有责任感。比如，你给孩子规定了一个上床睡觉的时间，当他违反规定的时候，如果你逼他睡觉，他会觉得他只是在服从你的要求。但如果你只是说，相信他可以保证自己的睡眠时间，可以自由地安排自己什么时候上床，什么时候起床，那么当他贪玩晚睡，第二天在课堂上打瞌睡的时候，他会反思自己是不是错了，觉得自己辜负了你的信任，这才是有效的教育。过度惩罚孩子只会使他想方设法逃避而不是承担责任。

如果孩子自主选择的需求被漠视，即便父母自以为替孩子做出的选择再好、付出得再多，也难以真正被孩子接受。

一个家境相当不错的女孩被送到加拿大最好的学校自费读国际贸易本科，

专业是母亲精心挑选的，出国的一切事都是母亲一手安排的。一个学期下来，孩子说什么也不读了，原因是"不喜欢"。原来，在报考国外大学时，孩子自己向若干所学校提出申请，最终收到4所学校的录取通知，且录取的都是自己喜欢的专业，并有奖学金。但是母亲执意坚持让孩子读国际贸易，而且交了巨额学费，硬是让孩子放弃了自己选择的学校。孩子对母亲说："你喜欢的专业，你自己去学吧！"回国后，孩子精神恍惚，整天待在家里看电视，任凭父母苦口婆心地劝，什么学也不上了。

这个母亲何尝不是为了孩子好。许多父母和这个母亲一样热衷于替孩子做各种决定，总是试图把自己的意愿强加在孩子身上，千方百计为孩子设计未来目标和人生轨迹，而无视孩子的意愿。当孩子认为自己没有必要满足父母、讨好父母的时候，也就全然不顾父母的感受了。最终，父母不仅自食其果，也毁了孩子的前程。

教育提示：孩子自主选择才能做得更好

现代社会复杂多变，父母不可能陪孩子一辈子，更不可能事事都替孩子做选择。把选择的权利还给孩子，孩子能当好自己事情的主人，也将在未来更广阔的领域做出更有益于自身发展的选择。

了解自己的孩子。

孩子虽小却具有非凡的记忆力、观察力，有自己的独立意识和做出选择的能力，但是常常被自以为是的父母忽略了、低估了，反映出父母缺乏对孩子的了解。事实上，父母不了解孩子就难以做到尊重孩子，就不可能有好的教育。而了解孩子，有无数的细节。最根本的是要以孩子为本，把孩子当作活生生的人、发展中的人、独立的人，而不是听任成年人摆布的工具，不是成年人的附庸。父母只有在尊重儿童权利的基础上，才能真正了解自己与孩子的关系，并明白该以怎样的方式面对孩子。

转变自己的立场。

父母替孩子选择的初心是"为了孩子好"，可是又常常站在自己的立场上，把自己的需求当作孩子的需求，把自己的快乐当作孩子的快乐，把自己期望的结果当作孩子的美好未来。然而现实是，父母与孩子所想的、想要的常常相去甚远，甚至成为对孩子的伤害。归根结底这是父母以自我为中心、赤裸裸的自私行为。所以，如果真的为了孩子好，那么就放下功利的目的，转变自己的立场，站在孩子的立场上，以孩子的利益为最大利益，取得孩子的认同，然后做出合理的选择。立场对了，选择才不会错。

给孩子创造选择的机会。

孩子具有做出合理选择的潜能，当家长要求孩子做什么事时，如果简单地、琐碎地命令他做这做那，孩子即使能做也不愿意去做，不愿意被动接受。父母如果试着用询问的口气"你愿意做这件事吗？""怎样才能做好呢？"这就给了孩子自主选择的机会，孩子转而处于主动状态。当孩子的意见被采纳时，他会感到自己与父母是平等的，这样更容易形成融洽的亲子关系。在日常生活中，这样的机会很多，常常被急于求成的父母为了图省事而放弃了。父母要多一点耐心，从孩子生活和学习的小事上培养孩子的选择能力，为孩子的长远发展打基础。只有这样，孩子将来独自面对选择的时候，才会更加自如。

激发孩子做好自己事情的内在动力。

家长替代孩子选择的背后，是看不见的控制欲。尊重孩子选择权的基本前提是与孩子划清界限，分清楚需要家长做的和必须由孩子自己做的，善于激发孩子做好自己事情的内在动力。

我认识一位台湾教授，她的儿子已经有了一份收入颇丰的工作。她告诉我，25岁的孩子已经有了20年存钱的经历，他上大学、结婚等一切费用都是用自己的存款支付的。其中的奥秘是什么呢？就是从小让孩子自主选择、自我管理，激发了孩子的内在动力。她跟孩子商定，每周给孩子固定数额的零花钱，她的独特方式是让孩子将一周（孩子年龄大时改为一个月）的开支如实列出，她按照孩子节省下来的数额，给他加倍的奖励，并让孩子自己存入银行。她始终如一，从未食言。结果孩子长大后不仅有了一笔可观的存款，更可贵的是养成了精打细算、诚实守信的好习惯，锻炼了独立生活和管理钱财的能力。

这位妈妈教子成功的关键在于：一是相信孩子，让孩子有机会进行自我管理；二是与孩子划清界限，管自己该管的，与孩子共同立规矩；三是要求从小做起，持之以恒。孩子的独立性形成和自我管理能力的提升，也将妈妈从事无巨细对孩子干预、为孩子选择的劳顿中解脱了出来，并收获了和谐的亲子关系，孩子还拥有了管理钱财的能力。

思考与践行

①从当下和长远来考虑，自主选择对孩子的意义是什么？

②你是否做过剥夺孩子选择权的事？跟孩子一起分析一下这样做有什么不妥。

③与孩子一起分析一下，父母可以做些什么鼓励孩子成为自己的主人。

七、新媒体时代，别小看了孩子

　　过去，在谈到大人向孩子传授知识的时候，人们常常用"一桶水"与"一碗水"来做比喻，就是要给孩子一碗水，自己就要有一桶水。但是在如今以移动、互联、共享为特征的新媒体时代，这样的概念被颠覆了。孩子可以不依赖家长和老师获取各类知识，可以足不出户在各类网络空间参与社会生活，他们的选择空间无限地加大了，他们参与权的实现有了更多的可能。

"移动网络原住民"——全新一代的孩子

　　有个父亲花两千多元给上中学的孩子买了部智能手机，孩子手机不离身玩游戏，吃饭玩，做作业也玩。结果孩子视力下降，睡眠也不好了。他就跟孩子商量换成了非智能手机，孩子身体状况有所好转。这个父亲想拯救更多沉迷手机游戏的孩子，希望学校禁止学生使用智能手机，并愿为此出资40万元，匿名为全校学生捐赠非智能手机。

　　这个父亲的初衷是好的，但是在移动智能设备广泛普及的当下，以这种限制手段解决孩子的问题，未必是长久之计。而且，联合国《儿童权利公约》明确规定儿童拥有"寻求、接受和传递各种信息和思想的自由"，成人有义务保障儿童的媒介接近权，尤其需要了解新媒体时代的孩子，保障他们获得有益信息的知情权。

如今的孩子是"网生代"，即有了互联网之后出生、伴随着网络和移动设备长大的，也被称为"移动网络原住民"，这些孩子主要使用智能手机、平板电脑等移动设备上网，对互联网的依赖程度比成年人更高。以前人们说网络是"虚拟世界"，对如今的孩子来说网络已是现实生活的一部分，其学习方式、生活习惯、行为举止、消费观念、思维模式、社交方式等都与他们的父辈大不一样。

他们的知识来源无边际地扩大了。

有人说："在我们的人生成长中，教材是我们的世界；在'网生代'的成长中，世界是他们的教材。"他们可以不依靠书本、课堂，不通过老师、家长就能在网上获取更多知识、技能，互联网成了他们无所不能的老师。与此同时，严禁孩子们接触的低俗、淫秽、色情等违法和有害信息在网上的传播，也在不知不觉中扭曲着孩子们的价值观，严重危害着他们的身心健康，成为社会普遍关注的突出问题。

他们操纵上网设备更自如。

现在的孩子很小就开始使用智能手机、平板电脑，他们是"移动互联网"的重度用户，可以走到哪、带到哪、看到哪。这就加大了家长对孩子的管控难度。在课外有限的时间里能有操纵自如的手机、平板电脑相伴是他们的"乐事"，也难免沉迷其中不能自拔。

他们的网络生活丰富多彩。

中国互联网络信息中心发布的一份有关青少年上网行为的报告称"未成年人是各类网络应用的长驱潜力用户"，报告罗列的互联网应用在中小学生网民中的普及率让我们大开眼界：在"信息获取""交流沟通""网络娱乐"三大类10项应用的使用率上，中学生使用比例超过网民平均使用比例，小学生使用QQ空间、网络游戏的比例也高于网民平均比例。从整体上看，如今未成年的孩子已经在互联网应用的使用率上超过成年人，互联网逐渐成为他们生活中的必需品。

他们把网络当作精神家园。

孩子们伴随着数字化、网络技术、网络生活、网络娱乐成长起来，要让不同的孩子在网络空间都有自己的一席之地。在这里，他们可以无拘无束、无忧无虑地找到自己的"存在感"，找到自己的知音，忘却和摆脱现实社会由家长、老师带给他们的压力和烦恼。网络成了他们缓解和释放不良情绪的"疗伤"之地。

他们有大人们难以介入的网络空间。

伴随着互联网长大的孩子，自我意识也不断增强。在网络空间，他们有不同领域的社群、朋友圈，甚至有他们彼此才懂的语言。家长偶尔看到孩子们的交流，简直一头雾水："要出成绩了，我好方。""方"即慌，表达慌张的心情。家长试图在微信或QQ上了解孩子的心情、困难和某些行为，尝试教育、帮助、干预孩子的时候，很有可能就被拉黑了，孩子掌控着网络活动的主动权。不一样的话语体系，使大人与孩子交流起来更加困难。

互联网的发展及由此衍生的诸多新事物的出现，真是令大人们在孩子面前"骄傲"不起来。我们想一想，当整个世界都可以"搬到"孩子们手心里的时候，大人们还能高高在上、随己所愿地"设计"孩子们的人生吗？如果不低下头来虚心向这些"移动网络原住民"学习，大人们还能了解孩子们、预测孩子们未来发展的走向吗？

教育提示：大人与孩子是新媒体时代的共同参与者

《未成年人保护法》摘要

◎ 国家、社会、学校和家庭应当加强未成年人网络素养宣传教育，培养和提高未成年人的网络素养，增强未成年人科学、文明、安全、合理使用网络的意识和能力，保障未成年人在网络空间的合法权益。（第六十四条）

◎ 未成年人的父母或者其他监护人应当提高网络素养，规范自身使用网络的行为，加强对未成年人使用网络行为的引导和监督。（第七十一条）

◎ 任何组织或者个人不得通过网络以文字、图片、音视频等形式，对未成年人实施侮辱、诽谤、威胁或者恶意损害形象等网络欺凌行为。

遭受网络欺凌的未成年人及其父母或者其他监护人有权通知网络服务提供者采取删除、屏蔽、断开链接等措施。网络服务提供者接到通知后，应当及时采取必要的措施制止网络欺凌行为，防止信息扩散。（第七十七条）

在新媒体时代，许多与网络相关的教育难题接踵而至。家长的网络素养滞后于互联网发展，对互联网的认识和使用跟不上孩子，是不得不承认的现实。面对驾驭不了的孩子，一味地限制、压制只会加大两代人的隔阂。唯有了解孩子、熟悉网络，与孩子共同提升网络素养、共同参与网络活动，才能拉近彼此的距离。

网络素养主要是指网络用户利用网络接受和传播信息，以及在网络生活过程中应具备的素质和修养。提升网络素养，即提高人们对网络的认知能力和处理网络信息的能力，如选择能力、理解能力、评判能力、能动的反应能力等，核心的问题是强调积极利用网络媒介。网络素养主要包括以下几个方面。

正确的网络认知。

如果问在互联网上可以做什么？许多孩子会不假思索地回答：玩游戏、聊天交友、下载歌曲、看动漫……这是他们上网时最喜欢、最常做的事。无节制地玩网游是造成孩子上网成瘾的主要原因，所以一谈到孩子上网，家长就认为孩子是在玩游戏。其实玩游戏只是网络休闲娱乐功能的一部分。

互联网作为一种新兴媒体，本质上是一个信息传播平台，它所涵盖的内容与现实社会相联系，无所不包。网络社会以"信息"和"知识"为核心要素，网络是一个充分自由和开放的地方，每个人既可以在这里最大限度地吸取信息，也可以最大限度地制造信息，还可以广泛地传播信息，这样就使得网络资源异常丰富，同时也良莠不齐。对家长和孩子来说，从网络上能以最便捷的方式获得丰富的知识，通过网络享受与现实社会相连接的各种服务，实现人际超越时空的互动沟通和社会事务的参与。但是网络社会有许多虚拟的成分，不能取代人在成长过程中对现实社会的体验。了解互联网的功能与特性是使用网络的必要前提，在此基础上才能有效地利用网络促进自身成长。

客观的网络评价。

家长与孩子一起学习评析网络信息对于正确使用互联网具有重要的意义和价值。在日常的上网活动中，人的身份可以是公开的，也可以是隐匿的。"你不知道跟你聊天的是不是一条狗"这句网络"名言"就形象地描述了现实与网络的不同。所以不能无选择地接受网络信息、参与网络互动，而应对网上的信息和作品进行评析，提高选择、解释、分析网络信息的能力，从而形成自己独立的见解。

就玩网络游戏来说，要思考这个游戏表达的意思是什么，它的目的是什么，是为谁制作的，玩这个游戏是否有帮助，是否有不利的影响等问题。家长自己弄清楚了，并对其进行客观评价，才可以帮助孩子减少上网的盲目性。

文明的网络道德修养。

北京曾有一名小学生在接受电视台采访时，指责一些网页"很黄很暴力"，于是被一些网民疯狂恶搞，关于他的视频、图片、恶搞漫画、帖子一夜之间泛滥成灾，还有网民发帖号召"人肉搜索"……类似这样的不道德网络行为随着互联网的发展日渐增多，在网上说脏话、种病毒，乃至行骗、盗窃、黑客攻击等犯罪行为被一些青少年当作儿戏。所以让孩子了解怎样才是健康、合法、文明的网络生活势在必行。

早在2001年，我国就发布了《全国青少年网络文明公约》，提出："要善于网上学习，不浏览不良信息；要诚实友好交流，不侮辱欺诈他人；要增强自护意识，不随意约会网友；要维护网络安全，不破坏网络秩序；要有益身心健康，不沉溺虚拟时空。"这些内容一方面需要家长引导孩子遵守，同时也是对相关从业者的监督。

网络安全意识。

当好孩子上网的"家庭护卫"是家长的责任。提高网络安全意识，了解网络使用规则和技巧，有节制地上网和有选择地获取、交流信息，远离并举报不良网站、不良信息、黑网吧，谨防网络诈骗，学会用法律武器和绿色手段保护自己不受侵害等，都是上网的必修课。具体来说，家长和孩子都应当有网络安全意识：浏览和登录正规、健康、安全的网站，不要为各种不良信息所诱惑；不要打开陌生的链接，更不要接受陌生的文件；上网购物不直接转账给他人，孩子最好在家长的指导下完成网上购物；网上交友聊天须谨慎，不要轻易相信陌生人的话，不要轻易泄露真实姓名、身份证号等重要的个人信息。

网络操作技能

网络素养教育的根本目的是学会有效地利用网络并获得成长。就家庭而言，学习和利用网络的过程也是家长与孩子共同成长的过程。在网络操作技术和使用技能层面，需要学习利用网上资源满足自己的需求，运用网络的互动功能进行交往，运用娱乐功能丰富自己的生活，利用网络平台展示自己，还要了解、学习网络病毒和流氓软件特性，学习防范网络病毒、黑客攻击等基本常识和技术。

在互联网的使用上，家长和孩子各有优势，谁都不是天然的教育者或受教育者。所以，在方法上，家长尤其要注重亲子互学互助，注重培养孩子的自律品质，注重网上活动与生活实践相结合，注重在驾驭网络中提高网络素养。

思考与践行

①在新媒体时代，未成年孩子与父辈有哪些不同？各自的优势是什么？

②通常你对自己的孩子使用手机、平板电脑是什么态度，采取什么管理措施？你认为限制孩子使用手机能否杜绝孩子沉迷网络的问题？为什么？

③大人与孩子共同提升网络素养是大势所趋，与孩子探讨一下需要在哪些方面做出努力。

八、"儿童友好"：重在创造参与条件，激发孩子的内驱力

孙云晓在本书的序言中提出一个鲜明的主张：做"儿童友好"的父母。"儿童友好"源自联合国倡导建立"儿童友好"城市的理念，其实质就是尊重儿童的权利，坚持儿童优先、儿童利益最大化的基本原则。

"儿童友好"的前提是了解孩子的真实需要是什么。在亲子互动中，孩子真正的"刚需"是自我驱动力，其核心成分是内在主动性，表现为对自己的事以及与自身相关的家庭、学校和社会生活事务的主动参与，这是未来独立于社会的资本。小时候这种需求得到满足，孩子才能在脱离父母羽翼之后尽情翱翔。联合国《儿童权利公约》和我国有关未成年人的法律表达了这样一种精神，就是成人社会不仅要把未成年的孩子当作受保护的对象，也应当赋权给他们，使他们获得实现自身权利的力量和能力——这是"儿童友好"行动要达到的目的。

内驱力是生命中的"种子"。

孩子在婴幼儿阶段的需求主要是生存需求，而生存需求大部分是可以在家庭中通过成年人得到满足的，他们对父母有一种天然的依恋之感。随着年龄的增长，孩子自主意识不断增强，上幼儿园、上小学后有了更多的伙伴，接触了许多新的人和事，看到了家庭以外的新天地。这时孩子对父母的心理依恋已不像幼时那么强烈了，有了更强的独立意识，自己的事更希望自己做主。这时，父母面临着两种选择：是创造条件，给孩子开放的空间，还是依

然把孩子护在自己的羽翼之下，按照大人设计的模式发展？一些父母选择了后者，如前所述，打着各种"为了孩子好"的招牌，做着扼杀孩子内驱力的事。

孩子本是自己的主人，有自我成长的内在动力，对自己的事有参与的权利和能力。这种内驱力，是在需要的基础上产生的一种自我唤醒状态。只是那些以自我为中心的大人忽视了这一点，于是就在不知不觉中剥夺了孩子的权利，使自己成了"管控者"，家成了"枷"。孩子缺少参与的机会，独立自主的内驱力也就渐渐弱化了。

北京师范大学心理学院的陈会昌教授曾主持了一项长达19年的研究，从2岁开始，跟踪研究208个普通孩子的社会行为与家庭教养方式。研究结果证实，每个孩子身上都有自控力和主动性"两颗种子"：第一颗"种子"的核心是自我控制力，即控制自己按照外界环境提出的要求，学习社会期望的知识、技能，完成任务的能力；第二颗"种子"的核心是主动性和创造性，是出于个人内在兴趣、动机和愿望，自发地做自己喜欢做的事情的能力。陈会昌教授认为，孩子成长最理想的状态就是两颗种子都饱满地、和谐平衡地得到发展。

以社会学的视角来认识，一个孩子从出生到长大成人必须接受社会教化，但不是完全被动的。父母作为社会化的执行者，实施社会教化的效果如何，并不是取决于单方面向孩子输出了多少，而是取决于孩子在多大程度上把这些变成自己的东西，以及个体的能动作用。也就是说，社会教化是个体社会化的外部动因，外因必须通过内因起作用。

孩子的主动性和创造性是自身的内驱力，这颗"种子"是内部推动行为的力量，是参与权实现的基础。参与条件的创设是外部力量，即激发和保护孩子的内驱力，保障和促进"种子"发芽、长叶、开花、结果，这是父母最应当做的事，以便增强孩子的自信心，使孩子有能力独自面对和更好地参与社会生活，而不是强迫孩子被动地服从成年人的旨意。

英国剑桥大学家庭研究中心国际儿童顾问莱迪斯女士讲过自己亲历的一件小事，来说明孩子参与他们自己的事的重要性。

那是在20年前，我从我5岁的儿子身上学到了有关儿童权利的第一课。当时英国流行让男孩子留齐肩的长发，但我的儿子希望剪短发以便他踢足球。而我坚持让他留长发并对他说："如果你不够时髦，我的朋友们会怎么看我呢？"他坚决而平静地回答："这是我的身体。"我很幸运地听到了儿子的反对，他的行为给我上了生动的一课：他把头发按自己的想法剪了。对这件事我从不后悔，它开创了我们家漫长的家庭民主的第一步。如果这事发生在一个传统的家庭，家长可能会说只要我出钱给你读书，我出钱给你剪头发，你就要听我的。其实，儿童是自己的问题的专家，他们知道自己的需要和未来。

在这样一件小事上，孩子的内驱力、主动性得到了妈妈的保护，使参与的权利得以实现。事实上，只有孩子从小在家庭中的角色和需求得到足够的重视和关注，他们才有足够的技能、技巧参与更大范围的社会生活。

从儿童的社会化环境来看，除了家庭、学校、社区之外，同龄群体也是不可缺少的要素。融入同龄伙伴及其组织之中，是满足孩子的尊重需要、激发他们成长的内驱力的重要途径。

在同龄群体中，除了少先队、共青团等正式组织之外，还有非正式的同龄群体。在互联网发达的当今社会，许多不具有明显组织结构的同龄伙伴交际圈，如QQ群、微信群、超话社区等，聚集着大量有共同语言和兴趣的孩子。孩子们的群属成员不仅年龄相仿，还具有以下几个特点：一是明显的自发性。同龄群体大都是在自愿结合的基础上自发形成的，它既非长者的有意安排，也无须社会的公开承认，完全是同龄人自发组成的。二是成员间感情融洽，反应积极。他们从个体需要出发，群体是因相互有好感、兴趣相投、价值观相同结成的，目的是能够做一个人单独不能做的事，群体内部成员之间高度的心理相容，使个人在心理上得到满足。三是较大的流动性。一般来说，网络上的同龄群体没有强制的纪律约束，合则聚，不合则散，成员极易变化。四是领袖人物的自然性。同龄群体中的领袖人物起着指挥和调节群体内外关系的作用，他的去留也往往直接影响群体的存亡兴衰。

对于与孩子们接触最多的家长、老师来说，充分认识同龄群体对孩子成长的积极作用，为同龄群体的积极发展创造条件，引领他们充分释放自我教育的潜能，比仅仅以"长者""教育者"的身份支配、教导孩子，更有利于他们的社会化进程。

教育提示：父母适时、得体地退出，孩子才能成为自己的主人

事实上，养育孩子就是一个逐步放手的过程。父母适时、得体地退出，孩子才能真正成为自己的主人。

相信孩子的能力，给孩子释放潜能的空间。

有些事，孩子不是不会做，而是没有机会做。儿童教育家陈鹤琴先生说过，"儿童有自己的思想，儿童有自己的力量，不让儿童自己去做他所能做的事情，不让儿童去想他所能想的事情，等于阻碍了儿童身心的发展。所以，让儿童使用自己的手脑，确是一件要紧的事情"。做好这件事的前提是家长相信孩子的能力，给孩子释放自己潜能的空间。

大鹏12岁生日那天正好是个休息日。这个生日怎么过呢？一家三口经过共同商量，决定在家里做一顿生日晚餐。按照前一年全家到餐馆吃饭的钱的数额，妈妈把钱交给大鹏，由他全权安排，父母只当助手，钱怎么花全听孩子的。只有一个要求：既要丰盛，又要节俭。大鹏列出菜谱、作出详细的开支预算、安排爸爸到批发市场买菜、指挥妈妈下厨……一切进行得有条不紊，他俨然成了一家之长。由于大鹏的精打细算，结果只花了一半的钱。被请来一起过生日的爷爷、奶奶对孙子的表现惊叹不已。大鹏自然高兴得不得了，觉得自己长大了许多。

在这件事上，大鹏所做的是一种高层次的参与，整个过程至少有这样几点好处：一是充分体现了家庭民主，密切了亲子关系；二是锻炼了孩子动手、动脑的能力；三是孩子感受到自己在家中的重要性，增强了自信和对家庭的责任感——孩子积极参与家庭事务，达到了一举多得的目的。

遇事慢半拍，让孩子自己尝试。

在日常生活中，像小孩子自己穿衣服、收拾书包、整理内务、做家务等事情，常常是孩子动手做时，大人嫌孩子笨手笨脚、动作太慢就抢过来自己做了。这在无形之中是对孩子能力的否定，久而久之，孩子便产生了惰性，明明可以自己独立完成的事，总想着有人可以替他分担，结果大人越周到、越无微不至，孩子越是缺少内在动力，独立性和动手能力也就越差。

聪明的家长是做事慢半拍，遇事先让孩子按照自己的节奏、自己的理解去尝试，在孩子表达自己的想法、自己动手做事的过程中，忍住不说、不做。当孩子有问题或遇到障碍求助于大人的时候，应积极回应孩子提出的问题、启发孩子思考、给予孩子建议。让孩子成为做事的主角，家长是配角，站在孩子身后，孩子的潜能才会得以释放，才有积极性在更多的事情上去探索。

大人善于"示弱",让孩子成为解决问题的主角。

我们探讨亲子冲突的许多表现,归根结底是大人在与孩子互动中过于强势,总是试图以长者的权威压服孩子,或者习惯于对孩子指指点点、发号施令:你应该这样、不应该那样。一旦孩子达不到要求,"能干"的父母便替代孩子做了他本可以自己做的许多事……这就在有意无意中削弱了孩子"我能行"的信念,使孩子无法锻炼解决问题的技能。

在《正面管教》一书中,作者简·尼尔森关于"启发式问题"的阐述,不失为大人改变强势态度和替代行为的好方法。

帮助孩子们探讨他们的选择会带来什么后果,与把后果强加给孩子有极大的不同。探讨要求孩子参与进来,自己思考,自己把事情想清楚,并且确定对他们重要的是什么以及他们想要什么。其最终结果是专注于解决问题的方案,而不是后果。把后果强加给孩子,往往会导致孩子的反叛和戒备心理,而不是探索式的思考。要帮助孩子探讨问题,关键是要停止告诉孩子们答案,并且开始问启发式问题。典型的启发式问题:"你当时想要完成什么?""你对发生的事情有什么感觉?""你认为是什么原因导致了那件事情的发生?""你从这件事中学到了什么?""你怎样才能把这次学到的东西用于将来?""你现在对解决这一问题有什么想法?"

这种启发式问题的表达,是把孩子当作解决问题的主角,不是要求和指责,而是启发孩子寻找解决问题的办法。让孩子成为解决问题的主角是孩子建立自尊和自信,进而做好自己事情的必要前提。

重视同龄伙伴的力量,支持孩子的积极参与。

以"儿童友好"的理念认识孩子的同龄群体,为孩子做他们真正需要的事,促进儿童与儿童的互动、互助,是在更大程度上实现儿童参与的必要途径。

我曾在一项针对三至八年级中小学生的问卷调查中，向千余名学生询问了"平时你最愿意跟谁在一起""心情不好时谁最能安慰你""你认为谁对你影响最大""在空闲时间你和谁在一起的时间最长""最让你感到自信的人是谁""内心的秘密你最愿意告诉谁""遇到困难时你最愿意向谁求助"共7个问题。调查结果显示，从整体上看，7个问题都选择了同学的占比20.7%，仅次于妈妈（28.2%）排在第二位，远高于爸爸（12.6%）、老师（10.3%）等成年人。其中遇到困难愿意向同学求助的比例最高，而且年龄越大选择同学的越多。

这一结果给我们的启示是，儿童心理问题排解需要全方位的人际支持，同龄伙伴的作用不可低估。如今某些QQ群、微博话题、超话社区等并非都是成人的网络空间，也成了孩子社会交往、相互支持的沃土。

美国社会学家J. 罗斯·埃什尔曼曾指出：对多数青少年来说，同伴可以构成参考群体。同伴能起到家长曾经起过的各种作用；同伴能理解某个青少年，与他有共同的观念，可能成为他在判断问题、确定努力方向和进行决策等方面的参考群体。有些事情父母认为是离经叛道的，但同伴则认为是无可非议的。同伴在青少年人际交往中有如此大的作用，因此他们彼此之间相互教育、相互帮助、共同参与，应当成为大教育体系的组成部分，家长、老师、社会工作者尤其应当给予充分重视，为他们提供支持。

我们同时也要看到，同龄群体对孩子的影响具有两极性：有益的群体对于减少孩子对成年人的依赖、正确认识社会、认识人生具有积极意义；而不良群体也会诱发一些孩子产生不良行为，乃至走上违法犯罪道路。对父母而言，对孩子的同伴交往进行限制并非明智之举，反而容易迫使孩子背离家庭。父母需要做的是重视、尊重、接纳、引领，支持孩子参与学校、社区等社团活动，为他们在现实生活中的积极体验创造条件。对孩子在网络空间的组织参与，多一些了解、沟通，并以与孩子共同学习的姿态拉近彼此的距离，进而起到积极的引导作用。

思考与践行

①为什么说孩子的内驱力是参与权实现的基础？内驱力在孩子解决自身问题、促进其成长过程中的作用是什么？

②联系实际查一查自己有没有错估孩子需求、低估孩子能力的问题。为了促进孩子参与权的实现，父母应怎样适时、得体地退出？

③同龄伙伴对儿童参与权实现的积极作用是什么？如何为孩子创造自我教育和同伴交往的条件？

最后，重复本书开篇引用的话：

我们都曾经是儿童

我们都希望孩子们幸福

这一直是并将继续是人类最普遍珍视的愿望！

跋：松解亲子"相爱相杀"困局的一把钥匙

杨咏梅

"你听说过儿童权利吗？你能说出儿童权利的基本内容吗？"

多年来，我用这个问题问过听家庭教育讲座的家长，问过参加家庭教育专业培训的教师，也问过媒体同行，结果和中国儿童中心2014年发布的《城市小学生家庭教育状况调查报告》相似——"75%的家长从来没有听说过儿童权利"。我国早在20世纪90年代初就签署加入了联合国《儿童权利公约》。30年过去了，家长、教师和媒体人对儿童权利的知晓率仍旧如此低，这与今天家长普遍存在的焦虑情绪有何关系？在无数亲子"相爱相杀"的悲剧中，儿童权利是不是松解困局的那把钥匙？

《尊重和保护儿童权利是家庭教育的底线》是我作为中国教育报记者做两会访谈时，从关颖老师的观点中提炼出来的标题。在我接触过的所有研究家庭教育问题的专家学者中，关颖老师是对儿童权利强调最多、分析最透彻、呼吁最迫切的一位。她在社会学的宏大视野中研究家庭教育，犀利地指出，社会普遍存在以孩子的健康为代价，过度关注课业学习，企望以自己的意志左右孩子的成长和限制孩子的行为，其根源在于绝大多数家长并未意识到孩子是权利的主体、漠视儿童权利是扼杀儿童的自我意识和独立意识。在她看来，如果家长只想要如何对付熊孩子的"术"，而不懂得尊重儿童权利的"道"，就不可能有成功的家庭教育。因为，尊重和保护儿童权利是家庭教育的起点和归宿。

于是我也试着从儿童权利的角度去解读一些社会现象，逐渐有了和原来不一样的体会和感受。

比如在2006年世界杯决赛上，法国球星齐达内在加时赛中突然用头直接顶向意大利球员马特拉齐的胸膛。这一幕震惊了全世界。原来，是马特拉齐出言不逊侮辱了齐达内的母亲和姐姐。虽然齐达内的冲动让法国队失去了可能得到的世界杯冠军，但全世界包括法国人都没有抱怨他，认为他只是做了任何一个儿子和弟弟都会做的事情。齐达内表示不后悔自己的所作所为，但在顶人事件发生后的第三天，通过法国电视一台向所有看了世界杯决赛的孩子致以深切的道歉。齐达内不愿向被撞的马特拉齐道歉，却对无关此事的孩子们致歉，为什么？

齐达内表示自己的这一行为，给在现场和电视机旁观看球赛的孩子们带来了不良影响，起了一个"坏榜样"的作用，他因此深感不安，并进行了深切道歉。万人追捧的球星，愿意向孩子们道歉，源于他内心深处对孩子的尊重。

据说，美国前总统里根的儿子10岁时，曾对父母不敲门就进入他的房间表示不满，为此里根也向儿子道了歉，从此进儿子卧室时总是叩门得到允许后才进。

这两个道歉的故事，印证了苏联著名教育家马卡连柯所说："孩子是活生生的生命，美好的生命，因此对待他们就该像对待同志和公民一样，必须了解和尊重他们的权利和义务。"

儿童是值得尊重的，这句话对中国的大部分家长来说，可能还是一个道理而不是常识。就算是成年人之间，尊重的也常常是对方的地位而非那个人本身。比如，被很多人在各种场合引用的美国《独立宣言》中的这句话，"人人生而平等，造物者赋予他们若干不可剥夺的权利，其中包括生命权、自由权和追求幸福的权利"，"人人生而平等"就翻译得不准确，原文是"all men are created equal"，应该译为"人人被造平等"。若非如此，我们就不可能尊重那个看起来明明很弱小、很笨拙但有时候很气人的孩子。

美国心理学家基诺特曾经搜集了一些家长常对孩子说的话，它们听起来非常耳熟，有些甚至伴随着我们自己的成长过程，比如，"傻瓜、无用的东西""你简直是个废物""你又做了错事，真是坏透了""住嘴！你怎么就是不听话呢""我说不行就不行""我再也不管你了，随你的便好了""求求你别再这样做好吗""你做这种事，真让我伤心透了""你如果考100分，要什么我都给你买""你可真行，这种事能做得出来"。每当我给家长们做讲座，请某个家长用方言把这些话"骂出来"时，会场总是笑声一片。我告诉家长这些话意味着"恶言、侮辱、责备、压抑、强迫、威胁、哀求、抱怨、贿赂、讽刺"，并请家长们给自己打分。没有对孩子说过类似的每一句话算10分的话，绝大部分家长都不及格，家长们的沉默代替了哄笑，还有的家长流下内疚的泪水。

令人难过的是，虽然很多家长承认自己跟孩子的日常对话时不时有"恶言、侮辱、责备、压抑、强迫、威胁、哀求、抱怨、贿赂和讽刺"，但也委屈地辩解说，"那也是为了孩子好啊""不然孩子不听话啊"。明明是以爱的名义，却给孩子带来伤害。上海一个家长刘女士在家辅导孩子上网课、写作业，孩子的自由散漫、马虎偷懒让她绝望到跳河轻生，还对营救她的消防人员哭着说："不要救我，我太累了，他（指她的孩子）就希望我去死啊……"

类似的案例，近年来频繁见诸媒体，若逐个做个案分析，会发现家家都有一本难念的经。但乱象背后的规律就是关颖老师在这本书中条分缕析的主要原因——我国《未成年人保护法》和联合国《儿童权利公约》的普及率较低，许多父母并没有把孩子当成是有权利的独立个体；许多父母以"为了孩子好"的名义，无视和漠视儿童权利，甚至逾越法律底线，对孩子实施家暴；家庭教育要从认知和法律等多个角度重视儿童权利，尊重和保护儿童权利是父母的义务和法定责任，更是家庭教育的起点和归宿。

多年来，我一直在寻找一本能在家庭教育语境中把儿童权利讲清楚的书，也一直在鼓动关颖老师把她的观察和思考写成科普读本，帮助家长、家庭教育指导者和媒体同行深度理解儿童权利，今天终于等到了。毕竟，是起点，就绕不过去；是归宿，就越早清晰越受益。

作为中国教育报家庭教育周刊的主编，我接触到大量家庭教育案例，发现儿童权利不仅是松解亲子"相爱相杀"困局的一把钥匙，还像一根神奇的魔杖，与孩子有关的任何事，都值得用儿童权利来量一量，当孩子被尊重、童年被珍惜时，育儿过程就不再充满烦恼和焦虑，才会流淌出本来该有的温馨美好。

（杨咏梅系中国教育报家庭教育周刊主编、中国家庭教育学会宣传教育专委会副理事长）

后　　记

这本书的书名叫做《别跟孩子对着干——儿童权利视域中的家庭教育》。也许，有人不解：明明是孩子不听大人的话，你说向东他偏往西，逆反心理太强，是他整天跟大人对着干，你怎么跟我们说"别跟孩子对着干"呢？当我向家庭教育研究领域的同仁征求意见的时候，也有人劝我：换个书名吧，这样说有点本末倒置的感觉，容易产生误解……思考再三，我还是决定用这个书名。依多年来以儿童权利视角进行家庭教育研究的积累，我觉得这个书名最贴切，这是我在分析亲子冲突中得到的感悟。

我从事家庭教育社会学研究30余年，大量的社会调查结果让我强烈地感到漠视儿童权利给孩子、家长甚至整个家庭带来的伤害。尽管20世纪90年代初联合国《儿童权利公约》就在我国生效，尽管2006年全国人大常委会修订的我国《未成年人保护法》中就明确提出"未成年人享有生存权、发展权、受保护权、参与权等权利"，但是在家庭教育指导领域，缺少以"儿童为本，尊重和保护儿童权利"这一核心理念的传播和引领，而过于注重站在成年人的立场上，针对孩子的问题给家长"支招儿"，难免使家庭教育偏离孩子生存与发展的真正需求，家长们付出越多越是事与愿违。

这些年，我在学术期刊上发表了一系列有关儿童权利的论文、研究报告，编写过相关书籍，并以本人主持、参与的调查研究为依据，围绕家庭教育中的现实问题，在《中国妇女报》《中国教育报》《中华家教》《家庭教育》《家长》等若干报刊上发表了大量普及性文章。荣幸的是，我的一些主张得到了中国青少年研究中心家庭教育首席专家孙云晓研究员、《中国教育报》家庭教育专刊杨咏梅主编等老朋友和诸多研究者、媒体同仁的高度认同。我在面对广大家长和家庭教育指导者时以及在与微博、博客网友的互动交流中，感受到了大家对儿童权利传播的渴求。正是他们，激发了我写这本书的动力。在本书的写作中，学术界有关儿童权利研究的著述和大众传媒的相关信息也帮我开阔了思路、提供了理论和现实依据。在这里，感谢所有人对我的激励、支持和帮助！

这本书，可以说是多年来我对儿童权利视域中的家庭教育问题进行思考与分析的集大成和通俗化诠释。当然，本书并未包含儿童权利问题的全部。本书以概述和儿童四项权利为框架构建，是为了让读者对儿童权利和儿童作为权利主体等问题有更清晰的认识；以问题视角来写作，是希望提出的问题更有针对性，更能引起读者的警觉。

出一本书，录成音频、视频传播不是目的。我希望以此为引子，引发广大家长和关注家庭教育的同仁对尊重和保护儿童权利的新理念有更深入的思考、更自觉的实践，共同为儿童的健康生活和可持续发展做出努力，让孩子们在与成年人的和谐相处中，拥有快乐的今天和美好的明天！

关　颖

2020年1月